생성형 AI 도시부동산 분석기법

- 알기 쉬운 예제로 이해하는 AI 부동산 분석기법 -

원제무

publishing and culture
피앤씨미디어

머리말

아냐는 '완벽한 공간 포털'에서 본 작은 스튜디오 아파트를 구매하기로 결정합니다. 산더미 같은 서류 작업과 몇 주간의 기다림 대신, 과정은 놀랍도록 즐겁습니다. 그녀는 안전한 플랫폼에서 구매 의사를 확인합니다.

생성형 AI 에이전트가 안전한 블록체인 기록을 사용하여 그녀의 신원과 재정을 즉시 확인합니다. 등기 이력, 검사 보고서, 허가증 등 필요한 모든 서류(모두 디지털로 확인 및 저장됨)를 순식간에 취합합니다. 거래는 안전한 다중 요소 생체 인식 확인으로 완료됩니다. 아냐는 자신의 기기에서 아름답게 움직이는 '황금 열쇠' NFT를 받습니다. 이는 그녀의 소유권을 상징하며 모든 부동산 관련 정보와 스마트 홈 제어에 대한 접근 권한을 부여합니다.

전체 과정은 단 몇 분 만에 끝납니다. 이는 AI가 어떻게 정부 서비스(허가 등)를 간소화하고, 거래 워크플로우를 자동화하며, 블록체인과 같은 기술을 활용하여 보안과 디지털 권리를 관리하고, 부동산 거래 프로세스의 효율성을 극적으로 향상시키는지 보여줍니다.

이 이야기는 미리 가 본 2035년 부동산 실무의 현장 모습입니다. 핵심은 AI의 프로세스 자동화 능력과 블록체인의 보안 및 투명성이 결합하여, 복잡하고 시간이 많이 걸리는 부동산 거래를 거의 즉각적이고 안전한 디지털 이벤트로 전환할 수 있다는 점입니다. 이는 전통적인 중개인과 지연 요소를 제거하여 상당한 비용 절감, 유동성 증가, 그리고 구매자와 판매자 모두에게 혁신적으로 단순화된 경험을 제공할 잠재력을 시사합니다.

요즘의 인공지능 기술의 발전이 눈부십니다. 특히 생성형 인공지능(Generative AI)은 다양한 분야에 혁신적인 변화를 가져오고 있습니다. 도시부동산 분야 또한 이러한 기술 혁신의 물결 속에서 예외일 수 없습니다. 데이터 분석부터 시장 예측, 마케팅 전략 수립, 고객 서비스 개선, 나아가 거래 프로세스 자동화에 이르기까지, AI 기술은 도시와 부동산을 이해하고 실무에 적용하는 방식에 혁명적인 변화를 가져오고 있습니다.

그럼에도 불구하고, 생성형 AI라는 최신 기술의 복잡한 개념과 이론이 도시부동산이라는 실체적인 분야와 어떻게 접목될 수 있는지에 대한 명확하고 실질적인 안내서는 여전히 부족한 실정입니다. 많은 학습자와 실무자들은 AI의 가능성을 인지하면서도, 실제로 이를 자신의 연구나 업무에 어떻게 적용해야 할지 막막함을 느낍니다. 이론적 지식과 실무적 활용 사이의 간극이 존재합니다.

이 책, 『생성형 AI 도시부동산 분석기법』은 바로 이러한 간극을 해소하고, 도시부동산 분야에서 생성형 AI 기술을 효과적으로 활용하고자 하는 모든 이에게 실질적인 지침을 제공하고자 집필되었습니다. 도시부동산, 도시계획, 부동산 실무를 전공하는 대학생과 대학원생, 관련 분야에 관심을 가진 일반 독자, 그리고 현업에 종사하는 부동산 실무자 등 광범위한 독자층을 대상으로 합니다. 특히, 복잡하게 느껴질 수 있는 AI 기술의 원리와 응용 방법을 "알기 쉬운 예제"를 통해 설명함으로써, 이론을 넘어 실제 적용 능력을 기르는 데 중점을 두었습니다.

이 책은 AI 기술의 기본적인 이해부터 시작하여 도시부동산 분야의 최신 응용 사례에 이르기까지 체계적으로 내용을 구성합니다. 제1장에서는 머신 러닝, 딥러닝, 그리고 생성형 AI로 이어지는 AI 기술의 발전 과정을 개괄하고 그 핵심적인 특징들을 살펴봅니다. 제2장에서는 AI 기반 도시부동산 실무의 현재 모습을 진단하고, 특히 생성형 AI가 현재 실무 환경에서 어떤 역할을 수행하는지 심층적으로 분석합니다.

이어서 제3장에서는 부동산 분야에서 활용 가능한 주요 생성형 AI 모델 아키텍처(VAE, GAN 등)와 더불어 자연어 처리(NLP), 컴퓨터 비전(CV)과 같은 핵심

AI 기술들을 구체적인 예제와 함께 소개합니다. 제4장에서는 최근 주목받는 파운데이션 모델(Foundation Models)의 개념을 이해하고 이것이 부동산 분야에 어떻게 응용될 수 있는지 탐구하며 그 과제와 고려사항을 논합니다.

제5장은 AI 기반 분석 기법의 핵심 응용 분야 중 하나인 자동가치평가모델(AVM)에 집중합니다. AVM의 개념, 기술적 구성요소, 그리고 AVM에 활용되는 딥 러닝 모델의 유형 및 특성을 분석합니다. 나아가 AI 기반 시계열 분석을 통한 시장 예측과 감성 분석의 역할을 조명하고 국내외 AVM 개발 및 활용 사례를 제시합니다.

마지막으로 제6장에서는 생성형 AI가 부동산 실무에 가져오는 혁신적인 변화들을 구체적으로 다룹니다. AI를 활용한 부동산 마케팅 혁신, 즉 생성형 시각자료 및 콘텐츠 자동화 방안을 제시하며, AI 기술이 부동산 산업 전반의 효율성과 투명성을 어떻게 증진시킬 수 있는지 논합니다.

이 책은 단순한 기술 설명서를 넘어, 독자가 생성형 AI를 도시부동산 분야의 강력한 분석 도구로 인식하고 실제 자신의 연구나 업무에 적용할 수 있도록 돕는 실용적인 안내서가 되고자 합니다. 풍부한 예제와 구체적인 적용 사례를 통해 독자는 AI 기술이 더 이상 어렵거나 먼 기술이 아니라, 바로 우리 옆에서 도시와 부동산을 이해하고 활용하는 방식을 혁신하는 핵심 동력임을 실감하게 될 것입니다.

급변하는 기술 환경 속에서 생성형 AI 기반의 분석 기법을 습득하는 것은 이제 도시부동산 분야 전문가에게 필수적인 역량이 됩니다. 이 책이 독자 여러분이 이러한 변화의 흐름을 이해하고 선도적으로 대응하는 데 든든한 조력자 역할을 하기를 진심으로 기대합니다. AI 기술이 도시부동산 분야의 미래를 어떻게 재편할지 함께 탐구하며, 이 책이 독자 여러분의 지적 여정에 의미 있는 이정표가 되기를 바랍니다.

저자 원제무

차 례

2035 도시부동산의 마법: 생성형 AI가 들려주는 6가지 미래 이야기

이야기1: 당신 만을 위한 완벽한 공간 포털

레오는 새 아파트를 찾고 있지만, 끝없이 나오는 매물 목록을 스크롤하는 것이 지겹습니다. 그는 '해비타트 하모니(Habitat Harmony)'라는 AI 서비스를 이용합니다. 필터를 설정하는 대신, 레오는 AI에게 자신의 라이프스타일, 좋아하는 색깔, 집에서 느끼고 싶은 분위기("아늑함", "아침 햇살 가득", "재즈 클럽 근처")에 대해 편안하게 이야기합니다. AI는 미묘한 뉘앙스와 감정까지 이해하고, 단 세 곳의 후보지만을 엄선하여 추천합니다.

레오는 가벼운 증강현실(AR) 안경을 쓰고 믿을 수 없을 정도로 현실적인 몰입형 가상 투어를 합니다. 벽의 질감을 '느끼고' 주변 동네의 소리까지 들을 수 있습니다. AI는 레오가 미처 말하지 못한 잠재적 욕구와 일치하는 세부 사항들을 짚어줍니다. 그는 AI가 단순히 검색 조건을 넘어 진정으로 자신을 이해했다고 느끼며 완벽한 집을 즉시 찾습니다. 이 이야기는 AI가 어떻게 개인 맞춤형 부동산 추천을 제공하고, 가상 투어 경험을 향상시키며, 부동산 검색 과정을 효율화 하는지 보여줍니다.

특히, AI가 평방미터나 위치 같은 객관적인 기준 뿐만 아니라 '아늑함'과 같은 주관적인 감정까지 파악하여 최적의 공간을 찾아준다는 점이 중요합니다. 이는 부동산 검색이 단순한 거래 매칭을 넘어, 정서적 공감과 라이프스타일 적합성에 초점을 맞춘 경험 중심의 과정으로 변화할 수 있음을 시사합니다. AI는 기능적 속성보다 소속감과 적합성의 느낌을 우선시하여, 집을 찾는 과정을 더욱 직관적이고 만족스럽게 만들 잠재력을 가지고 있습니다.

이야기2: 수정 구슬 감정평가

프리야는 자신의 작은 작업실 공간을 팔까 고민하며 가치를 궁금해합니다. 길고 지루한 감정평가를 기다리는 대신, 그녀는 '시티스코프 밸류(CityScope Value)' 도구를 사용합니다. 건물을 향해 기기를 들자, 마치 수정 구슬을 들여다보는 것처럼 아름답고 반짝이는 인터페이스가 나타납니다.

생성형 AI는 방대한 양의 데이터를 즉시 분석합니다: 최근 유사 매물 거래 내역(자동으로 가져옴), 동네 정서 동향, 인근 인프라 개선 계획, 건물 상태(센서로 스캔), 심지어 초지역적 경제 지표까지. AI는 공정하고 투명한 가치 평가 범위를 제시하며, 가격에 영향을 미치는 주요 요인들을 간단하고 시각적인 용어로 설명해줍니다.

https://www.linkedin.com/uas/login- submit

이 과정은 빠르고 편견 없으며, 사용자에게 힘을 실어주는 느낌을 줍니다. 이는 AI 기반 부동산 가치 평가, 시장 동향 예측 분석, 다양한 데이터 소스 통합 기술이 어떻게 발전하고 있는지를 보여줍니다. 핵심은 생성형 AI가 일반 소유주나 구매자도 접근할 수 있는 즉각적이고 투명하며 데이터가 풍부한 평가를 제공함으로써 부동산 가치 평가를 한다는 점입니다.

과거에는 전문가들만 접근 가능했던 정교한 가치 평가 통찰력을 이제 개인이 직접 얻을 수 있게 되어, 정보 비대칭성을 줄이고 보다 공정한 협상과 정보에 입각한 의사결정을 촉진할 수 있습니다.

이야기3: 스스로 디자인하는 집

2035년, 한 가족이 부엌 식탁 주위에 모였습니다. 그런데 이 식탁, 평범한 식탁이 아닙니다. 손가락으로 그림을 그리면 그대로 반응하는 인터랙티브 디자인 화면이죠. 아이들은 신이 나서 자신들이 살고 싶은 친환경 주택의 아이디어를 마구 스케치합니다.

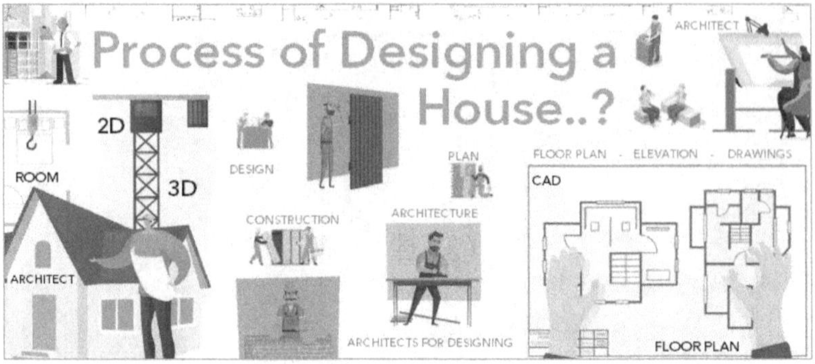

https://architects4design.com/process- of- designing- a- house

계단 대신 미끄럼틀, 별 모양의 옥상 정원! 그러자 친절한 생성형 AI 도우미가 나타나 아이들의 엉뚱한 낙서를 순식간에 아름답고 실현 가능한 건축 도면으로 바꿔줍니다. 심지어 반짝이는 버섯 벽돌 같은 지속 가능한 재료를 추천하고, 에너지 효율과 지역 기후에 최적화된 디자인을 실시간으로 제안합니다.

이 모든 과정은 마치 가족이 함께 즐기는 게임처럼 느껴집니다. 생성형 AI는 사용자의 창의성을 증폭시키고, 비전문가도 디자인 과정에 쉽게 참여할 수 있도록 도웁니다. 복잡한 설계 프로그램 대신, 직관적인 인터페이스와 AI의 즉각적인 피드백 덕분에 가족의 꿈과 가치가 완벽하게 반영된, 세상에 단 하나뿐인 집이 탄생합니다. 이는 AI가 건축 디자인 분야에서 개인화된 솔루션과 혁신적인 디자인을 가능하게 하는 잠재력을 보여줍니다.

단순히 디자인 과정을 단축시키는 것을 넘어, AI는 디자인의 주체를 사용자에게 돌려주며 건축 분야의 민주화를 이끌고 있습니다. 이제 누구나 상상력을 발휘하여 자신만의 공간을 창조하는 즐거움을 누릴 수 있게 된 것입니다.

이야기4: 황금 열쇠 거래

아냐는 '완벽한 공간 포털'에서 본 작은 스튜디오 아파트를 구매하기로 결정합니다. 산더미 같은 서류 작업과 몇 주간의 기다림 대신, 과정은 놀랍도록 즐겁습니다.

그녀는 안전한 플랫폼에서 구매 의사를 확인합니다.

생성형 AI 에이전트가 안전한 블록체인 기록을 사용하여 그녀의 신원과 재정을 즉시 확인합니다. 등기 이력, 검사 보고서, 허가증 등 필요한 모든 서류(모두 디지털로 확인 및 저장됨)를 순식간에 취합합니다. 거래는 안전한 다중 요소 생체 인식 확인으로 완료됩니다. 아냐는 자신의 기기에서 아름답게 움직이는 '황금 열쇠' NFT를 받습니다. 이는 그녀의 소유권을 상징하며 모든 부동산 관련 정보와 스마트 홈 제어에 대한 접근 권한을 부여합니다.

https://101blockchains.com/nft- real- estate

전체 과정은 단 몇 분 만에 끝납니다. 이는 AI가 어떻게 정부 서비스(허가 등)를 간소화하고, 거래 워크플로우를 자동화하며, 블록체인과 같은 기술을 활용하여 보안과 디지털 권리를 관리하고, 부동산 거래 프로세스의 효율성을 극적으로 향상시키는지 보여줍니다.

이 이야기의 핵심은 AI의 프로세스 자동화 능력과 블록체인의 보안 및 투명성이 결합하여, 복잡하고 시간이 많이 걸리는 부동산 거래를 거의 즉각적이고 안전한 디지털 이벤트로 전환할 수 있다는 점입니다. 이는 전통적인 중개인과 지연 요소를 제거하여 상당한 비용 절감, 유동성 증가, 그리고 구매자와 판매자 모두에게 혁신적으로 단순화된 경험을 제공할 잠재력을 시사합니다.

이야기5: 하룻밤 사이의 공원 변신

도시 중심부에 칙칙하고 잘 사용되지 않는 땅이 있었습니다. 사람들의 발길이 뜸해 어딘가 스산하기까지 했죠. 시에서는 이 공간에 활기를 불어넣기 위해 '파크 스파크(Park Spark)' 프로젝트를 시작했습니다. 공공 스크린이나 개인 기기를 통해 누구나 쉽게 접속할 수 있는 게임 같은 생성형 AI 플랫폼이 활용되었죠. 시민들은 "노래하는 꽃", "통통 튀는 버섯 의자", "무지개 미끄럼틀" 같은 기발하고 재미있는 아이디어를 마구 쏟아냈습니다.

Low Poly 3D Park Illustration https://www.vecteezy.com/

AI는 이 아이디어들을 즉시 생생한 3D 시각화 이미지로 구현하여, 사람들이 가상현실 속에서 공원을 거닐며 가장 마음에 드는 조합에 투표할 수 있도록 했습니다. 시민들의 참여로 만들어진 환상적인 디자인은 자동화된 건설 기술(어쩌면 3D 프린팅 같은!)을 통해 빠르게 제작되어, 마치 마법처럼 하룻밤 사이에 설치되었습니다.

이 과정은 AI가 어떻게 도시 계획 과정에서 시민들의 참여를 유도하고, 공공 공간을 개선하며, 아이디어를 신속하게 현실로 만들 수 있는지 보여줍니다. 기존의 느리고 때로는 답답했던 주민 참여 방식과 달리, 생성형 AI는 아이디어를 즉각적으로 시각화하고 피드백을 제공함으로써 참여 과정을 훨씬 더 매력적이고 보람 있게 만듭니다. 이는 단순히 의견을 수렴하는 것을 넘어, 참여의 본질 자체를 변화시켜 시민들이 도시 변화의 주역이 되는 경험을 선사합니다.

이야기6: 건물의 속삭임, '핍'

마야는 '하모니 타워'라는 아파트에 삽니다. 이 건물의 관리자는 '핍(Pip)'이라는 친근한 AI입니다. 핍은 단순한 챗봇(Chatbot)이 아니라, 건물의 의식과도 같습니다. 사용하지 않는 공용 공간의 조명을 스스로 어둡게 조절하고, 입주민 수와 일기 예보에 맞춰 온도를 조절하며 에너지를 절약합니다. 심지어 벽 깊숙한 곳에서 아주 작은 파이프 누수를 감지하여 큰 피해가 발생하기 전에 유지보수 로봇을 출동하게끔 합니다.

https://www.alamy.com/repair- chatbot- color- icon- robot- with- set- of- tools- and- screw- key- virtual- assistant

주민들은 음성이나 텍스트로 핍과 대화하며 편의 시설을 예약하고, 문제를 신고하며(종종 핍은 이미 알고 있지만 요!), 지역 행사 정보를 얻기도 합니다. 핍 덕분에 건물에서의 생활은 매끄럽고 효율적이며 걱정거리가 없습니다.

이는 스마트 빌딩 기술과 디지털 트윈 개념을 반영하며, AI가 어떻게 건물을 자동화하고, 예측 유지보수를 통해 문제를 예방하며, 에너지 효율을 높여 주민 만족도를 향상시키는지 보여줍니다. AI 기반의 자산 관리는 단순한 자동화를 넘어 예측적이고 선제적인 관리로 진화하고 있습니다.

문제가 발생한 후에 대응하는 것이 아니라, 지속적인 모니터링과 예측을 통해 문제를 예방하고 최적의 환경을 유지하는 것이죠. 이는 건물이 마치 스스로를 조절하는 유기체처럼 기능하며, 입주민의 편안함과 자원 효율성을 최우선으로 고려하는 새로운 패러다임을 제시합니다.

제 1 장

머신러닝 → 딥러닝 → 생성형 AI 개발과정과 주요 특징

제1장 머신러닝 → 딥러닝 → 생성형 AI 개발 과정과 주요 특징

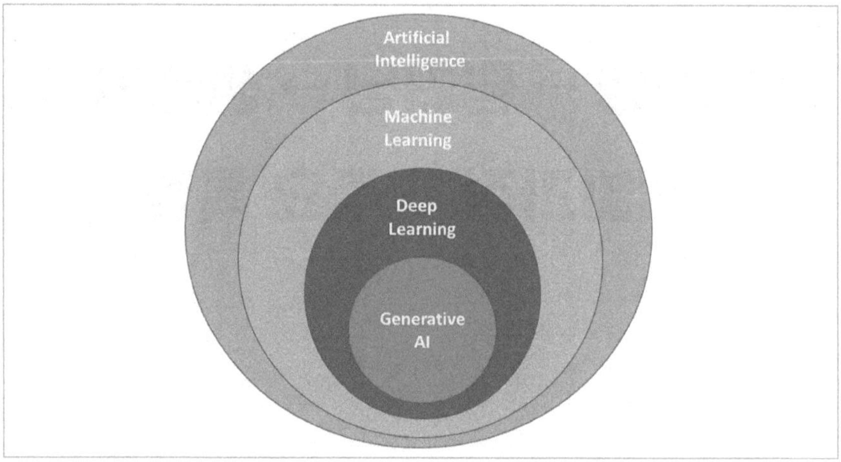

What's Generative AI? Explore Underlying Layers of Machine Learning and Deep Learning https://medium.com/

1 머신 러닝(Machine Learning): 기계(Machine)를 학습(Learning)시키는 것이다

1.1 머신러닝은 맞춤설정 및 추천, 챗봇을 통한 자동화된 고객 서비스, 스크립트 작성 및 번역, 데이터 분석 등의 일을 수행

데이터 생성 속도는 날로 빨라지고 있습니다. 전 세계는 그 어느 때보다 많은 데이터를 생성하고 있다. 머신 러닝 없이는 이 모든 데이터를 분석하고 활용하는

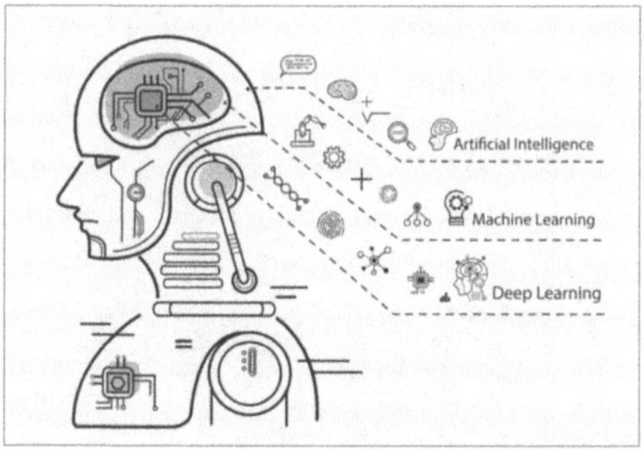

AI, 머신러닝, 딥러닝 이란? 그리고 딥러닝 모델 종류, 고양이 미로

것이 거의 불가능하게 되었다. 따라서 머신러닝은 인간이 컴퓨터 및 기타 기계로 할 수 있는 일의 완전히 새로운 영역을 열어가고 있다.

머신러닝은 맞춤설정 및 추천, 챗봇을 통한 자동화된 고객 서비스, 스크립트 작성 및 번역, 데이터 분석, 사기 감지, 보안 위협 식별, 등과 같은 중요한 기능을 통해 비즈니스 및 공적활동에 도움을 준다. 머신러닝은 차세대 기술인 자율 주행 차량, 드론, 비행기, 증강 현실과 가상 현실, 로봇공학과 같은 미래기술의 혁신을 이끌고 있다.

머신 러닝은 기계(Machine)를 학습(Learning)시키는 것을 말한다. AI에게 지능을 만들어주는 방법 중에 하나이다. 머신러닝은 경험을 통해 자동으로 개선되는 컴퓨터 알고리즘을 연구하는 분야이다. 데이터 세트에 대한 알고리즘을 학습시켜 패턴을 식별하거나 객체를 인식하는 방식으로 작동한다.

1.2 머신 러닝을 통해 컴퓨터 시스템은 '경험'을 쌓으면서 스스로 조정하고 향상

머신러닝은 인공지능의 하위 집합이다. 많은 양의 데이터를 제공하여 프로그래밍하도록 하지 않고 신경망과 딥 러닝을 사용하여 시스템이 자율적으로 학습하고 개선할 수 있게 해준다. 머신 러닝을 통해 컴퓨터 시스템은 더 많은 '경험'을 쌓으면서 스스로 지속적으로 조정하고 향상시킬 수 있다. 따라서 처리할 더 크고 다양한 데이터 세트를 제공함으로써 이러한 시스템의 성능을 향상시킬 수 있다.

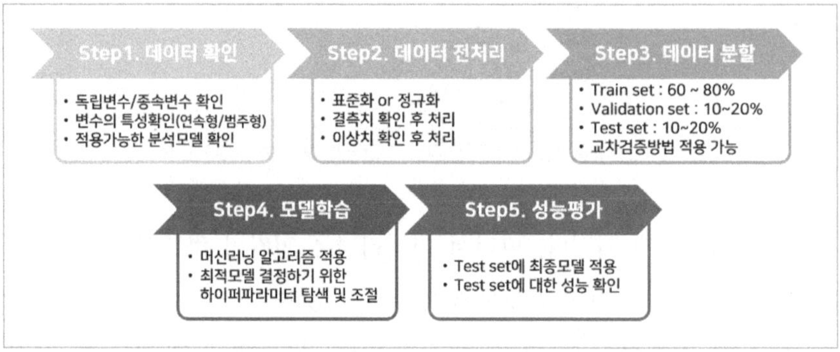

머신러닝 분석 프로세스 - 의료영상 인공지능의 모든 것 PART I, 위키독스

1.3 머신 러닝을 이해하기 위해 스팸메일 필터링을 통해 설명해 보자

머신러닝의 개념을 쉽게 이해하기 위해, 우리가 일상생활에서 자주 접하는 스팸 메일 필터링을 예로 들어 설명할 수 있다. 스팸 메일 필터는 수신된 메일을 분석하여 스팸 메일인지 아닌지 판별하는 프로그램이다. 전통적인 프로그래밍 방식으로 스팸 메일 필터를 개발한다면, 개발자는 스팸 메일의 특징(예: 특정 단어 포함, 발신자 주소, 제목 형식 등)을 정의하고 이를 기반으로 스팸 메일을 걸러내는 규칙을 일일이 작성해야 한다.

그러나 머신러닝 기반 스팸 메일 필터는 다르다. 머신러닝 기반 스팸 메일 필터는 대량의 메일 데이터(스팸 메일과 정상 메일)를 학습한다. 이 데이터에는 각 메일이 스팸인지 아닌 지에 대한 정보(레이블)가 포함되어 있다. 필터는 이러한 데이터를 통해 스스로 스팸 메일의 특징을 파악하고, 새로운 메일이 수신되었을 때 스팸 메일 여부를 판별하는 규칙을 생성한다. 즉, 명시적인 규칙을 프로그래밍하지 않아도 데이터를 통해 스스로 학습하여 스팸 메일을 효과적으로 걸러낼 수 있게 된다.

이처럼 머신러닝은 컴퓨터가 데이터를 통해 스스로 학습하고 성능을 향상시키는 기술이다. 스팸 메일 필터링 외에도 이미지 인식, 음성 인식, 자연어 처리, 추천 시스템 등 다양한 분야에서 활용되고 있으며, 앞으로 더욱 발전하여 인공지능 기술의 핵심적인 역할을 담당할 것으로 예상된다.

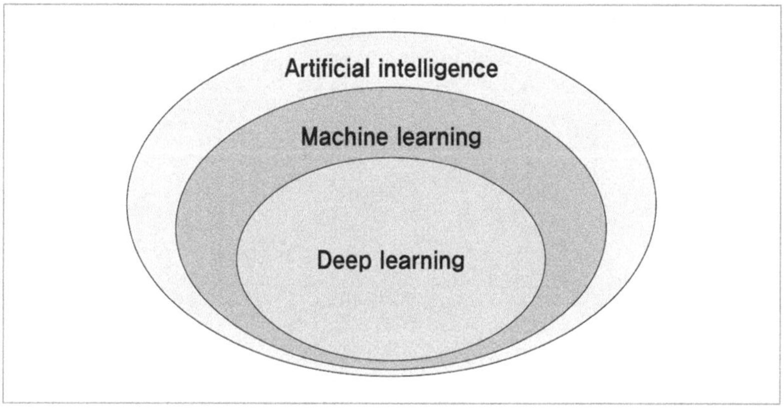

머신러닝(Machine Learning)의 정의 와 분류, 깜장스 티스토리

1.4 머신러닝, 인공지능, 딥 러닝의 차이점은 무엇인가?

■ 머신러닝, 인공지능, 딥 러닝의 차이점

구분	정의	특징	학습	활용
인공지능 (AI)	인간의 지능을 모방하여, 스스로 학습하고 문제를 해결하는 컴퓨터 시스템	- 광범위한 개념 - 인간의 사고, 학습, 문제 해결 능력을 모방 - 다양한 분야에 응용 가능	- 추론, 탐색, 계획, 자연어 처리 등 다양한 기술 활용	- 전문가 시스템, 자연어 처리, 로봇 공학, 게임 인공지능

머신러닝 (ML)	인공지능의 한 분야로, 명시적인 프로그래밍 없이 데이터를 통해 학습하고 예측하는 알고리즘	- 인공지능의 하위 개념 - 데이터를 기반으로 학습하여 패턴을 파악하고 예측 수행 - 지도 학습, 비지도 학습, 강화 학습 등 다양한 학습 방법 존재	- 데이터 분석, 통계, 알고리즘 기반 학습	- 스팸 필터링, 이미지 분류, 추천 시스템, 의료 진단
딥 러닝 (DL)	머신러닝의 한 분야로, 인공 신경망을 이용하여 데이터를 학습하고 복잡한 패턴을 인식하는 기술	- 머신러닝의 하위 개념 - 다층 구조의 인공 신경망을 사용하여 데이터의 복잡한 패턴 학습 - 대규모 데이터 학습 및 높은 컴퓨팅 파워 필요	- 다층 신경망, 역전파 알고리즘, 활성화 함수 등을 활용한 학습	- 이미지 인식, 음성 인식, 자연어 처리, 자율 주행

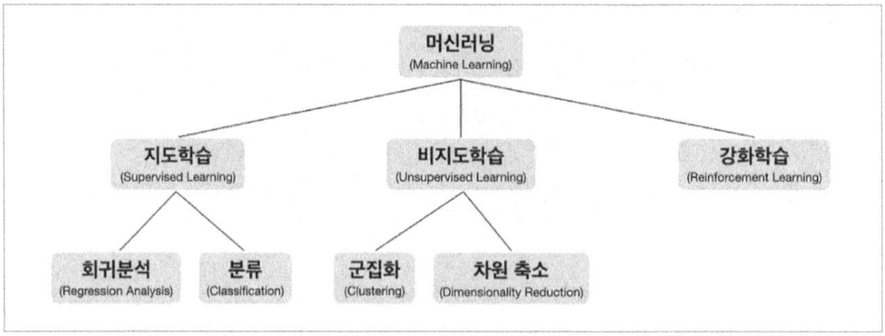

AI와 머신러닝, 딥러닝의 차이란 무엇인가? 네이버 블로그

1.5 머신 러닝의 학습방법 유형

머신러닝은 크게 지도학습, 비지도학습, 강화학습으로 나뉘어진다. 이 세 가지 학습 방식은 각기 다른 특징을 가지며, 데이터의 유형과 학습 목표에 따라 적절한 방식을 선택하여 사용한다.

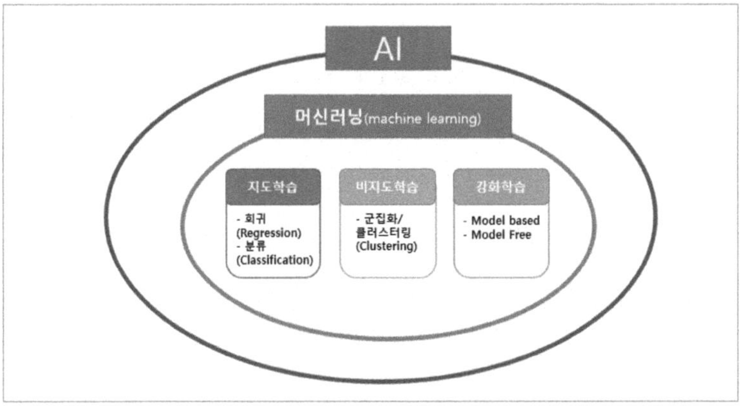

[AI/머신러닝] 4. 머신러닝(Machine Learning, 기계학습), 네이버 블로그

1.5.1 지도학습, 비지도학습, 강화학습의 특징

1) 지도학습 (Supervised Learning)

지도학습은 입력 데이터와 그에 대한 정답(레이블)을 쌍으로 제공하여 모델을 학습시키는 방식이다. 라벨이 지정된 학습 데이터(구조화된 데이터)를 사용하여 특정 기능을 라벨에 매핑하는 머신러닝 모델이다. 예컨대 사과 사진을 인식하도록 알고리즘을 훈련시키려면 사과라는 라벨이 지정된 사진을 입력한다. 모델은 주어진 데이터를 통해 입력과 출력 사이의 관계를 학습하고, 새로운 입력 데이터에 대한 출력 값을 예측한다. 지도학습은 주로 분류(classification) 및 회귀(regression) 문제에 사용된다.

(1) **분류**: 데이터를 여러 개의 클래스 중 하나로 분류하는 문제 (예: 스팸 메일 분류, 이미지 분류)

(2) **회귀**: 연속적인 값을 예측하는 문제 (예: 주택 가격 예측, 교통량 예측, 주가 예측)

2) 비지도학습 (Unsupervised Learning)

비지도학습은 정답 레이블이 없는 데이터를 사용하여 모델을 학습시키는 방식이다. 모델은 데이터 자체의 구조나 패턴을 파악하여 데이터를 그룹화하거나 숨겨진 특징을 추출한다. 비지도학습은 주로 군집화(clustering), 차원 축소(dimensionality reduction), 연관 규칙 학습(association rule learning) 등에 사용된다. 예를 들어 알고리즘에 사과와 바나나 사진이 주어지면 어떤 사진이 사과이고 어떤 사진이 바나나인지 스스로 분류합니다. 비지도 학습은 설명 모델링과 패턴 일치에 우수하다.

(1) **군집화**: 유사한 특징을 가진 데이터들을 그룹으로 묶는 문제 (예: 고객 세분화, 문서 분류)

(2) **차원 축소**: 고차원 데이터를 저차원으로 변환하는 문제 (예: 이미지 압축, 데이터 시각화)

3) 강화학습 (Reinforcement Learning)

강화학습은 에이전트가 환경과 상호 작용하며 시행착오를 통해 학습하는 방식이다. 에이전트는 특정 행동을 취하고 그에 따른 보상을 받으며, 최대의 보상을 얻을 수 있는 방향으로 행동을 개선한다. 강화학습은 주로 게임 플레이, 로봇 제어, 자율 주행 등에 사용된다.

1.6 머신 러닝의 장단점, 특징, 활용도

머신 러닝은 방대한 데이터를 분석하고 복잡한 패턴을 학습하여 인간의 의사결정을 지원하고 자동화하는 데 탁월한 능력을 보인다. 이는 다양한 분야에서 혁신을 이끌어내고 있지만, 동시에 몇 가지 한계점을 가지고 있다.

1) 머신 러닝의 장점, 특징, 활용

(1) **데이터 기반 의사결정**: 머신러닝은 데이터를 기반으로 패턴을 파악하고 예측을 수행함으로써, 인간의 주관적인 판단이나 편견을 최소화하고 객관적인 의사결정을 지원한다. 이는 특히 금융, 의료, 법률 등 정확하고 일관된 판단이 요구되는 분야에서 중요한 장점으로 작용한다. 예를 들어, 금융 분

야에서는 머신러닝 알고리즘을 통해 신용 평가 모델을 구축하여 대출 심사의 정확성과 효율성을 높일 수 있다.

(2) **효율성 증대:** 머신러닝은 자동화를 통해 인간의 노동력을 대체하고 업무 효율성을 향상시킨다. 제조업에서는 머신러닝 기반 로봇을 활용하여 생산 라인의 자동화를 구현하고 생산성을 높일 수 있다. 고객 서비스 분야에서는 챗봇을 통해 24시간 고객 문의에 대응하고, 단순 반복적인 업무를 자동화하여 인력 운영의 효율성을 제고할 수 있다.

(3) **새로운 가치 창출:** 머신러닝은 기존에 발견하지 못했던 데이터 속의 숨겨진 패턴을 파악하고, 이를 통해 새로운 가치를 창출할 수 있도록 지원한다. 마케팅 분야에서는 고객 데이터 분석을 통해 개인 맞춤형 상품 추천 및 타겟 마케팅을 수행하여 고객 만족도를 향상시키고 매출 증대를 도모할 수 있다. 의료 분야에서는 머신러닝을 활용하여 질병 예측 모델을 개발하고, 개인별 맞춤형 치료법을 제공하여 질병 예방 및 치료 효과를 높일 수 있다.

(4) **끊임없는 학습:** 머신러닝 모델은 새로운 데이터가 입력될 때마다 스스로 학습하고 성능을 개선한다. 이러한 지속적인 학습 능력은 변화하는 환경에 빠르게 적응하고, 최적의 성능을 유지하는 데 중요한 역할을 한다. 예를 들어, 자율 주행 시스템은 주행 데이터를 지속적으로 학습하여 도로 상황 변화에 대응하고 안전성을 향상시킨다.

2 딥 러닝(Deep Learning): 딥(Deep)하게 학습하는 머신 러닝이 진화한 것이다

2.1 딥 러닝과 머신 러닝의 가장 큰 차이점은 기본 신경망 아키텍처의 구조이다

1) 딥 러닝(Deep Learning)은 인간의 두뇌에서 영감을 받아 컴퓨터가 데이터를 처리하도록 가르치는 AI의 한 분야이다

이제 AI 단순추론을 넘어 스스로 판단, 행동까지 하는 단계까지 진화하며, AX(AI Transformation: 인공지능 전환)2.0시대가 열리고 있다. AI가 이렇게까지 발전한 배경에는 딥러닝이 버티고 있다. 뇌를 모방하는 AI가 딥 러닝이다. 딥 러닝을 통해서 이전에는 생각 못했던 일들을 처리할 수 있는 세상이 되었다.

딥 러닝(Deep Learning)은 인간의 두뇌에서 영감을 받아 컴퓨터가 데이터를 처리하도록 가르치는 인공 지능(AI)의 한 분야이다. 딥(Deep)하게 학습하는 머신 러닝의 일종이다. 딥 러닝은 복잡한 데이터 패턴을 인식하여 정확한 예측과 인사이트를 생성할 수 있다. 딥 러닝은 인간 두뇌의 복잡한 의사 결정 능력을 시뮬레이션하기 위해 심층 신경망 이라고 불리는 다층 신경망을 사용하는 기계 학습의 하위 집합이다.

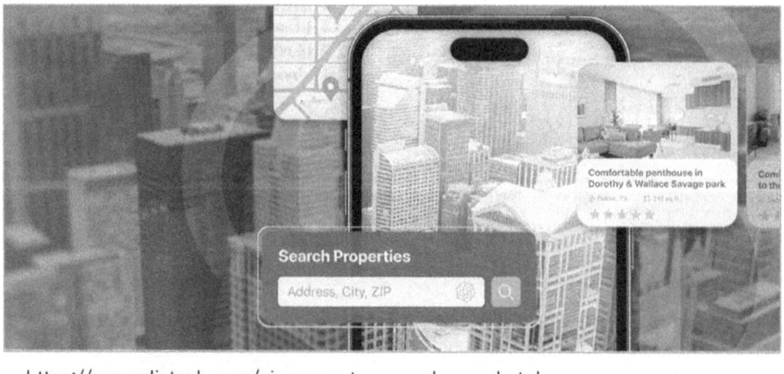

https://ascendixtech.com/ai- property- search- marketplaces

2) 딥 러닝과 머신 러닝의 가장 큰 차이점은 기본 신경망 아키텍처의 구조이다.

"Nondeep"이라는 전통적인 머신 러닝 학습 모델은 하나 또는 두 개의 계산 계층이 있는 간단한 신경망을 사용한다. 딥 러닝 모델은 3개 이상의 계층(일반적으로 수백 또는 수천 개의 계층)을 사용하여 모델을 훈련한다.

머신 러닝에서 지도 학습 모델은 정확한 출력을 만들기 위해 구조화되고 레이블이 지정된 입력 데이터가 필요하다. 하지만 딥러닝 모델은 비지도 학습을 사용할 수 있다. 비지도 학습을 통해 딥러닝 모델은 비정형 원시 데이터에서 정확한 출력을 만드는 데 필요한 특성, 특징 및 관계를 추출할 수 있다. 또한 이러한 모델은 정밀도를 높이기 위해 출력을 평가하고 개선할 수도 있다.

3) 딥 러닝과 머신 러닝의 구체적인 차이점

■ **딥 러닝과 머신 러닝의 구체적인 차이점**

특징	머신 러닝	딥 러닝
정의	데이터에서 패턴을 학습하여 예측이나 결정을 수행하는 알고리즘	인공 신경망을 사용하여 데이터에서 복잡한 패턴을 학습하는 머신러닝의 한 분야
데이터 특징	사람이 직접 데이터의 특징을 추출하여 제공	스스로 데이터의 특징을 학습하고 추출
학습 방식	다양한 알고리즘 (결정 트리, SVM, 선형 회귀 등) 사용	여러 층의 인공 신경망을 통해 학습
데이터 규모	비교적 적은 데이터로도 학습 가능	대량의 데이터 필요
계산 복잡도	일반적으로 딥 러닝보다 낮음	머신 러닝보다 높음
성능	데이터 특징 추출에 따라 성능이 크게 좌우됨	대량의 데이터를 통해 높은 성능을 달성 가능
응용 분야	스팸 필터링, 사기 탐지, 추천 시스템 등	이미지 인식, 자연어 처리, 음성 인식 등
예시	스팸 메일 분류, 상품 추천	자율 주행, 의료 진단, 기계 번역

What is Deep Learning? A Tutorial for Beginners | DataCamp

2.2 딥러닝(Deep Learning)이 왜 중요한가?

1) 딥러닝의 중요성

딥러닝은 기존 머신러닝 알고리즘으로는 해결하기 어려웠던 복잡한 문제들을 해결할 수 있는 잠재력을 가지고 있다. 특히 이미지 인식, 음성 인식, 자연어 처리 등의 분야에서 뛰어난 성능을 보이며, 의료, 금융, 제조 등 다양한 분야에서 혁신을 이끌어내고 있다. 딥러닝의 중요성은 다음과 같이 요약할 수 있다.

(1) **복잡한 패턴 인식**: 딥러닝은 다층 구조의 인공 신경망을 통해 데이터의 복잡한 패턴을 학습하고 인식할 수 있다. 이는 이미지, 음성, 텍스트 등 비정형 데이터 분석에 매우 효과적이다.

(2) **높은 예측 정확도**: 딥러닝 모델은 대규모 데이터 학습을 통해 높은 예측 정확도를 달성할 수 있다. 이는 의료 진단, 금융 예측, 제품 추천 등 다양한 분야에서 의사결정의 정확성을 높이는 데 기여한다.

(3) **자율 학습**: 딥러닝 모델은 사람의 개입 없이 스스로 데이터를 학습하고 성능을 향상시킬 수 있다. 이는 변화하는 환경에 빠르게 적응하고 최적의 성능을 유지하는 데 중요한 역할을 한다.

2) 딥 러닝 기술은 AI 애플리케이션(예)의 기반이 된다

예컨대 딥 러닝 기술은 다음과 같은 일상적 제품에 사용되는 여러 인공 지능 애플리케이션 사례의 기반이 된다.

(1) 챗봇 및 코드 생성기

(2) 디지털 어시스턴트

(3) 음성 인식 TV 리모컨

(4) 사기 탐지

(5) 자동 얼굴 인식

(6) 자율 주행 자동차,

(7) 가상 현실

등과 같은 기술의 중요한 구성 요소이기도 하다. 기업이나 공공분야에서는 딥 러닝 모델을 사용하여 다양한 애플리케이션에서 데이터를 분석하고 예측할 수 있다

2.3. 딥러닝의 유형 및 특징

2.3.1 딥러닝의 5가지 유형(방식) 및 특징

딥러닝은 다양한 유형의 인공 신경망 구조를 사용하며, 각 구조는 특정 문제 해결에 적합한 특징을 가지고 있다. 대표적인 딥러닝 유형은 다음과 같다.

유형	특징
다층 퍼셉트론 (MLP)	딥러닝의 기본적인 구조로, 여러 층의 뉴런으로 구성된다.
컨볼루션 신경 (CNN)	이미지 인식에 특화된 구조로, 이미지의 공간적 특징을 효과적으로 추출한다.
순환 신경망(RNN)	시계열 데이터 분석에 특화된 구조로, 이전 입력 정보를 기억하여 현재 출력에 반영한다.
생성적 적대 신경망 (GAN)	새로운 데이터를 생성하는 데 사용되는 구조로, 두 개의 신경망이 서로 경쟁하며 학습한다.
오토인코더 (Autoencoder)	데이터의 차원을 축소하거나 특징을 추출하는 데 사용되는 구조로, 입력 데이터를 압축하고 복원하는 과정을 통해 학습한다.

2.3.2 딥러닝의 5가지 주요 유형 및 적용 사례

딥러닝은 다양한 분야에서 활용되며, 각 분야에 특화된 딥러닝 모델과 기술들이 개발되고 있다. 본 논문에서는 딥러닝의 주요 5가지 유형, 즉 컴퓨터 비전, 음성 인식, 자연어 처리, 추천 엔진, 생성형 AI에 대해 각각의 특징, 활용도, 사례를 표로 정리하여 논문체로 제시한다.

유형	특징	활용도	사례
컴퓨터 비전 (Computer Vision)	이미지 및 비디오 데이터를 분석하고 이해하는 기술. CNN (Convolutional Neural Network)과 같은 딥러닝 모델을 주로 활용한다.	- 이미지 분류 - 객체 탐지 - 이미지 생성 - 영상 분석	- 자율 주행 시스템 : 도로 상황 인식, 장애물 감지 - 의료 영상 분석 : 질병 진단, 치료 계획 수립 - 보안 시스템 : 얼굴 인식, 객체 추적 - 제조업 : 제품 검수, 불량품 탐지
음성 인식 (Speech Recognition)	음성 데이터를 텍스트로 변환하거나 음성의 의미를 이해하는 기술. RNN (Recurrent Neural Network), LSTM (Long Short- Term Memory)과 같은 딥러닝 모델을 주로 활용한다.	- 음성 검색 - 음성 비서 - 음성 번역 - 음성 합성	- 스마트 스피커 : 음성 명령 인식, 정보 제공 - 콜센터 자동화 : 고객 응대, 상담 지원 - 회의록 작성 : 음성 데이터를 텍스트로 변환 - 음성 인식 기반 키보드 : 음성으로 텍스트 입력
자연어 처리 (Natural Language Processing)	인간의 언어를 이해하고 처리하는 기술. RNN, LSTM, Transformer와 같은 딥러닝 모델을 주로 활용한다.	- 텍스트 분류 - 감정 분석 - 기계 번역 - 질의응답 시스템 - 챗봇	- 스팸 메일 필터링 : 스팸 메일 탐지 및 차단 - 소셜 미디어 분석 : 여론 분석, 트렌드 파악 - 자동 번역 서비스 : 다국어 번역 지원 - AI 기반 고객 상담 : 챗봇을 통한 자동 응대
추천 엔진 (Recommendation Engine)	사용자의 선호도를 학습하여 맞춤형 콘텐츠를 추천하는 기술. 협업 필터링 (Collaborative Filtering), 콘텐츠 기반 필터링 (Content-based Filtering)과 같은 딥러닝 기반 추천 알고리즘을 활용한다.	- 상품 추천 - 콘텐츠 추천 - 친구 추천 - 뉴스 추천	- 온라인 쇼핑몰 : 개인 맞춤형 상품 추천 - 음악 스트리밍 서비스 : 취향에 맞는 음악 추천 - 소셜 네트워크 서비스 : 관심사 기반 친구 추천 - 뉴스 웹사이트 : 사용자 맞춤형 뉴스 제공

생성형 AI (Generative AI)	새로운 콘텐츠를 생성하는 기술. GAN (Generative Adversarial Network), Variational Autoencoder (VAE)와 같은 딥러닝 모델을 주로 활용한다.	- 이미지 생성 - 텍스트 생성 - 음악 생성 - 코드 생성	- 예술 작품 창작 : 새로운 이미지, 음악, 텍스트 생성 - 게임 개발 : 게임 캐릭터, 아이템, 배경 생성 - 디자인 분야 : 로고, 제품 디자인 생성 - 가상 인플루언서 생성 : 사실적인 가상 캐릭터 생성

3 생성형 AI는 기존 데이터를 기반으로 새로운 콘텐츠를 생성할 수 있는 기술이다

3.1 생성형 AI의 개요

생성형 AI는 업무를 자동화하거나 가속화한다. 챗 GPT의 등장 이후 AI서비스는 단순한 도구에서 일상적 파트너로 등장했다. 특히 고객관리, 마케팅, 연구개발 분야에서 생성형 AI는 이용자에게 생산성 향상이라는 선물을 제공한다.

1) 생성형 AI란 텍스트, 오디오, 이미지 또는 동영상 형태의 새로운 컨텐츠를 생성하도록 설계된 인공 지능 모델이다

생성형 AI(Generative AI)는 인공 지능(AI)의 일종으로, 기존 데이터를 기반으로 새로운 콘텐츠를 생성할 수 있는 기술이다. 생성형 AI란 텍스트, 오디오, 이미지 또는 동영상 형태의 새로운 컨텐츠를 생성하도록 설계된 인공 지능 모델이다

생성형 AI 활용하면 특정 작가의 스타일을 기반으로 단편 소설을 쓰거나, 존재하지 않는 인물의 사실적인 이미지를 생성하거나, 유명 작곡가의 스타일로 교향곡을 작곡하거나, 간단한 텍스트 설명으로 비디오 클립을 만들 수 있다.

생성형 AI는 머신러닝 기술을 활용하여 데이터에서 학습하고 패턴을 모방하여 예측하거나 결정한다. 사용자가 프롬프트를 입력하면, 생성형 AI는 인터넷의 기존 사례에서 학습한 내용을 기반으로 응답을 생성한다.

Art Directing GenAI… or Narrative Style Creation & Transfer with LLMs & Text- to- Image Generative AI Systems

2) 생성형 AI는 AI개발단계에서 AGI 초기단계에 위치하고 있다고 보아야 할 것이다

생성형 AI는 AI 개발단계에서 AGI 초기단계에 위치하고 있다고 보아야 할 것이다.

ANI

Artificial Narrow Intelligence 제한적 인공지능
특정 기능이나 업무에 한정되어 놀라운 기능을 보이는 AI

↓

AGI

Artificial General Intelligence 범용 인공지능
인간과 유사한 능력으로 다양한 지적 작업을 수행할 수 있는 AI

↓

ASI

Artificial Superintelligence 초인공지능
인류의 지능을 초월해 스스로 사고하고 행동하는 AI

3.2 생성형 AI의 특징

1) 생성형 AI는 언어 생성, 이미지 생성, 음성생성, 음악생성, 비디오 생성

생성형 AI에는 언어 생성, 이미지 생성, 음성생성, 음악생성, 비디오 생성의 다섯 가지가 있다. 생성형 AI중에서 우리의 라이프스타일과 밀접한 관계를 맺고 있는 것이 언어생성이다. 대화형 언어모델로 일반 및 판별 AI와 달리 사용자의 말 또는 프롬프트(문자기반의 명령)를 이해하고 그에 대한 상호작용이 가능한 답변과 반응을 생성하도 답변은 내놓은다.

생성형 AI 속에서 우리에게 인기가 좋은 챗GPT를 포함해 구글은 바드(Bard) 라는 프롬트 창을, 마이크로소프트는 챗GPT를 독점적으로 웹브라우저에 적용했다. 네이버는 이전 클로바 채팅 플랫폼을 업그레이드한 한국형 GPT 하이버클로바X를 출시했다.

2) 맞춤형 도시행정서비스경험을 제공하여 민원을 해결해 준다

생성형 AI를 통해 차별화 및 맞춤형 도시행정서비스경험을 제공하여 민원을 해결하거나 주민의 니즈를 파악할 수 있다. 기존의 챗봇이 주민의 명확한 니즈와 맥락을 파악해 개별화된 답변을 내놓는 대신 단편적인 답변만 제공하는 반면, 생성형 AI 챗봇은 주민이 원하는 수준의 대화를 통해 주민의 시정부에 대한 신뢰를 쌓게 해준다

3) 생성형 AI는 머신러닝 기술을 활용하여 새로운 데이터를 학습하고 생성한다

머신러닝을 통해 시스템은 명시적 프로그래밍이 아닌 데이터로부터 학습할 수 있다. 즉, 머신러닝은 컴퓨터 프로그램이 새로운 데이터에 적응하고 새로운 데이터로부터 독립적으로 학습하여 통찰력을 얻을 수 있는 과정이다.

4) 생성형 AI는 AGI와 동등하지 않다. AGI는 더 넓은 수준의 자율성과 기능을 나타낸다.

생성형 AI는 이러한 시스템의 구성 요소일 수 있지만 AGI와 동등하지는 않다. 생성형 AI는 새로운 데이터 인스턴스를 생성하는 데 중점을 두는 반면, AGI는 더 넓은 수준의 자율성과 기능을 나타냅니다.

5) 생성형 AI의 기반은 머신러닝의 일종인 딥러닝이다

생성형 AI의 기반은 데이터를 처리하고 의사 결정을 위한 패턴을 생성하는 인간 두뇌의 작용을 모방하는 머신러닝의 일종인 딥러닝이다. 딥러닝 모델은 인공신경망으로 알려진 복잡한 아키텍처를 사용다. 이러한 신경망은 정보를 처리하고 전송하는 수많은 상호 연결된 계층으로 구성되어 있으며, 인간 두뇌의 뉴런을 모방한다.

학습코너

1. 스키마(Schema) : 스키마는 데이터 베이스의 논리적 구조를 나타낸다. 데이터가 어떻게 구성되고 서로의 관계를 가지는지 정의한다. 데이터 베이스의 청사진을 제공한다고 할 수 있다. 쉽게 말해서, 뼈대, 데이터를 저장하는 틀이나 구조체, 변수의 타입에 대응되는 개념 정도로 이해하면 된다.
2. 인스턴스(Instance) : 인스턴스는 특정 시점에서 데이터베이스에 실제로 저장된 내용 또는 데이터베이스의 현재 상태를 나타낸다. 시간이 흐르면서 인스턴스(=실제 데이터 값)은 변경이 자주 발생하지만(데이터 추가, 삭제, 변경 등), 스키마(=데이터를 저장하는 틀)는 변경되는 경우가 적다

3.3. 생성형 AI와 딥러닝 발전과정과 ANI, AGI, ASI와 연결성

3.3.1 생성형 AI와 딥러닝 발전 과정의 연결고리: 맥컬럭- 피츠 모델부터 딥 러닝까지

생성형 AI는 딥러닝 기술의 발전과 밀접한 관련이 있으며, 맥컬럭- 피츠 모델부터 딥 러닝까지의 각 단계는 생성형 AI의 등장을 위한 토대를 마련하는 데 기여했다. 시기적으로는 딥러닝 발전 과정의 각 단계를 거쳐 생성형 AI가 등장했으며, 기술적으로는 각 단계의 핵심 기술들이 생성형 AI 모델에 활용되고 있다

1) 럭- 피츠 모델 (1943)

- **시기적 연결:** 딥러닝 역사의 시작점으로, 인공 신경망의 기본 개념을 최초로 제시. 이후 햅의 이론, 퍼셉트론 등 딥러닝 발전의 토대를 마련
- **기술적 연결:** 생물학적 뉴런의 동작을 단순화하여 0과 1의 이진 출력을 내는 논리 게이트로 모델링. 이는 인공 신경망의 기본 단위가 되었으며, 딥러닝 모델에서도 여전히 활용되는 활성화 함수의 기본 개념을 제시
- **방법론적 연결:** 뉴런의 연결 강도를 조절하여 학습하는 아이디어를 제시. 이는 이후 햅의 이론과 퍼셉트론 학습 알고리즘의 기초가 됨

2) 햅의 이론 (1949)

- **시기적 연결:** 맥컬럭- 피츠 모델 이후, 뉴런 간의 연결 강도가 학습에 따라 변화한다는 아이디어를 제시. 퍼셉트론 학습 알고리즘 개발에 영향을 미침
- **기술적 연결:** "함께 활성화되는 뉴런들은 연결 강도가 강화된다"는 규칙을 제시. 이는 인공 신경망에서 가중치를 업데이트하는 학습 규칙의 기본 원리가 되었으며, 딥러닝 모델의 학습 알고리즘에도 영향을 미침
- **방법론적 연결:** 학습 과정에서 뉴런 간의 연결 강도를 조절하여 정보를 저장하고 처리하는 방법을 제시. 이는 딥러닝 모델에서 가중치를 통해 정보를 표현하고 학습하는 방법의 기초가 됨

3) 퍼셉트론 (1957)

- **시기적 연결**: 헵의 이론을 기반으로, 최초의 인공 신경망 학습 알고리즘을 구현. 이후 인공 신경망 연구의 발전과 딥러닝 등장에 중요한 역할을 함
- **기술적 연결**: 입력값에 가중치를 곱하고 합산한 후, 활성화 함수를 통해 출력값을 계산하는 알고리즘을 제시. 이는 딥러닝 모델의 기본 구조와 동일하며, 다층 퍼셉트론(MLP)은 딥러닝 모델의 한 종류로 볼 수 있음
- **방법론적 연결**: 지도 학습 방식을 통해 가중치를 조절하여 입력 데이터를 분류하는 방법을 제시. 이는 딥러닝 모델에서도 널리 사용되는 지도 학습 방법의 기초가 됨

4) 인공 신경망 (1980년대)

- **시기적 연결**: 퍼셉트론의 한계를 극복하기 위한 다양한 연구가 진행되면서, 다층 퍼셉트론, 역전파 알고리즘 등이 개발. 딥러닝 기술 발전의 토대를 마련
- **기술적 연결**: 다층 구조를 통해 복잡한 패턴을 학습하고, 비선형 문제를 해결할 수 있는 인공 신경망 모델 개발. 이는 딥러닝 모델의 기본 구조가 되었으며, 다양한 딥러닝 모델의 등장으로 이어짐
- **방법론적 연결**: 역전파 알고리즘을 통해 다층 인공 신경망을 효율적으로 학습하는 방법을 제시. 이는 딥러닝 모델 학습의 핵심 알고리즘으로, 생성형 AI 모델 학습에도 활용됨

5) 딥 러닝 (2000년대 이후)

- **시기적 연결**: 빅 데이터, 컴퓨팅 성능 향상 등에 힘입어 인공 신경망 연구가 다시 활발해지면서 딥러닝 기술 등장. 생성형 AI 발전에 결정적인 역할을 함
- **기술적 연결**: 심층 신경망(DNN) 구조, 합성곱 신경망(CNN), 순환 신경망(RNN) 등 다양한 딥러닝 모델 개발. 이러한 딥러닝 모델은 생성형 AI 모델의 기반이 되었으며, 이미지, 텍스트, 음성 등 다양한 콘텐츠 생성에 활용됨

- **방법론적 연결:** 대규모 데이터셋을 활용한 학습, GPU 기반 병렬 처리, 다양한 학습 알고리즘 개발 등을 통해 딥러닝 모델의 성능을 향상시키는 방법 제시. 이러한 방법론적 발전은 생성형 AI 모델의 성능 향상에도 기여

6) 생성형 AI (현재)

- **시기적 연결:** 딥러닝 기술의 발전, 특히 GAN, Transformer, Diffusion Model 등의 등장으로 급격히 발전. 이미지, 텍스트, 음성 등 다양한 콘텐츠를 생성하는 데 활용
- **기술적 연결:** 딥러닝 모델을 기반으로, 새로운 콘텐츠를 생성하고 창의적인 작업을 수행하는 다양한 생성형 AI 모델 개발. 예를 들어, GAN은 이미지 생성, Transformer는 텍스트 생성, Diffusion Model은 고해상도 이미지 생성에 활용
- **방법론적 연결:** 딥러닝 모델 학습에 사용되는 다양한 기술 (예: 대규모 데이터셋, GPU 기반 병렬 처리, 학습 알고리즘)을 활용하여 생성형 AI 모델을 학습하고 성능을 향상. 또한, 생성형 AI 모델의 학습 과정에서 새로운 방법론 (예: 강화 학습, 자기 지도 학습)이 활용되기도 함

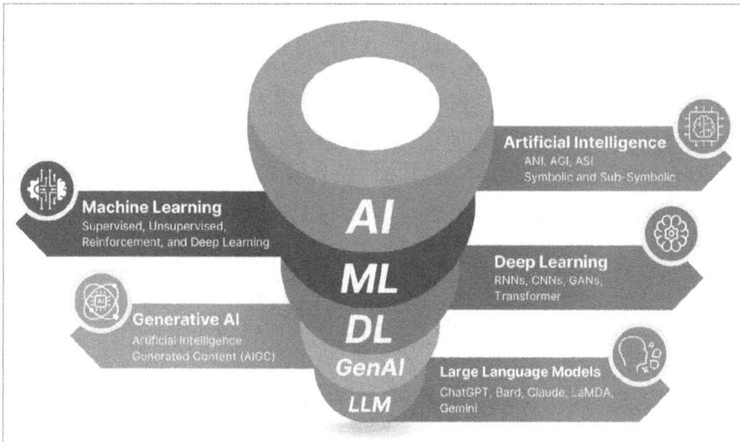

Position of Generative AI, Kevin David Shields

■ AI 기술 비교: 머신러닝, 딥러닝, 생성형 AI

구분	머신러닝	딥러닝	생성형 AI
정의	데이터로부터 패턴을 학습하여 예측/분류 수행	다층 신경망을 통해 복잡한 데이터 패턴 및 특징 학습	학습된 데이터를 기반으로 새로운 독창적 콘텐츠 생성
주요 목표	데이터 기반 의사결정 지원, 패턴 인식, 예측 정확도 향상	고차원/비정형 데이터 이해, 특징 자동 추출, 인식/예측 정확도 극대화	창의적 결과물 생성, 복잡한 작업 자동화, 인간과 유사한 상호작용
핵심 기술	지도/비지도/강화 학습 알고리즘 (회귀, SVM, 결정 트리, 군집화 등)	CNN, RNN, LSTM, Transformer 등 심층 신경망 아키텍처	Transformer (LLMs), GAN, VAE, Diffusion Models 등
부동산 내 역할	초기 AVM, 시장 동향 분석, 리스크 평가, 잠재 고객 분류 (리드 스코어링)	이미지/위성사진 분석 기반 가치 평가/도시 변화 탐지, NLP 통한 문서/감성 분석, 정교한 시장 예측	매물 설명/마케팅 콘텐츠 자동 생성, 가상 투어/스테이징, 지능형 챗봇, 설계/계획안 생성 지원, 계약서 초안/요약
장점	데이터 기반 객관적 의사결정, 특정 작업 자동화 및 효율성 증대	높은 예측/인식 정확도, 이미지/텍스트 등 비정형 데이터 처리 능력	창의적 작업 자동화, 고도의 개인화된 경험 제공, 생산성 향상 및 워크플로우 혁신
단점 및 과제	복잡한 비선형 관계/비정형 데이터 처리 한계, 특징 공학(Feature Engineering) 요구	방대한 데이터 및 고성능 컴퓨팅 자원 요구, 모델 해석의 어려움 (블랙박스 문제)	생성 결과의 사실성/품질 검증 필요, 데이터 편향성 심화, 저작권 및 오용 위험, 다양한 윤리적 문제
주요 활용 사례	PropTrack AVM (2012), Trulia 리드 생성 (2014), 초기 시장 예측 모델	Zillow Neural Zestimate, CityPulse (도시 변화 탐지), 위성 이미지 분석 기반 토지 이용 분류, 문서 감성 분석	Listing AI (설명 생성), Dream Staging AI (가상 스테이징), STAN AI (챗봇), JLL GPT (CRE 특화 LLM), DeepScope (설계 지원)

3.4 생성형 AI는 AI발전 과정인 그리고 머신 러닝과 딥러닝, 그리고 ANI, AGI, ASI, 흐름 속에서 탄생

1) 생성형 AI는 딥러닝 모델, 특히 GAN, Transformer, Diffusion Model 등을 활용하여 콘텐츠 생성한다

생성형 AI는 인공지능(AI) 발전의 한 흐름 속에서 등장했으며, 특히 딥러닝 기술의 발전과 밀접한 관련이 있다. AI 발전 과정을 ANI, AGI, ASI 단계로 구분하여 살펴보고, 각 단계가 생성형 AI와 어떻게 시기적, 기술적, 방법론적으로 연결되는지 알아본다.

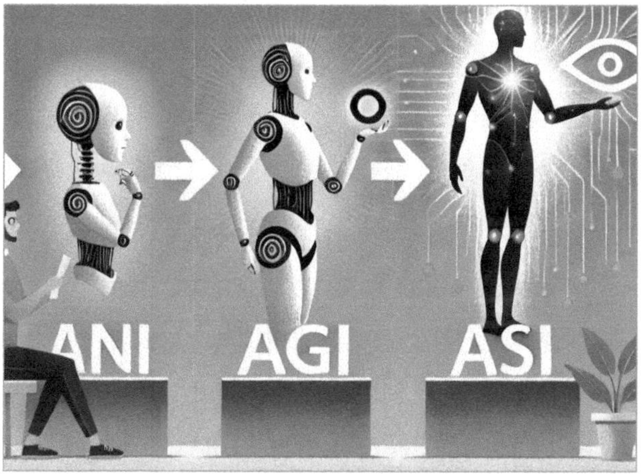

AI와 QA 엔지니어의 미래, Brunch

2) ANI, AGI, ASI

(1) ANI (Artificial Narrow Intelligence, 좁은 인공지능)

- **시기적 연결:** 현재 가장 널리 활용되는 AI 단계로, 특정 작업에 특화된 형태. 초기 맥컬럭- 피츠 모델, 퍼셉트론 등은 ANI의 초기 형태로 볼 수 있으며, 이후 딥러닝 기술 발전과 함께 이미지 인식, 자연어 처리 등 특정 분야에서

뛰어난 성능을 보이는 ANI 모델들이 등장. 생성형 AI는 이러한 ANI 모델들을 기반으로 발전

- **기술적 연결:** 머신러닝, 딥러닝 등의 기술을 기반으로 특정 문제 해결에 특화된 알고리즘 및 모델을 개발. 생성형 AI는 딥러닝 모델, 특히 GAN, Transformer, Diffusion Model 등을 활용하여 콘텐츠 생성
- **방법론적 연결:** 대규모 데이터셋을 이용한 지도 학습, 강화 학습 등을 통해 특정 작업에 최적화된 모델을 학습. 생성형 AI 또한 대규모 데이터셋을 활용하여 딥러닝 모델을 학습하고, 생성 능력을 향상시키는 방법론 활용

(2) AGI (Artificial General Intelligence, 일반 인공지능)

- **시기적 연결:** 아직 실현되지 않은 AI 단계로, 인간 수준의 지능을 가진 AI. 생성형 AI는 AGI 개발을 위한 중요한 기술 중 하나로 여겨짐. 인간의 창의성, 문제 해결 능력 등을 모방하는 생성형 AI 모델 개발을 통해 AGI에 한 걸음 더 다가갈 수 있음
- **기술적 연결:** 다양한 ANI 기술을 통합하고, 새로운 학습 방법 및 알고리즘을 개발하여 인간 수준의 지능 구현. 생성형 AI는 멀티모달 학습, 추론, 계획 등 AGI에 필요한 핵심 기술들을 개발하고 발전시키는 데 기여
- **방법론적 연결:** 전이 학습, 메타 학습 등 인간의 학습 방식을 모방하는 학습 방법론 연구. 생성형 AI는 이러한 학습 방법론을 활용하여 다양한 분야에서 새로운 콘텐츠를 생성하고, 문제를 해결하는 능력을 향상

(3) ASI (Artificial Super Intelligence, 초인공지능)

- **시기적 연결:** AGI를 넘어 인간 지능을 초월하는 AI 단계. ASI는 아직 이론적인 개념이지만, 생성형 AI의 발전은 ASI 실현 가능성을 높일 수 있음. 생성형 AI가 인간의 창의성을 뛰어넘는 새로운 콘텐츠를 생성하고, 스스로 학습 및 진화하는 능력을 갖추게 된다면 ASI에 근접할 수 있음
- **기술적 연결:** AGI를 기반으로 자의식, 감정, 창의성 등 인간 고유의 능력을

구현하는 기술 개발. 생성형 AI는 인간의 창의성을 모방하고 뛰어넘는 기술을 통해 ASI 개발에 기여. 예를 들어, 예술 작품 생성, 새로운 과학적 발견, 복잡한 문제 해결 등에 활용

- **방법론적 연결**: 인간의 사고방식을 뛰어넘는 새로운 학습 및 문제 해결 방법론 연구. 생성형 AI는 새로운 콘텐츠 생성, 지식 발견, 혁신적인 솔루션 제시 등을 통해 ASI 개발을 위한 방법론적 토대를 마련

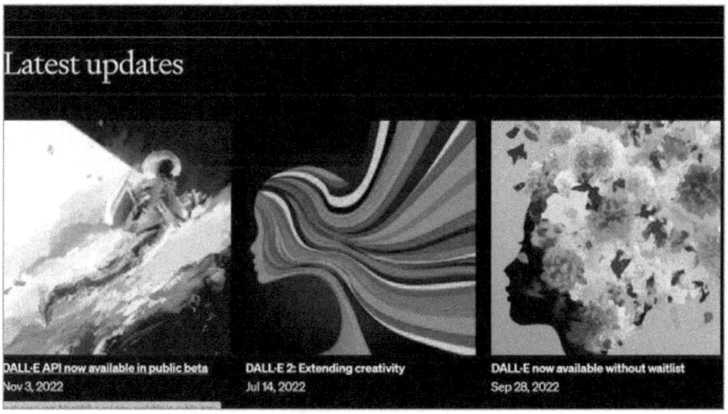

AI, AGI 너머 신(神)적 경지의 'ASI' 가능할까, 애플경제

3.5 생성형 AI의 유형과 특징

생성형 AI의 유형은 다양하며, 각 유형마다 고유한 특성이 있고 다양한 애플리케이션에 적합하다. 이러한 모델은 주로 다음 세 가지 범주에 속한다.

(1) **트랜스포머(Transformer) 기반 모델**: 텍스트 생성의 경우 GPT- 3 및 GPT- 4와 같은 트랜스포머 기반 모델이 유용하게 사용된다. 입력 텍스트의 전체 컨텍스트를 고려할 수 있는 아키텍처를 사용하므로 일관성이 높고 상황에 따라 적절한 텍스트를 생성할 수 있다.

(2) **생성적 적대 신경망(GAN)**: GAN은 생성기와 판별기의 두 부분으로 구성된

다. 생성기는 새로운 데이터 인스턴스를 생성하고, 판별기는 이러한 인스턴스의 진위 여부를 평가한다. 기본적으로 생성기는 판별기가 실제 데이터와 구별할 수 없는 데이터를 생성하기 위해 노력하고 판별기는 가짜 데이터를 더 잘 찾아내려고 노력하는 두 부분이 게임을 벌이는 것과 같다. 시간이 지남에 따라 생성기는 매우 사실적인 데이터 인스턴스를 생성하는 데 능숙해진다.

(3) **변분 오토인코더(VAE)**: VAE는 통계적 추론의 원리를 활용하는 또 다른 유형의 생성 모델을 나타낸다. 입력 데이터를 잠재 공간(데이터의 압축된 표현)으로 인코딩한 다음 이 잠재 표현을 디코딩하여 새로운 데이터를 생성함으로써 작동한다. 인코딩 프로세스에 무작위 요소가 도입됨에 따라 VAE는 다양하고 유사한 데이터 인스턴스를 생성할 수 있다.

■ **부동산 분야에서 생성형 AI 유형별 분석**

단계	목표	기술	역할	장점	단점	도시 부동산 활용 예시
트랜스포머 (Transformer)	현실적이고 맥락에 맞는 부동산 관련 텍스트 생성	어텐션 메커니즘 기반의 인코더- 디코더 구조 활용, 입력 텍스트의 전체 맥락 이해	부동산 매물 설명, 계약서 초안 작성, 시장 분석 보고서 생성, 고객 맞춤형 광고 문구 생성, 챗봇 응대	높은 일관성 및 문맥 적합성, 긴 텍스트 생성 능력 우수, 다양한 스타일의 텍스트 생성 가능	계산 비용 높음, 긴 텍스트 생성 시 의미론적 일관성 유지 어려움 발생 가능, 편향된 데이터 학습 시 편향된 결과 생성 가능성 존재	- 부동산 매물 자동 설명 생성, - AI 기반 부동산 계약서 초안 작성 시스템, - 시장 동향 분석 보고서 자동 생성

생성적 적대 신경망 (GAN)	실제와 매우 유사한 부동산 관련 이미지 및 데이터 생성	생성자(가짜 데이터 생성)와 판별자(진짜/가짜 판별)의 적대적 학습 방식 활용	부동산 매물 가상 이미지 생성, 3D 모델링 자동 생성, 데이터 증강을 통한 모델 성능 향상, 부동산 시장 이상 감지	매우 사실적인 데이터 생성 가능, 데이터 부족 문제 해결에 기여, 새로운 유형의 데이터 생성 가능성 제시	학습 불안정성 및 수렴 어려움 존재, 생성된 데이터의 다양성 확보 어려움 발생 가능, 모델 학습 및 튜닝에 많은 노력 요구	- 존재하지 않는 신규 건물 디자인 생성. - 낙후된 건물 리모델링 가상 시뮬레이션 이미지 생성. - 부동산 데이터 불균형 해소를 위한 가상 데이터 생성
변분 오토 인코더 (VAE)	잠재 공간을 활용한 다양하고 연속적인 부동산 데이터 생성	입력 데이터를 잠재 공간으로 인코딩 후 디코딩하여 새로운 데이터 생성, 인코딩 과정에 확률적 요소 도입	부동산 매물 이미지 변환 및 편집, 유사 매물 추천, 잠재 공간 분석을 통한 새로운 부동산 상품 아이디어 발굴	데이터의 연속적인 변화 표현 가능, 잠재 공간 탐색을 통한 다양한 데이터 생성 가능, GAN 대비 학습 안정성 높음	생성된 데이터의 선명도 및 사실성 GAN 대비 낮을 수 있음, 잠재 공간 해석의 어려움 존재 가능	- 특정 건물의 시간 경과에 따른 변화 예측 이미지 생성. - 사용자가 선호하는 스타일의 부동산 이미지 자동 변환. - 유사한 특징을 가진 매물 그룹핑 및 추천

Machines That Learn: Demystifying the Power of Machine Learning, Linkedin

4 AI 진화는 거대언어모델(LLM), 거대멀티모달모델(LMM), 거대행동모델(LAM)로 진화 중이다

4.1 AI는 LLM → LMM → LAM의 개발과정을 겪어왔다.

인공지능(AI) 기술은 빠른 속도로 진화하고 있으며, 2025년 초를 기준으로 할 때 거대언어모델(LLM)이 우리에게 다가와 있다. 이러한 진화는 거대언어모델(LLM), 거대멀티모달모델(LMM), 거대행동모델(LAM)의 순서로 현재 진행형이다. 2022년 말 챗GPT의 등장 이후 LLM은 텍스트 처리 능력을 넘어 전문가 수준의 지식 추론 능력을 보여주는 GPT- 4에 이르기까지 괄목할 만한 성장을 이루었다.

인공지능(AI)의 진화는 눈부시다. 정말 힘에 겨워 쫓아가기 힘들 정도이다. 이러한 LLM의 발전은 마치 1차 산업혁명 이후 2차, 3차 산업혁명으로 이어지며 세상을 바꿔 놓았듯, 거대멀티모달모델(LMM)과 거대행동모델(LAM)의 등장으로 이어지며 인공지능 분야의 새로운 혁명을 예고한다.

4.2 LLM: 텍스트 기반으로 정보를 처리, LMM: 이미지, 소리, 영상 등 다양한 형태의 정보를 함께 처리, LAM: 인간의 행동패턴까지 학습하고 예측하여 스스로 상황에 맞는 행동을 결정

LLM은 텍스트 기반으로 정보를 처리하는 데 특화되어 있었다면, LMM은 이미지, 소리, 영상 등 다양한 형태의 정보를 함께 처리하며 인간의 인지 능력에 더 가까워졌다. LAM은 이러한 LMM을 넘어 인간의 행동 패턴까지 학습하고 예측하여 스스로 상황에 맞는 행동을 결정하고 실행할 수 있을 것으로 기대된다.

LLM, VLM, LVM, LMM, MLLM, HACHIX

■ **LLM, LMM, LAM : AI의 다양한 모델과 그 응용** (미래채널- 티스토리)

모델	기능	응용 분야	예시
LLM	주로 텍스트 데이터를 처리하고 생성	지연처리(NLP), 번역, 챗봇, 텍스트 생성	GPT- 4, BERT
LMM	텍스트, 이미지, 비디오, 오디오 등 다양한 데이터를 처리	자율주행, 의료 영상 분석, 멀티미디어 서비스	GPT- 4o (이미지 및 오디오 처리 가능)
LAM	사용자의 명령을 이해하고 실제 행동을 취함	로봇 공학, 자동차 시스템, 자율주행	자율주행자, 로봇 팔 제어 시스템

4.3. LLM, LMM, LAM: 정의 및 이론

1) LLM (Large Language Model : 거대언어모델)

(1) LLM개념과 원리 (주요 LLM으로는 OpenAI의 GPT 시리즈, Google의 BERT, PaLM, Meta의 Llama)

LLM은 대규모 텍스트 데이터를 학습하여 인간의 언어를 이해하고 생성하는 인공지능 모델이다. 방대한 데이터 학습을 통해 문맥을 파악하고, 질문에 답변하며, 번역, 요약, 텍스트 생성 등 다양한 작업을 수행할 수 있다.

주요 LLM으로는 OpenAI의 GPT 시리즈, Google의 BERT, PaLM, Meta의 Llama 등이 있으며, IBM의 Granite 모델 시리즈 또한 Watsonx.ai를 기반으로 개발되어 주목받고 있다. Claude 2는 각 프롬프트에서 최대 10만 개의 토큰을 입력 받아 처리할 수 있어, 수백 페이지의 기술 문서나 책 전체를 분석하는 것도 가능하다. ?

(2) LLM이론

최근 연구에서는 LLM이 인간의 인지 과정과 유사한 추론 능력을 보인다는 사실이 밝혀졌다. 예를 들어, LLM은 맥락 학습(in- context learning)을 통해 주어진 예시를 바탕으로 새로운 문제를 해결하는 능력을 보여준다. 또한, 사고 사슬 프롬프팅(chain- of- thought prompting)을 통해 단계별 추론 과정을 거쳐 더욱 정확한 답변을 생성할 수 있다. 이러한 능력은 LLM이 단순히 텍스트를 생성하는 것을 넘어 인간처럼 사고하고 문제를 해결할 수 있는 가능성을 시사한다.

2) LMM (Large Multimodal Model : 거대멀티모달모델) (LMM은 텍스트뿐만 아니라 이미지, 소리, 영상 등 다양한 형태의 데이터를 이해하고 처리하는 AI모델)

(1) Google의 Gemini 시리즈는 텍스트, 이미지, 오디오, 비디오 등을 처음부터 통합적으로 처리하도록 설계된 대표적인 LMM이다

LMM은 텍스트뿐만 아니라 이미지, 소리, 영상 등 다양한 형태의 데이터를 이해하고 처리하는 인공지능 모델이다. LMM은 각 데이터 유형의 패턴과 관계를 학습하여 여러 작업을 동시에 수행할 수 있다.

예를 들어, 텍스트로 작성된 이야기를 바탕으로 이미지를 생성하거나 짧은 영상을 만들 수 있다. Google의 Gemini 시리즈는 텍스트, 이미지, 오디오, 비디오 등을 처음부터 통합적으로 처리하도록 설계된 대표적인 LMM이다.

(2) LLM 멀티모달 인코더, 크로스 모달 어텐션, 멀티모달 퓨전 등의 기술을 통해 다양한 데이터 유형을 효과적으로 처리하고 통합

LMM은 멀티모달 인코더, 크로스 모달 어텐션, 멀티모달 퓨전 등의 기술을 통해 다양한 데이터 유형을 효과적으로 처리하고 통합한다. 멀티모달 인코더는 각

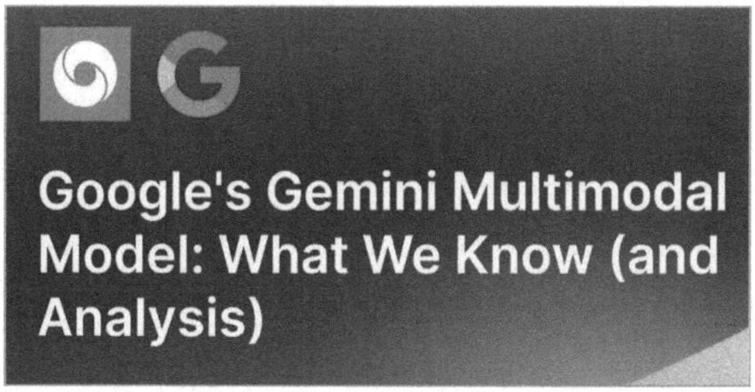

데이터 유형을 벡터 형태로 변환하고, 크로스 모달 어텐션은 서로 다른 데이터 유형 간의 관계를 파악하며, 멀티모달 퓨전은 여러 데이터 유형에서 추출된 정보를 통합하여 최종 결과를 생성한다.

3) LAM (Large Action Model : 거대행동모델)

(1) LAM은 스스로 직접 작업을 수행하며 추론한다. 인간을 대신해 줄 에이전트이다.

LLM이 문장과 그림, 비디오 등을 생성하는 데에 특화돼 있다면, LAM은 언어적 유창성과 독립적인 작업수행능력을 결합해 단순히 무언가를 생성하는데 그치지 않고 직접 작업을 수행하며 인간을 대신해 줄 에이전트이다.

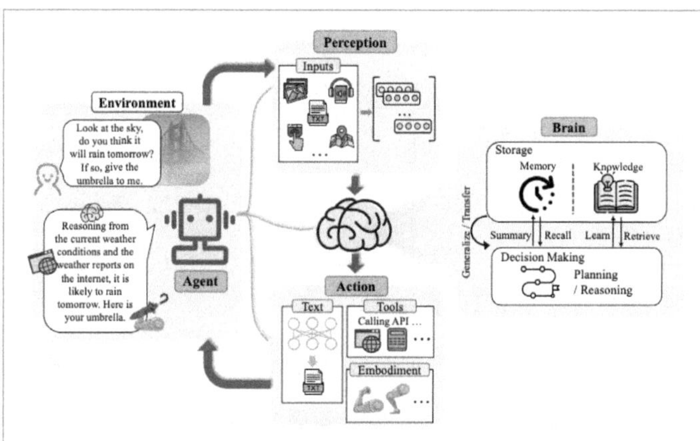

Large Action Models : Beyond Language, Into Action, Viso Suite

LAM은 아직 명확한 학술적 정의가 확립되지 않은 새로운 개념의 인공지능 모델이다. 현재로서는 LLM, LMM을 포괄하는 상위 개념으로, 인간의 행동 패턴을 이해하고 예측하여 상황에 맞는 최적의 행동을 생성하는 것을 목표로 한다.

LAM은 다양한 데이터를 기반으로 인간의 행동을 분석하고, 이를 통해 의사결정, 문제 해결, 상호 작용 등 복잡한 행동을 수행할 수 있을 것으로 예상된다. LAM은 sporadic LAM (S- LAM)과 TSC- LAM의 두 가지 유형으로 나뉘며, 진행성 호흡 곤란, 피로, 기흉 등의 증상을 나타낸다.

(2) LAM은 강화 학습, 행동 트리, 목표 지향 계획 등의 기술을 활용하여 인간의 행동을 모델링하고 예측한다.

LAM은 강화 학습, 행동 트리, 목표 지향 계획 등의 기술을 활용하여 인간의 행동을 모델링하고 예측한다. 강화 학습은 시행착오를 통해 최적의 행동을 학습하는 방식이며, 행동 트리는 복잡한 행동을 계층적으로 분해하여 표현하는 방법이다. 목표 지향 계획은 주어진 목표를 달성하기 위한 일련의 행동을 계획하는 기술이다.

4.4. LLM, LMM, LAM 모델 별 추구하는 목표 비교

(1) LLM: LLM은 인간의 언어를 이해하고 생성하는 능력을 극대화하여 자연스러운 의사소통을 가능하게 하는 것을 목표로 한다. 이를 통해 챗봇, 번역, 텍스트 요약, 콘텐츠 제작 등 다양한 분야에서 인간의 작업 효율성을 높이고 새로운 가능성을 제시한다.

(2) LMM: LMM은 다양한 형태의 데이터를 통합적으로 이해하고 처리하여 현실 세계에 대한 더욱 포괄적인 이해를 바탕으로 인간과 상호 작용하고 문제를 해결하는 것을 목표로 한다.

(3) LAM: LAM은 인간의 행동 패턴을 학습하고 예측하여 상황에 맞는 최적의 행동을 생성함으로써 인간의 의사 결정을 지원하고 삶의 질을 향상시키는 것을 목표로 한다.

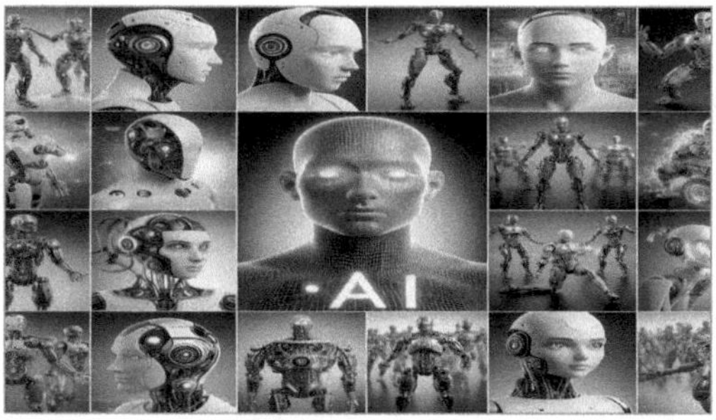

대형 액션 모델, LAM의 부상 - 특이점이 온다 마이너 갤러리

4.5. LLM, LMM, LAM 별 기술적 특징 비교

LLM, LMM, LAM은 각 모델별로 처리하는 데이터 유형과 핵심 기술 요소가 다르다.

(1) LLM : 주로 텍스트 데이터를 처리하며 Transformer, Attention 메커니즘, 인코더- 디코더 구조 등의 기술을 사용한다.

(2) LMM : 텍스트, 이미지, 소리, 영상 등 다양한 데이터를 처리하며 멀티모달 인코더, 크로스 모달 어텐션, 멀티모달 퓨전 등의 기술을 활용한다.

(3) LAM : 인간의 행동 패턴을 분석하기 위해 강화 학습, 행동 트리, 목표 지향 계획 등의 기술을 사용한다.

모델	기술적 특징	핵심 기술 요소	예시
LLM	대규모 텍스트 데이터 학습, 자연어 이해 및 생성, 문맥 파악, 텍스트 기반 추론	Transformer, Attention 메커니즘, 인코더- 디코더 구조	GPT- 4, BERT, LaMDA
LMM	다양한 데이터 유형(텍스트, 이미지, 소리, 영상) 처리, 데이터 간의 관계 학습, 멀티모달 정보 통합	멀티모달 인코더, 크로스 모달 어텐션, 멀티모달 퓨전	Gemini, Be My AI
LAM	인간 행동 패턴 학습 및 예측, 상황 인지 및 행동 생성, 다양한 환경에서의 적응력	강화 학습, 행동 트리, 목표 지향 계획	

제 2 장

AI 기반 도시부동산 실무, 어디까지 왔는가?

제2장 AI 기반 도시부동산 실무, 어디까지 왔는가?

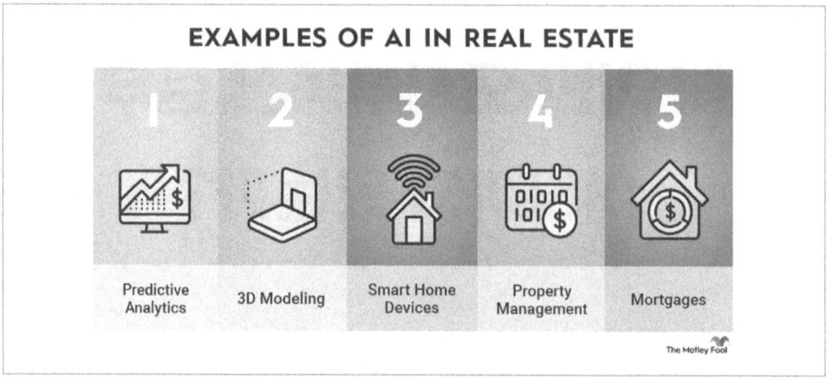

https://www.fool.com/investing/stock- market/market- sectors/information- technology/ai- stocks/ai- in- real- estate

1 AI 기반 부동산 산업이 주는 응용분야, AI 솔루션 유형, 이점, 활용 예시

1.1 인공지능(AI)이 부동산 산업을 혁신하는 16가지 주요 응용 분야

1. 매물 설명 자동화: AI를 활용하여 부동산 매물에 대한 설명이 자동으로 생성된다.
2. 가상 부동산 투어: 사용자에게 실제 방문 없이 가상 공간을 통해 부동산을 투어할 수 있는 기능이 제공된다.

3. **가상 연출(Virtual Staging):** 가구 배치 및 인테리어를 가상으로 구현하여 시각적 효과를 극대화한다.
4. **리드 생성 자동화:** 잠재 고객을 자동으로 발굴하고 추적하는 기능이 수행된다.
5. **부동산 자산 관리:** AI 기반 시스템을 통해 임대 및 자산 운영 관리가 효율적으로 이루어진다.
6. **사기 및 규정 준수 감지:** 사기 행위 및 법적 준수 여부를 AI가 자동으로 탐지하고 분석한다.
7. **부동산 검색 최적화:** 사용자의 선호도에 기반하여 부동산 매물을 효율적으로 추천한다.
8. **실사(Due Diligence) 자동화:** 계약 전 실사 과정이 자동화되어 시간과 비용이 절감된다.
9. **부동산 분석:** AI를 활용하여 시장 트렌드 및 개별 부동산의 가치 분석이 이루어진다.
10. **고객 지원:** 챗봇 등 AI 도구를 통해 24시간 고객 지원이 제공된다.
11. **지능형 데이터 처리:** 다양한 부동산 데이터를 통합 및 분석하여 인사이트가 도출된다.
12. **예측 분석:** 시장 변화, 가격 변동 등을 사전에 예측하여 전략적 의사결정을 지원한다.
13. **포트폴리오 최적화:** 투자자의 자산 포트폴리오 구성이 AI에 의해 분석되고 최적화된다.
14. **임대 계약 및 문서 관리:** 임대차 계약 및 관련 문서가 디지털화되어 자동으로 처리된다.
15. **자동 부동산 가치 평가:** 부동산의 가치를 AI가 실시간으로 평가하여 제공한다.
16. **임차인 행동 분석:** 임차인의 행동 패턴을 분석하여 리스크 및 선호도를 예측한다.

1.2 부동산 산업에서 활용되는 인공지능(AI) 솔루션의 유형

1) AI 중개 기술 (AI Brokerage Tech)

- **중개 인텔리전스 소프트웨어**: 부동산 중개 과정을 자동화하고 의사결정을 지원하는 시스템이 활용된다.
- **매물 생성 소프트웨어**: 부동산 매물 정보를 자동으로 생성하고 등록하는 기능이 제공된다.
- **영상 생성 및 이미지 분석 도구**: 시각 콘텐츠 제작 및 이미지 분석을 통해 사용자 경험이 향상된다.
- **협업 플랫폼**: 에이전트와 고객 간 협업이 실시간으로 가능하도록 지원된다.

2) AI 감정 및 대출 기원 솔루션 (AI Appraisal and Loan Origination Solutions)

- **로봇 소프트웨어 및 협업 로봇(Cobots)**: 반복적인 작업이 자동화되어 효율성이 향상된다.
- **자동 가치 평가 모델(AVM)**: 부동산 자산의 가치를 실시간으로 평가하는 기능이 구현된다.
- **금융 및 리스크 평가 플랫폼**: 대출 심사 및 리스크 분석이 자동화된다.
- **소유권 관리 도구**: 등기 및 소유권 관련 업무가 디지털화된다.
- **인수 심사 인텔리전스 플랫폼**: 대출 인수 과정이 정밀하게 분석되고 처리된다.
- **감정 인텔리전스 플랫폼**: 시장 및 환경 데이터를 기반으로 감정 정확도가 제고된다.

3) AI 부동산 관리 기술 (AI Property Management Tech)

- **공간 관리 도구**: 공간의 활용도 및 배치를 최적화하는 시스템이 활용된다.
- **자산 관리 도구**: 임대, 유지보수 등 자산 운영 전반이 자동화된다.
- **호스피탈리티용 입주자 선별 도구**: 임차인 평가 및 선별이 자동으로 수행된다.

4) AI 홈 자동화 솔루션 (AI Home Automation Solutions)

- 전면적 주거 자동화 관리: 조명, 온도, 기기 제어 등 가정 내 자동화가 구현된다.
- 스마트 보안 시스템: AI 기반 보안 시스템을 통해 주거 안전이 확보된다.
- 스마트 빌딩 시스템: 에너지, 시설, 보안 시스템이 통합 관리된다.

5) AI 에너지 자원 관리 솔루션 (AI Energy Resource Management Solutions)

- 에너지 인텔리전스 소프트웨어: 에너지 사용 데이터를 분석하여 효율적 운영이 가능하게 한다.
- 재생 에너지 관리 소프트웨어: 태양광, 풍력 등의 자원을 효과적으로 통합 관리한다.
- 기후 관리 시스템: 실내외 환경을 자동 조절하여 쾌적한 공간이 조성된다.

6) AI 기반 부동산 개발 및 건설 (AI in Real Estate Development & Construction)

- 건설 데이터 관리 소프트웨어: 프로젝트 데이터를 실시간으로 수집 및 분석한다.
- 건물 관리 소프트웨어: 빌딩 시스템 운영이 자동화되고 최적화된다.
- 인테리어 디자인 생성 소프트웨어: 실내 디자인이 자동 생성되어 설계 효율성이 향상된다.
- 부동산 개발 소프트웨어: 개발 기획 및 실행 전략이 AI 기반으로 지원된다.

7) AI 부동산 투자 솔루션 (AI Real Estate Investment Solutions)

- 부동산 투자 플랫폼: 투자 분석 및 실행이 데이터 기반으로 자동화된다.
- 투자 관리 도구: 자산 배분 및 수익률 관리가 최적화된다.

8) 대화형 AI 도구 (Conversational AI Tools)

- 챗봇 및 텍스트/음성 기반 인터페이스 기술

■ **AI 기반 도시 부동산 분야별 구체적 솔루션 별 목표, 주요 기술, 역할, 활용 예시**

유형	목표	주요 기술	역할	활용 예시
1. AI 중개 기술 (AI Brokerage Tech)	부동산 중개 프로세스 효율화 및 사용자 편의성 증대	- 중개 인텔리전스 소프트웨어, - 매물 생성 소프트웨어, - 영상 생성 및 이미지 분석 도구, - 협업 플랫폼	- 매물 정보 자동생성 및 관리, - 잠재 고객 맞춤형 매물 추천, - 비대면 계약 지원, - 에이전트- 고객 간 실시간 소통 지원	- 가상 투어 제공, - AI 챗봇을 통한 매물 상담, - 빅데이터 기반 부동산 시장 분석 정보 제공
2. AI 감정 및 대출 기원 솔루션 (AI Appraisal and Loan Origination Solutions)	부동산 자산 가치 평가 정확성 및 효율성 향상, 대출 심사 및 리스크 관리 자동화	- 로봇 소프트웨어 및 협업 로봇 (Cobots), - 자동 가치 평가 모델(AVM), - 금융 및 리스크 평가 플랫폼, - 소유권 관리 도구, - 인수 심사 인텔리전스 플랫폼, - 감정 인텔리전스 플랫폼	- 반복적인 감정 평가 업무 자동화, - 실시간 부동산 가치 추정, - 대출 적격성 자동 판단, 담보물 리스크 분석, - 감정 평가 정확도 향상	- AI 기반 부동산 시세 예측, - 머신러닝 기반 대출 연체 예측 모델, - 블록체인 기반 등기 관리 시스템
3. AI 부동산 관리 기술 (AI Property Management Tech)	부동산 자산 운영 효율성 극대화 및 입주자 만족도 향상	- 공간 관리 도구, - 자산 관리 도구, - 호스피탈리티용 입주자 선별 도구	- 건물 에너지 소비 최적화, - 유지보수 예측 및 자동 알림, - 임대료 자동 징수, - 잠재 임차인 자동 평가 및 선별	- 스마트 빌딩 에너지 관리 시스템, - AI 기반 건물 하자 예측 시스템, - 비대면 임대 계약 및 관리 플랫폼
4. AI 홈 자동화 솔루션 (AI Home Automation Solutions)	주거 편의성 및 안전성 향상, 에너지 효율 증대	- 전면적 주거 자동화 관리, - 스마트 보안 시스템, - 스마트 빌딩 시스템	- 조명, 냉난방, 가전기기 자동 제어, - 침입 감지 및 알림, - 건물 내 설비통합관리 및 최적화	- 음성 인식 기반 스마트 홈 제어 시스템, - AI 기반 지능형 방범 시스템, - 에너지 관리 시스템 연동

5. AI 에너지 자원 관리 솔루션 (AI Energy Resource Management Solutions)	건물 및 도시 단위 에너지 효율 증대 및 지속 가능한 환경 조성	- 에너지 인텔리전스 소프트웨어, - 재생 에너지 관리 소프트웨어, - 기후 관리 시스템	- 에너지 사용 패턴 분석 및 예측, - 재생 에너지 발전량 예측 및 효율적 배분, - 실내외 환경 자동 조절	- AI 기반 스마트 그리드 구축, - 태양광 발전 효율 예측 시스템, - 건물 에너지 관리 시스템 연동
6. AI 기반 부동산 개발 및 건설 (AI in Real Estate Development & Construction)	건설 프로젝트 효율성 및 생산성 향상, 설계 및 시공 품질 향상	- 건설 데이터 관리 소프트웨어, - 건물 관리 소프트웨어, - 인테리어 디자인 생성 소프트웨어, - 부동산 개발 소프트웨어	- 건설 현장 데이터 실시간 분석 및 의사 결정 지원, - 건물 정보 모델링 (BIM) 기반 시공 관리, - 3D 모델링 기반 자동 디자인 생성, - 개발 사업 타당성 분석 및 최적화	- 드론 기반 건설 현장 모니터링, - AI 기반 공정 관리 시스템, - 로봇 기반 건설 자동화
7. AI 부동산 투자 솔루션 (AI Real Estate Investment Solutions)	데이터 기반 투자 의사 결정 지원 및 수익률 극대화	- 부동산 투자 플랫폼, - 투자 관리 도구	- 부동산 시장 데이터 분석 및 예측, - 투자 유망 물건 추천, - 포트폴리오 자동 관리 및 최적화	- AI 기반 부동산 투자 분석 플랫폼, - 로보 어드바이저 기반 부동산 투자 자문 서비스
8. 대화형 AI 도구 (Conversational AI Tools)	고객 응대 자동화 및 정보 접근성 향상	- 챗봇 및 텍스트/음성 기반 인터페이스 기술	- 부동산 관련 문의 응대 및 정보 제공, - 매물 추천 및 상담, 예약 관리 등	- AI 챗봇을 통한 24시간 부동산 상담 서비스, - 음성 기반 스마트 홈 제어 인터페이스

1.3 부동산 산업에서의 인공지능(AI) 주요 활용 예시

1. 실사(Due Diligence) 자동화

   거래 전 필수적인 실사 과정이 AI를 통해 자동으로 수행된다.

2. 매물 설명 자동 생성

   부동산 매물에 대한 설명이 AI에 의해 효율적이고 정확하게 작성된다.

3. 부동산 분석

   AI 기반의 분석 도구를 활용하여 부동산 시장 및 자산 가치에 대한 통찰이 제공된다.

4. 사기 및 규제 위반 탐지

   AI가 사기 행위와 규정 위반 여부를 실시간으로 감지하고 분석한다.

5. 임대 계약 및 문서화 자동화

   계약 문서의 작성, 관리, 서명 과정이 자동화되어 행정 효율성이 증대된다.

6. 부동산 검색 최적화

   사용자의 조건에 맞춘 매물 검색이 AI 알고리즘에 의해 정교하게 이루어진다.

7. 부동산 비즈니스를 위한 리드 생성

   잠재 고객을 자동으로 식별하고 영업 기회를 창출하는 기능이 제공된다.

8. AI 기반 가상 투어 제공

   부동산 현장을 실제 방문하지 않고도 가상으로 둘러볼 수 있는 기능이 지원된다.

9. 지능형 데이터 처리

   대규모 데이터를 자동으로 수집·분석하여 전략적 의사결정을 지원한다.

10. 임차인 행동 분석

    AI가 임차인의 행동 데이터를 분석하여 선호도 및 리스크를 예측한다.

11. 포트폴리오 최적화

    다양한 자산군을 AI가 분석하여 최적의 투자 포트폴리오를 구성한다.

12. AI 기반 고객 지원

챗봇 등을 통해 24시간 실시간 고객 응대가 가능해진다.

13. 부동산 자동 가치 평가

AI가 시장 정보와 속성 데이터를 분석하여 자산 가치를 자동으로 산정한다.

14. AI 기반 자산 관리

부동산의 유지관리, 임대료 청구 등의 관리 업무가 자동화된다.

15. 가상 연출(Virtual Staging)

가상 공간에서 인테리어 및 가구 배치를 구현함으로써 부동산의 시각적 매력을 높인다.

16. 예측 분석

미래 시장 동향 및 가격 변화를 AI가 예측하여 전략 수립에 활용된다.

1.4 부동산 분야에서 AI를 활용할 때의 주요 이점

1. 부동산 가치 평가 및 가격 책정의 간소화

인공지능을 통해 부동산의 가치 평가와 가격 책정 과정이 보다 정밀하고 신속하게 수행된다.

2. 시장 예측력 향상 및 투자 전략 고도화

AI는 방대한 데이터를 분석하여 정확한 시장 예측과 효과적인 투자 전략 수립을 가능하게 한다.

3. 맞춤형 고객 경험 제공

고객의 행동과 선호도를 분석하여 개인화된 서비스와 경험을 제공하게 된다.

4. 부동산 검색 및 추천 기능의 개선

사용자의 조건에 맞는 부동산 매물을 효율적으로 검색하고 추천하는 기능이 향상된다.

5. 부동산 자산 관리의 효율성 증대

유지보수, 임대 관리 등의 업무가 자동화되어 운영 효율성이 높아진다.

6. 사기 방지 및 보안 강화

이상 거래 탐지 및 사용자 인증 시스템을 통해 사기 행위를 예방하고 보안을 강화할 수 있다.

7. 효율적인 마케팅 및 고객 타겟팅

AI 분석을 기반으로 타겟 고객을 정확히 파악하여 마케팅 전략을 최적화할 수 있다.

8. 부동산 거래 및 계약 체결 속도 향상

거래 절차 자동화 및 문서 처리 간소화로 거래 시간이 단축된다.

9. 지속가능한 부동산 개발 가능

에너지 사용, 자원 관리 등 지속가능성과 관련된 요소들을 고려한 개발이 가능해진다.

10. 부동산의 예측 유지보수 가능

센서 데이터 및 AI 분석을 통해 시설 고장을 사전에 감지하고 예방 유지보수가 가능하다.

2 AI 기반 도시부동산 실무 방식 및 도구의 진화

AI 기술의 발전은 도시부동산 실무의 각 영역에서 활용되는 방식과 도구의 진화를 이끌었다. 데이터 분석 및 가치 평가에서부터 마케팅, 자산 관리, 설계 및 계획에 이르기까지 AI는 점차 더 정교하고 지능적인 형태로 실무 프로세스에 통합되고 있다.

2.1 데이터분석 및 가치 평가 도구: ML의 도입으로 자동가치평가 모델(AVM)이 등장

2.1.1 머신러닝(ML)의 도입으로 자동가치평가 모델(AVM: Automated- Valuation Model)이 등장하면서 변화가 시작되었다

부동산 가치 평가는 AI가 가장 먼저 그리고 활발하게 적용된 분야 중 하나이다. 초기에는 통계적 기법에 기반한 모델들이 사용되었으나, 머신러닝(ML)의 도입으로 자동 가치 평가 모델(AVM)이 등장하면서 변화가 시작되었다. 초기 AVM는 주로 과거 거래 데이터, 부동산의 물리적 속성(면적, 방 개수 등), 위치 정보 등 정형 데이터를 ML 알고리즘(주로 회귀 분석)으로 학습하여 부동산 가치를 추정했다. 2012년 PropTrack의 AI 기반 평가 도구 나 Zillow의 초기 Zestimate 등이 이러한 사례에 해당한다.

https://www.aurumproptech.in/pulse/blog/automated- valuation- model- a- complete- guide

2.1.2 이후 딥러닝(DL) 기술이 도입되면서 AVM의 성능은 비약적으로 향상되었다.

1) DL 모델, 특히 CNN은 부동산의 외관이나 내부 상태를 담은 이미지 데이터를 분석하여 가치 평가에 반영할 수 있게 했으며, 위성 및 항공 이미지를 통해 주변 환경이나 접근성 등 거시적인 요인까지 고려할 수 있게 되었다

이후 딥러닝(DL) 기술이 도입되면서 AVM의 성능은 비약적으로 향상되었다. DL 모델, 특히 CNN은 부동산의 외관이나 내부 상태를 담은 이미지 데이터를 분석하여 가치 평가에 반영할 수 있게 했으며, 위성 및 항공 이미지를 통해 주변 환경이나 접근성 등 거시적인 요인까지 고려할 수 있게 되었다. 또한, NLP 기술을 활용하여 매물 설명 텍스트나 시장 관련 뉴스 기사 등 비정형 텍스트 데이터에서 가치에 영향을 미치는 요인을 추출하고, 시계열 분석 모델을 통해 시장의 동적인 변화를 예측하여 평가 정확도를 높였다.

2) 연구에 따르면 ML 기반 AVM은 전통적인 회귀 모델에 비해 평가 오차율을 18.4%까지 감소시키는 효과를 보였다

Zillow의 Neural Zestimate, HouseCanary나 CoreLogic의 AVM, 상업용 부동산 데이터 분석에 특화된 Reonomy AI 등이 이러한 발전된 형태의 AVM 사례이다. 연구에 따르면 ML 기반 AVM은 전통적인 회귀 모델에 비해 평가 오차율을 18.4%까지 감소시키는 효과를 보였다. 더 나아가, 전통적인 감정평가 방법과 ML을 결합한 하이브리드 모델, 특정 속성의 가치 기여도를 정밀하게 분석하는 세분화된 특징 분석(Granular Feature Analysis), 시장 가격과 모델 예측치 간의 괴리가 큰 매물을 탐지하여 투자 기회를 발굴하는 이상치 탐지(Anomaly Detection) 등 더욱 고도화된 평가 기법들이 개발되고 있다.

3) 생성형 AI는 부족한 데이터를 보충하기 위한 고품질의 합성 데이터(Synthetic Data)를 생성하여 모델 학습 성능을 개선하거나, 다양한 시장 시나리오를 생성하고 시뮬레이션하여 미래 가치 변동성을 예측한다.

현재 및 미래에는 생성형 AI가 가치 평가 및 데이터 분석 분야에 새로운 가능성을 열 것으로 기대된다. GenAI는 부족한 데이터를 보충하기 위한 고품질의 합성 데이터(Synthetic Data)를 생성하여 모델 학습 성능을 개선하거나, 다양한 시장 시나리오를 생성하고 시뮬레이션하여 미래 가치 변동성을 예측하는 데 활용될 수 있다.

4) LLM 기술을 활용하여 자연어 질의만으로 방대한 데이터베이스에서 필요한 정보를 찾아 분석하고, 그 결과를 요약된 리포트 형태로 생성하는 것도 가능해질 것이다

또한, LLM 기술을 활용하여 자연어 질의만으로 방대한 데이터베이스에서 필요한 정보를 찾아 분석하고, 그 결과를 요약된 리포트 형태로 생성하는 것도 가능해질 것이다. 실제로 금융 투자 분야에서는 LLM을 활용하여 전문가 수준의 가치 평가 및 투자 추천을 수행하는 시스템(예: DBOT) 개발이 시도되고 있다.

■ **ML 기반 AVM및 생성형 AI 기반 AVM의 목표, 기술, 역할, 장단점, 활용 예시**

구분	ML 기반 AVM (ML- based AVM)	생성형 AI 기반 AVM (GenAI- based AVM)
목표	부동산 가치를 추정하고 평가 정확도를 향상한다.	가치 평가 및 데이터 분석 분야에 새로운 가능성을 제시하고, 모델 학습 성능을 개선하며 미래 가치 변동성을 예측하는 것을 지원한다.
기술	ML 알고리즘(주로 회귀 분석), 딥러닝(DL) 모델 (CNN, NLP, 시계열 분석), 하이브리드 모델, 세분화된 특징 분석, 이상치 탐지 기술을 활용한다.	생성형 AI(GenAI) 기술을 활용하여 합성 데이터를 생성하고 시장 시나리오를 생성 및 시뮬레이션한다.
역할	과거 및 현재 데이터를 학습하여 부동산 가치를 추정하며, 이미지/텍스트 등 비정형 데이터 분석을 통해 평가 정확도를 높인다.	부족한 데이터 보충을 위한 고품질의 합성 데이터를 생성하여 모델 학습 성능을 개선하고, 다양한 시장 시나리오를 시뮬레이션하여 미래 변동성 예측을 돕는다.

장단점	전통적 회귀 모델 대비 평가 오차율을 18.4%까지 감소시키는 효과를 보인다. (제시된 글에서 타 기술 대비 명시적인 장단점은 언급되지 않는다.)	가치 평가 및 데이터 분석 분야에 새로운 가능성을 열 것으로 기대된다.
활용 예시	초기 Zestimate, PropTrack의 AI 기반 평가도구, Zillow의 Neural Zestimate, House-Canary나 CoreLogic의 AVM, Reonomy AI 등이 해당된다.	합성 데이터 생성(모델 학습 개선), 시장 시나리오 생성 및 시뮬레이션(미래 가치 변동성 예측) 등에 활용된다.

2.2 도시부동산 마케팅 및 고객 상호작용 도구

2.2.1 도시부동산 마케팅 및 고객 관리 분야 역시 AI 도입으로 큰 변화를 겪고 있다.

1) 고객의 과거 행동 데이터(웹사이트 방문 기록, 검색 이력, 문의 내용 등)를 분석하여 구매 또는 임대 가능성이 높은 잠재 고객을 식별하는 리드 스코어링(Lead Scoring) 모델이 개발되었다.

부동산 마케팅 및 고객 관리 분야 역시 AI 도입으로 큰 변화를 겪고 있다. 초기에는 기본적인 고객 관계 관리(CRM) 시스템이나 이메일 발송 자동화 수준에 머물렀다. ML 기술이 도입되면서 보다 지능적인 접근이 가능 해졌다. 고객의 과거 행동 데이터(웹사이트 방문 기록, 검색 이력, 문의 내용 등)를 분석하여 구매 또는 임대 가능성이 높은 잠재 고객을 식별하는 리드 스코어링(Lead Scoring) 모델이 개발되었고, 고객의 특성이나 선호도에 따라 그룹을 나누어 맞춤형 마케팅 메시지를 전달하는 고객 세분화(Customer Segmentation)가 가능 해졌다.

2) 고객의 과거 이력이나 유사 고객의 선호도를 바탕으로 관심 가질 만한 매물을 자동으로 추천하는 개인화 추천 시스템(Personalized Recommendation System)도 활발히 적용되었다

또한, 고객의 과거 이력이나 유사 고객의 선호도를 바탕으로 관심 가질 만한 매물을 자동으로 추천하는 개인화 추천 시스템(Personalized Recommendation System)도 활발히 적용되었다. 2014년 Trulia의 AI 기반 리드 생성 도구나 2015년 RealScout의 에이전트용 매물 검색 도구 등이 초기 사례이다. NLP 기술의 발전은 고객 문의에 자동으로 응답하는 챗봇(Chatbot)의 등장을 이끌었다.

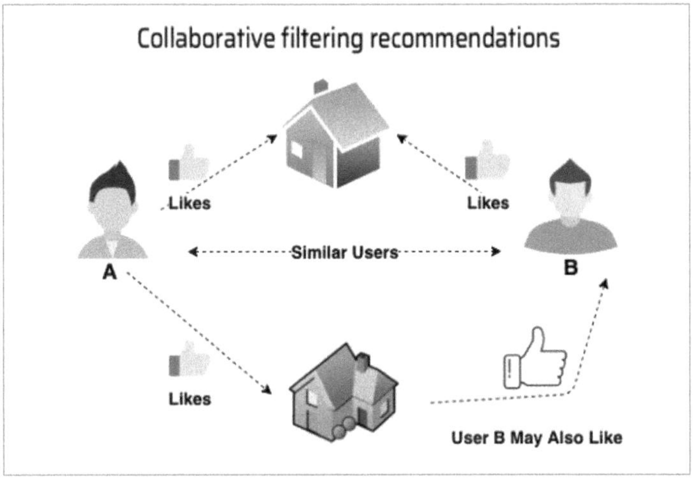

Personalized Recommended Homes - realtor.com Tech Blog

3) LLM 기반의 생성형 AI 도구는 매력적인 부동산 매물 설명, 블로그 포스팅, 소셜 미디어 콘텐츠, 광고 문구 등을 자동으로 생성하여 마케팅 콘텐츠 제작 시간을 획기적으로 단축시킨다.

최근에는 생성형 AI가 이 분야에 혁신을 가져오고 있다. LLM 기반의 생성형 AI 도구는 매력적인 부동산 매물 설명, 블로그 포스팅, 소셜 미디어 콘텐츠, 광고 문구 등을 자동으로 생성하여 마케팅 콘텐츠 제작 시간을 획기적으로 단축시킨다. 단순히 템플릿 기반으로 생성하는 것을 넘어, 타겟 고객의 특성이나 시장 트렌드를 반영한 고도로 개인화된 마케팅 메시지와 캠페인을 기획하고 실행하는 데에도 활용된다.

이미지 생성 AI는 빈 공간에 가구를 배치하거나 인테리어를 변경하여 보여주는 가상 스테이징 및 가상 투어의 품질을 더욱 향상시켜 고객의 몰입도를 높인다. 또한, 생성형 AI 기반의 대화형 AI 챗봇 및 가상 비서는 24시간 고객 문의에 응대하고, 맞춤형 정보를 제공하며, 예약 관리까지 수행하는 등 고객 상호작용의 수준을 한 단계 끌어올리고 있다.

Roof AI나 Structurely와 같은 챗봇 , Narrato와 같은 콘텐츠 생성 플랫폼, Canva의 AI 디자인 기능 등이 현재 활용되는 GenAI 기반 도구들의 예시이다.

2.2.2 LLM 기반 생성형 AI 도구들의 종류별 목표, 기술, 역할, 장단점, 활용 예시

■ **LLM 기반 생성형 AI 도구들의 종류별 목표, 기술, 역할, 장단점, 활용 예시**

구분	텍스트 생성 도구	개인화 마케팅 도구	이미지 생성 AI	대화형 AI/챗봇
목표	마케팅 콘텐츠 제작 시간을 획기적으로 단축한다.	타겟 고객의 특성 및 시장 트렌드를 반영한 고도로 개인화된 마케팅 메시지와 캠페인을 기획하고 실행한다.	가상 스테이징 및 가상 투어의 품질을 향상시켜 고객의 몰입도를 높인다.	고객 상호작용의 수준을 한 단계 끌어올린다.
기술	LLM 기반 GenAI를 활용한다.	GenAI (LLM 기반)를 활용하여 개인화된 마케팅 메시지와 캠페인을 생성한다.	이미지 생성 AI 기술을 활용한다.	GenAI 기반의 대화형 AI 챗봇 및 가상 비서 기술을 활용한다.
역할	매력적인 부동산 매물 설명, 블로그 포스팅, 소셜 미디어 콘텐츠, 광고 문구 등을 자동으로 생성한다.	타겟 고객의 특성이나 시장 트렌드를 반영하여 고도로 개인화된 마케팅 메시지 및 캠페인을 기획하고 실행하는 데 기여한다.	빈 공간에 가구를 배치하거나 인테리어를 변경하여 가상 스테이징 및 가상 투어를 구현하고 품질을 향상시키는 역할을 한다.	24시간 고객 문의에 응대하고, 맞춤형 정보를 제공하며, 예약 관리까지 수행하는 등 고객 상호작용 전반을 담당한다.
활용 예시	Narrato와 같은 콘텐츠 생성 플랫폼이 해당된다.	(제시된 글에서 이 기능만을 위한 특정 도구 예시는 명시되지 않는다.)	Canva의 AI 디자인 기능 등이 해당된다.	Roof AI나 Structurely와 같은 챗봇이 해당된다.

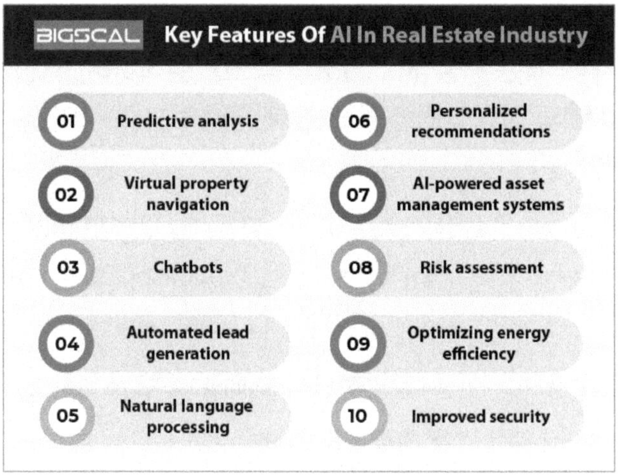

https://www.bigscal.com/blogs/real- estate- industry/ai- real- estate- industry- enhancing- effectiveness

2.3 도시부동산 자산 및 운영 관리 도구

부동산 자산 및 운영 관리 분야는 AI를 통해 효율성을 높이고 비용을 절감하며, 임차인의 만족도를 향상시키는 방향으로 진화하고 있다. 과거에는 주로 수작업이나 스프레드시트, 기본적인 데이터베이스를 활용하여 자산을 관리했다.

2.3.1 ML 기술의 발전은 예측 유지보수(Predictive Maintenance)라는 새로운 패러다임으로 전환 계기

1) ML 기술의 발전은 예측 유지보수(Predictive Maintenance)라는 새로운 패러다임을 가져왔다

ML 기술의 발전은 예측 유지보수(Predictive Maintenance)라는 새로운 패러다임을 가져왔다

2)건물 내 센서로부터 수집되는 실시간 데이터나 과거 유지보수 기록, 장비의 사용 패턴 등을 ML 알고리즘으로 분석하여, 특정 설비(HVAC, 엘리베이터 등)의 고장 가능성을 사전에 예측하고 최적의 유지보수 시점을 결정한다

건물 내 센서(IoT 기술 활용)로부터 수집되는 실시간 데이터나 과거 유지보수 기록, 장비의 사용 패턴 등을 ML 알고리즘으로 분석하여, 특정 설비(HVAC, 엘리베이터 등)의 고장 가능성을 사전에 예측하고 최적의 유지보수 시점을 결정한다. 이는 갑작스러운 고장으로 인한 운영 중단(downtime)을 최소화하고, 불필요한 점검 비용을 줄이며, 자산의 수명을 연장하는 효과를 가져온다.

3) 'Hank'는 이러한 예측 유지보수 및 빌딩 운영 최적화의 대표적인 사례로, Royal London Asset Management의 상업용 빌딩에 적용되어 708%의 ROI와 59%의 에너지 절감 효과를 달성한 바 있다.

JLL의 AI 기반 솔루션 'Hank'는 이러한 예측 유지보수 및 빌딩 운영 최적화의 대표적인 사례로, Royal London Asset Management의 상업용 빌딩에 적용되어 708%의 ROI와 59%의 에너지 절감 효과를 달성한 바 있다. 또한, AI는 건물의 에너지 소비 패턴을 분석하여 비효율적인 부분을 찾아내고, 냉난방 시스템 등을 자동으로 제어하여 에너지 사용을 최적화하는 데에도 활용된다. 이는 운영 비용 및 건물의 지속가능성 목표 달성에도 기여한다. 스마트 빌딩 기술의 확산은 이러한 AI 기반 운영 관리 시스템의 적용을 더욱 가속화하고 있다.

2.3.2 생성형 AI는 임대 계약 관리 영역에서 활용될 잠재력이 크다.

1) 향후 생성형 AI는 임대 계약 관리 영역에서 활용될 잠재력이 크다.

향후 생성형 AI는 임대 계약 관리 영역에서 활용될 잠재력이 크다. 복잡한 임대 계약서의 내용을 자동으로 요약하거나, 표준 계약서의 초안을 생성하고, 특정 조항의 준수 여부를 검토하는 등의 작업이 가능해질 것이다.

2) AI는 임차인의 신용 정보, 과거 임대 이력, 소셜 데이터 등을 종합적으로 분석하여 임대 신청자의 리스크를 평가하고 스크리닝(Screening)해 준다.

또한, AI는 임차인의 신용 정보, 과거 임대 이력, 소셜 데이터 등을 종합적으로 분석하여 임대 신청자의 리스크를 평가하고 스크리닝하는 과정을 더욱 정교하게 만들 수 있다.

3) AI기반 빌딩 운영 시스템은 예측하고 제어하는 것을 넘어, 건물의 사용 패턴 변화나 외부 환경 요인에 맞춰 자율적으로 운영 방식을 최적화한다.

빌딩 운영 시스템은 더욱 지능화되어, 단순히 예측하고 제어하는 것을 넘어, 건물의 사용 패턴 변화나 외부 환경 요인에 맞춰 자율적으로 운영 방식을 최적화하는 수준으로 발전할 수 있다.

4) AI는 포트폴리오 데이터를 분석하여 자산별 성과를 평가하고, 최적의 자산 배분 전략이나 매입 및 매각 시점을 제안하는 등 포트폴리오 관리 및 투자 의사결정 지원 기능도 강화될 것이다.

AI는 방대한 포트폴리오 데이터를 분석하여 자산별 성과를 평가하고, 최적의 자산 배분 전략이나 매입 및 매각 시점을 제안하는 등 포트폴리오 관리 및 투자 의사결정 지원 기능도 한다.

■ 부동산 자산 및 운영 관리 분야의 AI 기반 도구들의 목표, 기술, 역할

구분	예측 유지보수	에너지 사용 최적화	임대 계약 관리 지원	임대 신청자 스크리닝 개선	빌딩 운영 자율 최적화	포트폴리오 및 투자 지원
목표	특정 설비의 고장 가능성을 사전에 예측하고 최적의 유지보수 시점을 결정한다.	건물의 에너지 소비를 최적화한다.	임대 계약 관리 영역의 효율성을 높인다.	임대 신청자의 리스크 평가 및 스크리닝 과정을 더욱 정교하게 만든다.	건물의 사용 패턴 변화나 외부 환경 요인에 맞춰 자율적으로 운영 방식을 최적화한다.	최적의 자산 배분 전략이나 매입/매각 시점을 제안한다.
기술	ML 알고리즘을 활용한다. 건물 센서 데이터, 과거 유지보수 기록, 장비 사용 패턴 등을 분석한다.	AI를 활용한다. 건물의 에너지 소비 패턴을 분석하고 냉난방 시스템 등을 제어한다.	생성형 AI를 활용할 잠재력이 크다.	AI를 활용한다. 임차인의 신용 정보, 임대 이력, 소셜 데이터 등을 분석한다.	지능화된 빌딩 운영 시스템(AI 기반) 기술을 활용한다.	AI를 활용한다. 방대한 포트폴리오 데이터를 분석한다.
역할	갑작스러운 고장으로 인한 운영 중단(downtime)을 최소화하고, 불필요한 점검 비용을 줄이며, 자산 수명을 연장한다.	비효율적인 부분을 찾아내고 시스템 제어를 통해 에너지 사용을 최적화한다. 운영 비용 절감 및 지속가능성 목표 달성에 기여한다.	임대 계약서 요약, 표준 계약서 초안 생성, 특정 조항 준수 여부 검토 등의 작업이 가능해질 것이다.	임대 신청자의 리스크를 종합적으로 분석 및 평가하여 스크리닝 과정을 정교화하는 역할을 한다.	단순히 예측 및 제어하는 것을 넘어, 변화에 자율적으로 대응하며 운영 방식을 최적화한다.	자산별 성과를 평가하고, 데이터 분석을 통해 최적의 자산 배분 및 매입/매각 시점을 제안한다.

2.4 생성형 AI는 설계, 계획 및 시뮬레이션 도구로 활용된다.

도시 및 건축 설계, 계획 분야는 전통적으로 인간의 창의성과 전문성에 크게 의존해왔으나, AI 기술은 이 영역에서도 점차 영향력을 확대하고 있다. 초기에는 CAD(Computer- Aided Design) 소프트웨어나 GIS(Geographic Information System)가 주요 도구로 활용되었다.

ML과 DL 기술은 도시 현상 분석 및 예측에 활용되기 시작했다. ML 알고리즘은 과거의 도시 성장 패턴, 교통량 데이터, 인구 이동 데이터 등을 분석하여 미래의 도시 변화를 예측하거나, 특정 개발 계획이 교통 흐름에 미칠 영향을 시뮬레이션하는 데 사용될 수 있다.

1) CNN은 위성이나 항공 이미지를 분석하여 토지이용 현황을 자동으로 분류하거나, 녹지 면적 변화를 추적하고, 특정 지역의 환경적 취약성(예: 홍수 위험)을 평가하는 데 뛰어난 성능을 보인다.

DL, 특히 CNN은 위성이나 항공 이미지를 분석하여 토지 이용 현황을 자동으로 분류하거나, 녹지 면적 변화를 추적하고, 특정 지역의 환경적 취약성(예: 홍수 위험)을 평가하는 데 뛰어난 성능을 보인다. Stanford 대학의 CityPulse 프로젝트는 DL을 이용해 도시의 물리적 변화를 정밀하게 감지하는 사례이다.

2) 주어진 조건(대지 정보, 용도, 예산, 규제 등) 하에서 다양한 설계 옵션(건축 형태, 건물 배치, 공간 구성, 사용 자재 등)을 자동으로 생성하여 디자이너의 창의적인 탐색 과정을 지원할 수 있다

최근 생성형 AI의 등장은 설계 및 계획 분야에 새로운 가능성을 제시하고 있다. GenAI는 주어진 조건(대지 정보, 용도, 예산, 규제 등) 하에서 다양한 설계 옵션(건축 형태, 건물 배치, 공간 구성, 사용 자재 등)을 자동으로 생성하여 디자이너의 창의적인 탐색 과정을 지원할 수 있다.

MIT 미디어랩의 DeepScope 프로젝트는 레고 블록을 이용한 물리적 인터페이스와 GenAI를 결합하여 다양한 도시 디자인 시나리오를 실시간으로 생성하고 테스트하는 상호작용형 프로토타이핑 도구를 보여준다.

3) 생성형 AI는 복잡한 도시개발 시나리오를 3D로 시각화하고, 정책이나 계획안이 도시에 미칠 영향을 시뮬레이션하여 보여줌으로써, 계획가와 이해관계자들이 보다 직관적으로 미래를 예측하고 데이터 기반의 의사결정을 내릴 수 있도록 돕는다

또한, 생성형 AI는 복잡한 도시 개발 시나리오를 3D로 시각화하고, 다양한 정책이나 계획안이 도시에 미칠 영향을 시뮬레이션하여 보여줌으로써, 계획가와 이해관계자들이 보다 직관적으로 미래를 예측하고 데이터 기반의 의사결정을 내릴 수 있도록 돕는다.

MetaUrban 플랫폼은 AI 기반 도시 미세 이동성(micromobility) 연구를 위한 시뮬레이션 환경을 제공한다. 이러한 시뮬레이션 및 시각화 기술은 디지털 트윈(Digital Twin) 구축의 핵심 요소로, 현실 도시를 가상 공간에 복제하여 실시간 모니터링, 분석, 예측, 계획 수립에 활용하는 것을 목표로 한다. 싱가포르의 Virtual Singapore 프로젝트가 대표적인 도시 디지털 트윈 사례이다.

더 나아가, AI는 온라인 플랫폼을 통해 시민들의 의견을 수집 및 분석하고, 계획 과정에 대한 정보를 투명하게 제공하며, 가상현실(VR) 등을 활용한 몰입형 참

https://www.linkedin.com/

여를 유도함으로써 대중 참여형 도시 계획을 촉진하는 데에도 기여할 수 있다. Maptionnaire와 같은 플랫폼은 지도 기반 설문조사를 통해 주민들의 의견을 수집하고 시각화라는 기능을 제공한다.

2.5 도시부동산 실사 및 문서 분석 도구

부동산 거래 및 투자 과정에서 필수적인 실사(Due Diligence) 작업은 방대한 양의 문서 검토를 수반하여 시간과 비용이 많이 소요되는 영역이었다. AI, 특히 NLP와 ML, 그리고 최근에는 생성형 AI 기술이 이 분야의 효율성을 높이는 데 기여하고 있다.

1) AI 기반 도구들은 계약서, 재무제표, 감정평가서, 시장 보고서, 등기부 등본 등 다양한 형태의 부동산 관련 문서에서 핵심 정보를 자동으로 추출하고 분류하는 작업을 수행한다.

AI 기반 도구들은 계약서, 재무제표, 감정평가서, 시장 보고서, 등기부 등본 등 다양한 형태의 부동산 관련 문서에서 핵심 정보를 자동으로 추출하고 분류하는 작업을 수행한다. OCR(Optical Character Recognition) 기술을 통해 스캔 된 문서나 이미지 형태의 텍스트를 인식하고, NLP 기술을 통해 문서의 내용을 이해하고 분석한다. 이를 통해 검토 시간을 단축하고, 수작업으로 인한 오류 가능성을 줄이며, 중요한 정보 누락 위험을 방지할 수 있다.

2) ML 알고리즘은 과거 거래 데이터나 문서 패턴을 학습하여 잠재적인 리스크 요인이나 이상 징후를 식별하는 데 활용될 수 있다.

ML 알고리즘은 과거 거래 데이터나 문서 패턴을 학습하여 잠재적인 리스크 요인이나 이상 징후를 식별하는 데 활용될 수 있다. 예를 들어, 특정 계약 조항의 불리함, 재무 데이터의 불일치, 규정 위반 가능성 등을 자동으로 탐지하여 사용자에게 경고할 수 있다.

3) LLM 기반 도구는 복잡하고 긴 문서의 내용을 핵심만 요약하여 제공하 거나, 사용자가 자연어로 질문하면 관련 내용을 찾아 답변해주는 방식으로 정보 접근성을 높인다.

생성형 AI는 문서 분석의 수준을 한 단계 더 끌어올릴 수 있다. LLM 기반 도구는 복잡하고 긴 문서의 내용을 핵심만 요약하여 제공하거나, 사용자가 자연어로 질문하면 관련 내용을 찾아 답변해주는 방식으로 정보 접근성을 높인다. 여러 문서를 동시에 비교 분석하여 차이점이나 공통점을 찾아내는 기능도 제공한다. AskYourPDF, ChatPDF, Humata, V7 Go 등이 이러한 AI 기반 문서 분석 및 실사 지원 도구의 예시이다.

그러나 AI 기반 실사 도구는 아직 한계점도 가지고 있다. 복잡한 법률적 뉘앙스나 맥락을 완벽하게 이해하는 데 어려움이 있을 수 있으며, OCR 기술의 정확도 문제로 인해 데이터 추출 오류가 발생할 가능성도 있다. 따라서 현재로서는 AI 도구가 인간 전문가의 판단을 완전히 대체하기보다는, 정보 수집 및 초기 검토 단계를 효율화하고 전문가는 보다 심층적인 분석과 최종 판단에 집중하도록 돕는 보조적인 역할에 중점을 두고 있다.

■ AI 기반 실무 도구 별 목표, 활용 기술, 역할, 장단점, 대표 사례

실무 영역 및 도구 유형	주요 목표	활용 기술	역할	장점	단점 및 한계	대표 사례
가치 평가 (Valuation - AVM)	신속하고 정확하며 객관적인 부동산 가치 추정	- ML (회귀 분석 등), - DL (CNN 이미지 분석), - 생성형 AI (시나리오 생성)	- 자동 가치 평가, - 시장 동향 반영, - 리스크 분석	- 평가 속도 향상, - 효율성 증대, - 인간 편향 감소, - 비용 절감	- 데이터 품질 및 가용성에 의존, - 비정형/희소 자산 평가 한계, - 모델 해석 어려움(블랙박스)	Zillow Zestimate, CoreLogic AVM, HouseCanary, PropTrack , Reonomy AI

마케팅 및 CRM (Marketing/ CRM)	리드 생성 및 전환율 증대, 고객 경험 개인화 및 만족도 향상	- ML (추천 시스템, 리드 스코어링), - NLP (챗봇, 감성 분석), - 생성형 AI (콘텐츠 생성)	- 개인화된 매물 추천, - 타겟 마케팅 자동화, - 지능형 고객 응대, - 마케팅 콘텐츠 생성	- 마케팅 효율 증대, - 고객 참여도 향상, - 업무 자동화	- 데이터 프라이버시 규제 준수 필요, - 생성형 AI 콘텐츠의 창의성/독창성 한계, - 과도한 자동화의 역효과	Trulia 리드 생성 , RealScout, Roof AI, Structurely, Narrato, Mailchimp AI, Canva AI
자산 및 운영 관리 (Asset/Ops Mgmt)	운영 효율성 극대화, 유지보수 비용 절감, 에너지 효율 개선, 임차인 만족도 제고	- ML (예측 유지보수 알고리즘), - IoT 센서 데이터 분석, - AI 기반 최적화	- 설비 고장 예측 및 선제적 유지보수, - 에너지 소비 최적화, - 자동화된 보고서 생성	- 운영 효율성 및 생산성 향상, - 비용 절감, 자산 수명 연장	- 높은 초기 도입 비용, - 기존 시스템과의 통합 어려움, - 데이터 표준화 및 품질 관리 문제	JLL Hank, Rentana, 다양한 스마트 빌딩 솔루션
설계,계획, 시뮬레이션 (Design/ Plan/Sim)	최적의 설계안 도출 지원, 계획 수립 효율화, 데이터 기반 의사결정 지원	- DL (CNN 이미지 분석), - 생성형 AI (설계안 생성, 시각화), - 시뮬레이션 모델링	- 설계 옵션 자동 생성, - 도시 개발 시나리오 시뮬레이션 및 시각화, - 시민 참여 플랫폼 지원	- 설계 과정 효율화, - 창의적 탐색 지원, - 계획 결과 예측력 향상, - 투명성 및 참여 증진	- 학습 데이터 편향에 따른 결과 왜곡 우려, - 창의성/독창성 제한 가능성, - 복잡한 규제 및 사회적 맥락 반영 한계	MetaUrban, DeepScope, CityPulse, Virtual Singapore, Maptionnaire
실사 및 문서 분석 (Due Diligence/Doc Analysis)	신속하고 정확한 문서 검토, 핵심 정보 추출, 잠재적 리스크 식별	- NLP (텍스트 분석, 이해), - ML (패턴 인식, - 위험 탐지), 생성형 AI (요약, 질의응답)	- 자동 정보 추출 및 분류, - 계약 조항 비교 분석, - 문서 요약 및 질의응답	- 실사 시간 및 비용 대폭 절감, - 검토 정확도 향상, - 인적 오류 감소	- 복잡한 법률적 뉘앙스 해석 한계, - OCR 정확도에 따른 오류 가능성, - 전문가 검증 필요	AskYourPDF, ChatPDF, Humata, V7 Go, LightPDF, PDF.ai

3 도시부동산 실무에서의 생성형 AI 역할 심층 분석

3.1 생성형 AI와 인공일반지능(AGI) 초기 단계 로서의 가능성

1) 현재 대부분의 AI 시스템은 특정 목적을 위해 설계된 약인공지능(ANI: Artificial Narrow Intelligence, ANI) 또는 특화 AI 수준에 머물러 있다.

인공일반지능(AGI: Artificial General Intelligence)은 특정 작업에 국한되지 않고 인간과 같이 광범위한 지적 작업을 이해하고 학습하며 수행할 수 있는 수준의 AI를 의미한다. 현재 대부분의 AI 시스템은 특정 목적을 위해 설계된 약인공지능(Artificial Narrow Intelligence, ANI) 또는 특화 AI 수준에 머물러 있다.

2) 생성형 AI는 이러한 AGI의 비전에 한 걸음 더 다가선 기술로 평가받기도 한다.

생성형 AI는 이러한 AGI의 비전에 한 걸음 더 다가선 기술로 평가받기도 한다. 생성형 AI는 텍스트, 이미지, 코드, 음악 등 다양한 형태의 새로운 콘텐츠를 생성할 수 있으며, 복잡한 언어적 맥락을 이해하고 인간과 자연스러운 대화를 나누며, 때로는 창의적인 문제 해결에 기여하는 듯한 모습을 보인다.

이러한 다재 다능함(versatility), 창의성(creativity), 그리고 새로운 상황에 대한 적응성(adaptability) 은 AGI가 지향하는 핵심 능력들과 일부 맞닿아 있다. 일부 전문가들은 현재의 강력한 생성형 AI 모델, 특히 LLM의 발전이 AGI로 나아가는 중요한 초기 단계(early stage) 또는 프로토타입이 될 수 있다는 기대를 나타내기도 한다.

3.2 도시부동산 실무 내 생성형 AI의 일반적인 워크플로우

도시부동산 실무에서 생성형 AI를 활용하는 과정은 일반적으로 다음과 같은 단계를 따른다. 이는 데이터 처리, 콘텐츠 생성, 그리고 최종 검토 및 적용의 순환적인 흐름을 가진다.

1) 1단계: 데이터 수집 및 처리 (Data Collection & Processing)

먼저, 생성형 AI 모델이 학습하거나 참조할 관련 데이터를 수집하고 준비하는 과정이 필요하다. 도시부동산 분야에서는 매물의 상세 정보(위치, 크기, 특징, 가격 등), 시장 동향 데이터, 고객 정보 및 선호도 데이터, 건축 설계 요구사항, 관련 법규 및 규제 문서, 과거 거래 기록 등이 주요 데이터 소스가 된다.

수집된 데이터는 모델이 이해하고 처리할 수 있는 형태로 정제되고 구조화된다. 예를 들어, 텍스트 데이터는 토큰화(tokenization) 과정을 거치고, 이미지 데이터는 특정 해상도와 형식으로 변환될 수 있다.

때로는 AI 자체가 이 단계에 관여하기도 한다. 예를 들어, NLP 기술을 활용하여 방대한 양의 비정형 문서(계약서, 보고서 등)에서 필요한 정보를 자동으로 추출하고 요약하여 후속 생성 단계의 입력 데이터로 활용할 수 있다.

2) 2단계: 콘텐츠 생성 (Content Generation)

준비된 데이터와 사용자의 명확한 지시사항, 즉 프롬프트(prompt)를 기반으로 GenAI 모델이 새로운 콘텐츠를 생성하는 핵심 단계이다. 사용자는 원하는 결과물의 종류, 스타일, 포함될 내용 등을 프롬프트를 통해 구체적으로 명시해야 한다.

사용되는 생성형 AI 모델의 종류(LLM, GAN, VAE, Diffusion 등)는 생성하고자 하는 콘텐츠의 유형(텍스트, 이미지, 데이터 등)에 따라 달라진다.

예를 들어, LLM은 매물 설명을 작성하거나 고객 문의에 답변하는 텍스트를 생성하고, GAN이나 Diffusion 모델은 가상 스테이징 이미지를 만들거나 건축 디자인 시안을 생성할 수 있다. VAE는 모델 학습에 필요한 합성 데이터를 생성하는 데 사용될 수 있다.

3) 3단계: 검토, 수정 및 적용 (Review, Refinement & Application)

생성형 AI가 생성한 결과물이 항상 완벽하거나 정확하지는 않기 때문에, 인간 전문가의 검토와 수정 과정이 필수적이다. 생성된 콘텐츠의 사실성, 논리적 오류, 문법적 정확성, 브랜드 가이드라인 준수 여부, 그리고 잠재적인 편향성이나 윤리적 문제 등을 면밀히 검토해야 한다.

검토 결과에 따라 필요한 부분을 수정하고 개선하여 최종 결과물을 완성한다. 예를 들어, AI가 생성한 매물 설명 초안을 마케터가 더 매력적으로 다듬거나, AI가 제안한 설계안을 건축가가 현실적인 제약 조건과 미적 감각을 반영하여 발전시킬 수 있다.

최종적으로 완성된 결과물은 마케팅 자료 배포, 고객 응대, 설계안 확정, 투자 보고서 작성, 내부 의사결정 지원 등 구체적인 실무 목적에 맞게 적용된다.

이 과정에서 얻어진 피드백은 다시 생성형 AI 모델의 성능을 개선하기 위한 학습 데이터로 활용될 수 있으며, 이는 지속적인 모델 개선으로 이어지는 선순환 구조를 만들 수 있다.

■ 생성형 AI 유형별 목표, 기술, 역할, 단점 및 한계, 활용 예시

구분	목표	핵심 기술	부동산 내 역할	장점	단점 및 한계	활용 예시
트랜스포머 (Trans-former/ LLM)	자연어의 깊은 이해 및 생성, 번역, 요약, 질의응답 등	Self- Atten-tion 메커니즘을 통한 문맥 정보 처리	매물 설명/마케팅 문구/보고서/블로그 등 텍스트 콘텐츠 생성, 지능형 챗봇/가상 비서, 문서 요약/분석/번역, 계약서 초안 작성 및 검토 지원	뛰어난 문맥 이해력, 장문의 일관성 있는 텍스트 생성 능력, 다양한 언어 작업 수행 가능	방대한 학습 데이터 및 고성능 컴퓨팅 자원 요구, 사실과 다른 내용 생성(환각) 가능성, 편향성 내재 위험	ChatGPT, Google Bard, JLL GPT (CRE 특화), AskYourPDF (문서 질의응답) , 다양한 콘텐츠 생성 도구 (Nar-rato 등)

GAN (Generative Adversarial Networks)	현실과 유사한 고품질 데이터(특히 이미지) 생성	생성자(Generator)와 판별자(Discriminator)가 서로 경쟁하며 학습	가상 스테이징 이미지 생성, 건축/인테리어 디자인 시각화, 고해상도 부동산 사진 생성, 데이터 증강(Augmentation)	매우 사실적이고 다양한 스타일의 이미지 생성 가능	학습 과정이 불안정하고 제어하기 어려움 (Mode Collapse 등), 고품질 결과 위해 많은 데이터와 튜닝 필요	InteriorAI, Dream Staging AI (가상 스테이징), GAN-Verse 3D (3D 모델링), StyleGAN 등
VAE (Variational Autoencoders)	데이터의 잠재적 분포(Latent Distribution) 학습 및 새로운 데이터 생성, 특징 추출	인코더- 디코더 구조 기반, 입력 데이터를 확률적 잠재 공간으로 매핑 후 복원	부족한 데이터 보충 위한 합성 데이터 생성(모델 학습용), 부동산 데이터의 특징 추출 및 차원 축소, 시장 데이터 패턴 분석 및 이상 탐지	학습 과정이 비교적 안정적, 생성 과정의 제어 및 잠재 공간 해석 용이	생성된 이미지가 GAN이나 Diffusion 모델에 비해 다소 흐릿하거나 품질이 낮을 수 있음	TVAE (Tabular VAE), 다양한 데이터 생성 및 분석 연구에 활용
확산 모델 (Diffusion Models)	매우 높은 품질과 다양성을 가진 데이터(특히 이미지) 생성	데이터에 점진적으로 노이즈를 추가했다가 다시 제거하는 과정을 학습하여 생성	초고화질 부동산 이미지 생성 및 편집 (화질 개선, 객체 추가/제거), 건축/인테리어 디자인 시안 생성, 3D 모델링 및 렌더링 지원	현존 최고 수준의 이미지 생성 품질, 텍스트 등 조건 기반 생성 제어 용이성	생성 속도가 상대적으로 느리고 높은 연산 비용 요구, 모델 구조 및 학습 과정 복잡	Stable Diffusion, DALL- E, Imagen, Midjourney 등

제 3 장

AI 기반 부동산 분야에서의 생성형 AI 알고리즘 예제

제3장 AI 기반 부동산 분야에서의 생성형 AI 알고리즘 예제

1 주요 생성형 AI 모델 아키텍처 (VAE, GAN, 자기회귀모델)와 예제

1.1 생성형 AI를 구현하는 다양한 알고리즘

생성형 AI를 구현하는 다양한 모델 아키텍처가 개발되었으며, 각각 고유한 작동 원리와 장단점을 가진다. 주요 모델들은 다음과 같다.

(1) 변이형 오토인코더 (Variational Autoencoders, VAEs): VAE는 데이터를 저차원의 잠재 공간(latent space)으로 압축하는 인코더(Encoder)와 잠재 공간의 벡터로부터 원본 데이터와 유사한 데이터를 생성하는 디코더(Decoder)로 구성된다. 확률적 인코딩을 통해 잠재 공간의 분포를 학습하며, 이 분포에서 샘플링하여 새로운 데이터를 생성한다. VAE는 비교적 안정적으로 학습되고 다양한 데이터를 생성하는 데 용이하지만, 생성된 이미지 등이 다소 흐릿하게(blurry) 나타날 수 있다는 단점이 있다.

(2) 생성적 적대 신경망 (Generative Adversarial Networks, GANs): GAN은 데이터를 생성하는 생성자(Generator)와 생성된 데이터가 실제 데이터인지 가짜 데이터인지를 판별하는 판별자(Discriminator)라는 두 개의 신경망이 서로 경쟁하며 학습하는 구조이다. 생성자는 판별자를 속이려고 노력하고, 판별

자는 더 정확하게 구별하려고 노력하는 과정을 통해 생성자는 점차 실제 데이터와 매우 유사한 고품질의 데이터를 생성하게 된다. GAN은 특히 이미지 생성 분야에서 매우 사실적인 결과물을 만들어내지만, 학습 과정이 불안정하여 최적의 균형점을 찾기 어렵다는(mode collapse 등) 단점이 있다.

(3) **자기회귀 모델** (Autoregressive Models): 이 모델은 데이터의 순차적 특성을 이용하여 이전 시점의 데이터들을 기반으로 다음 시점의 데이터를 예측하는 방식으로 데이터를 생성한다. 예를 들어, 문장을 생성할 때 이전 단어들을 바탕으로 다음 단어를 예측하는 방식이다. 텍스트나 시계열 데이터 생성에 강점을 보이며, 학습 데이터의 분포를 명시적으로 모델링할 수 있다. 그러나 데이터를 순차적으로 생성해야 하므로 생성 속도가 느리다는 단점이 있다.

(4) **확산 모델** (Diffusion Models): 확산 모델은 원본 데이터에 점진적으로 노이즈를 추가하는 순방향 과정(forward process)과, 노이즈로부터 시작하여 점진적으로 노이즈를 제거하며 원본 데이터를 복원하는 역방향 과정(reverse process)을 학습한다. 역방향 과정을 통해 새로운 데이터를 생성하며, 최근 고품질 이미지 생성 및 다양성 확보 측면에서 뛰어난 성능을 보여주며 주목받고 있다. 다만, 여러 단계의 노이즈 제거 과정이 필요하여 샘플링 속도가 상대적으로 느리다는 단점이 있다.

(5) **기타 모델**: 이 외에도 데이터의 에너지 함수를 학습하는 에너지 기반 모델(Energy-Based Models, EBMs), 데이터 변환 과정을 학습하여 복잡한 분포를 모델링하는 정규화 흐름(Normalizing Flows), 그리고 자연어 처리 분야에서 혁신을 가져온 트랜스포머(Transformers) 아키텍처 등이 생성형 모델의 기반 기술로 활용되고 있다. 특히 트랜스포머는 대규모 언어 모델(LLM)의 핵심 구조로 자리 잡았다.

1.2 AI기반 부동산 분야에서의 생성형 AI 알고리즘 요약

AI 기반 부동산 분야에서 생성형 AI는 다양한 방식으로 활용되어 새로운 가치를 창출한다. 주요 생성형 AI 알고리즘들은 각각 고유한 특성을 가지며, 이는 부동산 데이터 생성, 분석, 시각화 등에 다양하게 적용된다. 다음 표는 제공된 글을 기반으로 각 알고리즘의 핵심 내용을 부동산 분야 활용 관점에서 정리한 것이다.

■ 생성형 AI기반 부동산 분야에서의 생성형 AI 알고리즘 요약

분류	알고리즘 명칭	목표	기술	역할	장단점	AI 기반 부동산 활용 예시
잠재 공간 기반 모델	변이형 오토인코더 (VAE)	데이터의 잠재 공간 분포를 학습하고, 이 분포에서 샘플링하여 유사 데이터를 생성하는 것을 목표로 한다.	데이터를 저차원 잠재 공간으로 압축하는 인코더와 잠재 벡터로부터 데이터를 복원하는 디코더로 구성된다. 확률적 인코딩을 통해 잠재 공간의 분포를 학습한다.	데이터 압축 및 잠재 공간 탐색을 통한 다양한 데이터 변형 생성 역할을 수행한다.	비교적 안정적으로 학습되며 다양한 데이터를 생성하는 데 용이하다는 장점을 가진다. 생성된 이미지 등이 다소 흐릿하게 나타날 수 있다는 단점이 있다.	기존 부동산 데이터(이미지, 도면 등)의 변형을 생성하거나, 잠재 공간에서 새로운 속성의 가상 인테리어 디자인을 생성하는 데 활용된다. 부족한 데이터를 보강하기 위한 합성 데이터 생성에도 적용될 수 있다.
경쟁 학습 모델	생성적 적대 신경망 (GAN)	실제 데이터와 구별하기 어려운 고품질의 데이터를 생성하는 것을 목표로 한다.	데이터를 생성하는 생성자와 생성된 데이터의 진짜/가짜 여부를 판별하는 판별자가 서로 경쟁하며 학습하는 구조이다.	생성자는 실제와 같은 데이터를 만들고, 판별자는 이를 정확히 구별하도록 발전하면서 고품질 데이터 생성을 유도하는 역할을 한다.	특히 이미지 생성 분야에서 매우 사실적인 결과물을 만들어낸다는 장점을 가진다. 학습 과정이 불안정하여 최적의 균형점을 찾기 어렵고 모드 붕괴(mode collapse) 현상이 발생할 수 있다는 단점이 있다.	미건축 건물의 고품질 투시도나 가상 스테이징 이미지 등 실제와 같은 부동산 시각 자료를 생성하는 데 강력하게 활용된다. 특정 스타일의 건축물 이미지를 생성하는 데도 사용될 수 있다.

순차적 생성 모델	자기회귀 모델(Autoregressive Models)	데이터의 순차적 특성을 이용하여 이전 데이터를 기반으로 다음 데이터를 예측하며 전체 데이터를 생성하는 것을 목표로 한다.	데이터의 이전 시점 요소들을 입력으로 받아 다음 시점의 요소를 예측하는 방식으로 작동한다. 주로 순환 신경망(RNN)이나 트랜스포머(Transformer) 기반 모델이 사용된다.	순서가 중요한 텍스트나 시계열 데이터를 모델링하고 생성하는 역할을 수행한다.	텍스트나 시계열 데이터 생성에 강점을 보이며, 학습 데이터의 분포를 명시적으로 모델링할 수 있다는 장점을 가진다. 데이터를 순차적으로 생성해야 하므로 생성 속도가 느리다는 단점이 있다.	부동산 매물 설명 텍스트를 자동으로 생성하거나, 과거 데이터를 기반으로 특정 부동산의 가격 변동 시계열 데이터를 예측하고 생성하는 데 활용된다. 시장 보고서 텍스트 생성에도 적용된다.
노이즈 기반 모델	확산 모델(Diffusion Models)	원본 데이터에 노이즈를 추가하는 과정을 역으로 학습하여 노이즈로부터 고품질 데이터를 복원/생성하는 것을 목표로 한다.	원본 데이터에 점진적으로 노이즈를 추가하는 순방향 과정과 노이즈로부터 데이터를 복원하는 역방향 과정을 학습한다. 역방향 과정 모델을 통해 새로운 데이터를 생성한다.	노이즈 제거 과정을 통해 매우 사실적이고 다양한 고품질의 데이터를 생성하는 역할을 수행한다.	최근 고품질 이미지 생성 및 다양성 확보 측면에서 뛰어난 성능을 보여준다는 장점을 가진다. 여러 단계의 노이즈 제거 과정이 필요하여 샘플링 속도가 상대적으로 느리다는 단점이 있다.	GAN과 유사하게 초고품질의 가상 스테이징, 건축 투시도 이미지를 생성하는 데 활용된다. 기존에 없던 새로운 스타일의 건축 디자인이나 인테리어 이미지를 다양하게 생성하는 데 특히 강점을 보인다.

1.3 변이형 오토인코더 (VAE: Variational Autoencoder)의 도시 부동산 가상 수치 예제

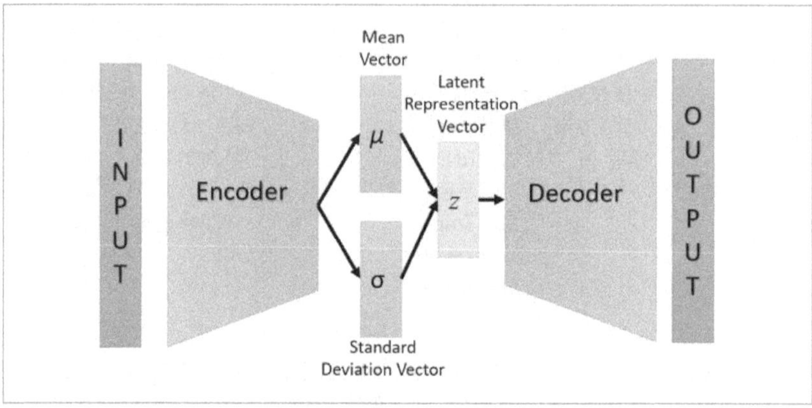

Variational Autoencoders-Based Algorithm, https://www.mdpi.com/

AI 기반 부동산 분야에서 변이형 오토인코더(VAE)는 주로 데이터의 잠재적 특성을 학습하고 이를 활용하여 다양한 변형을 생성하는 데 활용된다. 여기서는VAE의 구조와 특성을 바탕으로 부동산 관련 활용 예시를 가상 수치를 적용하여 서술한다.

I 가상 예제: 가상 인테리어 디자인 변형 생성

1) 가상 예시: 부동산 매물의 내부 공간(예: 거실)에 가상 인테리어 디자인 변형 생성

특정 부동산 매물의 내부 공간(예: 거실)에 대해 다양한 인테리어 디자인 시뮬레이션을 제공해야 하는 경우, VAE 모델이 활용될 수 있다. 이 경우 VAE의 목표는 기존 공간 이미지를 기반으로 다양한 스타일과 배치의 인테리어 디자인 변형 이미지를 생성하는 것이다.

2) 모델 학습:

- 먼저, 다양한 스타일과 구성의 수만 장(가상 수치: 50,000장)의 인테리어 이미지 데이터셋을 구축한다.
- 이 데이터셋을 사용하여 VAE 모델을 학습시킨다. 모델은 인코더와 디코더로 구성된다.
- 인코더는 입력된 인테리어 이미지를 저차원의 잠재 공간(가상 수치: 128차원) 상의 확률 분포(평균 μ 및 분산 σ자승)로 압축하는 방법을 학습한다.
- 디코더는 잠재 공간의 벡터로부터 원본 이미지와 유사한 인테리어 이미지를 복원하는 방법을 학습한다.
- 학습 과정에서 VAE는 이미지의 시각적 특징(가구 배치, 색상, 스타일 등)을 잠재 공간에 의미론적으로 임베딩하는 방법을 학습하며, 동시에 잠재 공간이 표준 가우시안 분포(평균 0, 분산 1)와 유사해지도록 유도된다(KL Divergence 최소화).

3) 변형 생성:

- 이제, 새로운 부동산 매물의 특정 공간(예: 비어 있는 거실) 이미지가 주어진다.
- 이 이미지는 학습된 VAE의 인코더를 통과하여 잠재 공간 상의 특정 지점(평균 μ input, 분산 σ자승 input)으로 매핑 된다.
- 다양한 인테리어 변형을 생성하기 위해, 단순히 μ input 벡터를 디코더에 넣는 대신, 이 분포(N(μ input, σ자승 input2)) 또는 μ input 주변의 잠재 공간 상에서 여러 개의 잠재 벡터를 샘플링 한다. 예를 들어, μ input을 중심으로 하는 특정 반경(가상 수치: 0.8) 이내에서 임의의 점을 샘플링 하거나, 해당 분포에서 10개의 벡터를 샘플링 하는 방식이 사용될 수 있다.
- 샘플링 된 각 잠재 벡터는 학습된 VAE의 디코더를 통과하여 새로운 인테리어 디자인 이미지를 생성한다.

4) 결과 활용:

- 이 과정을 통해, 원본 거실 이미지를 기반으로 가구 배치나 스타일, 색상 등이 다르게 적용된 다양한 가상 인테리어 시뮬레이션 이미지(가상 수치: 10가지)가 생성된다.
- 생성된 이미지는 잠재 공간의 샘플링 방식에 따라 원본 이미지와 유사성을 유지하면서도 의미 있는 변형을 보여주게 된다. 예를 들어, 한 이미지는 미니멀리즘 스타일, 다른 이미지는 모던 스타일 등으로 나타날 수 있다.

VAE는 잠재 공간의 연속적인 특성을 활용하여 원본 이미지와 자연스럽게 연결되는 다양한 변형을 생성하는 데 강점을 보인다. 다만, 생성된 이미지가 다소 흐릿할 수 있다는 VAE의 일반적인 단점은 여전히 존재하며, 이를 개선하기 위한 추가적인 기술이 적용될 수 있다. 이처럼 VAE는 부동산 고객에게 다양한 시각적 옵션을 제공하고 의사결정을 돕는 데 유용하게 활용될 수 있다.

1.4 생성적 적대 신경망 (GAN: Generative Adversarial Network)

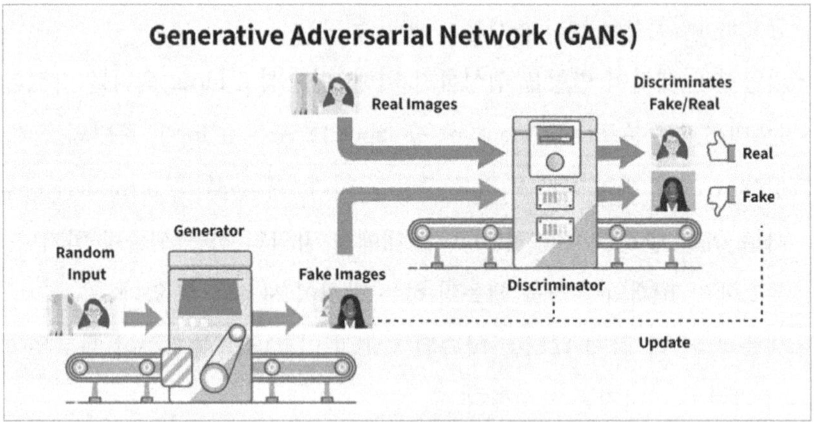

https://www.geeksforgeeks.org/generative-adversarial-network-gan

AI 기반 부동산 분야에서 생성적 적대 신경망(GAN)은 주로 매우 사실적인 이미지 또는 시각 자료를 생성하는 데 활용된다. GAN의 고품질의 사실적인 이미지를 생성하는 능력은 AI 기반 부동산 분야에서 가상 스테이징, 건축 투시도 생성 등 시각적 콘텐츠 생성 영역에서 핵심적인 알고리즘으로 활용된다.

1.4.1 생성자(Generator)는 판별자(Discriminator) 데이터를 구별하는 학습 수행

I GAN가상 예제: "생성자 (Generator)는 판별자(Discriminator) 데이터를 통해 생성된 주거특성 (면적: 87 m², 방 개수: 3개, 지하철 거리: 5.8분) 과 같은 수치 도출

1) 가상수치 예제: 생성자는 판별자가 더 이상 구별하기 어려울 정도로 실제 데이터와 유사한 고품질의 가상 부동산 데이터를 생성할 수 있게 된다.

- 생성자(Generator)는 무작위 값으로부터 가짜 부동산 데이터 생성 시도.
- 판별자(Discriminator)는 진짜 부동산 데이터와 생성자가 만든 가짜 데이터를 구별하는 학습 수행.
- 학습 반복 후:
  - ㅁ진짜 데이터 예시: (면적: 85 m², 방 개수: 3개, 지하철 거리: 6분) - 판별자는 이를 '진짜'로 판단
  - ㅁ생성 결과 예시: (면적: 87 m², 방 개수: 3개, 지하철 거리: 5.8분) - 판별자는 이를 '진짜 같음' 또는 '진짜'로 판단 (목표)

2) 풀이:

GAN은 생성자와 판별자가 서로 경쟁적으로 학습한다. 생성자는 최대한 진짜 같은 부동산 데이터를 만들려고 노력하고, 판별자는 주어진 데이터가 진짜인지 생

성자가 만든 가짜인지를 정확하게 구분하려고 한다.

이 과정에서 생성자는 판별자를 속이는 방향으로, 판별자는 더 잘 구별하는 방향으로 성능이 향상된다. 충분히 학습되면 생성자는 판별자가 더 이상 구별하기 어려울 정도로 실제 데이터와 유사한 고품질의 가상 부동산 데이터를 생성할 수 있게 된다.

3) 해설:

GAN의 핵심은 생성자와 판별자의 적대적 학습 구조에 있다. 이 구조를 통해 생성자는 데이터의 미묘한 특징까지 모방하여 실제 데이터와 구별하기 어려운 매우 사실적인 데이터를 생성하는 데 강점을 보인다.

예시에서 생성된 (면적: 87 m², 방 개수: 3개, 지하철 거리: 5.8분)와 같은 수치는 실제 있을 법한 부동산 데이터와 매우 유사하며, 판별자가 이를 진짜 데이터와 구별하기 어려워한다는 것은 생성자의 성능이 향상되었음을 의미한다. GAN은 학습의 불안정성이라는 단점이 있지만, 고품질의 현실적인 가상 데이터 생성에 유리하다.

Ⅱ GAN가상 예제: "빈 공간의 고품질 가상 스테이징(Virtual Staging) 이미지 생성"

부동산 매물의 온라인 목록에서 시각적 매력을 높이기 위해 빈 공간(예: 거실, 침실)에 가구와 소품을 배치한 것처럼 보이게 하는 '가상 스테이징'은 매우 중요한 과정이 된다. GAN 모델은 이 가상 스테이징 이미지를 자동으로, 그리고 실제 사진처럼 사실적으로 생성하는 데 활용될 수 있다.

1) 데이터셋 구축 및 모델 설계:

- 가상 스테이징 GAN 모델 학습을 위해, 빈 공간 이미지와 해당 공간이 전문적으로 가상 또는 실제 스테이징된 이미지 쌍으로 구성된 대규모 데이터셋이 구축된다. 가상 수치로 이러한 이미지 쌍 데이터셋은 100,000개 이상이

사용된다. 각 이미지의 해상도는 가상 수치로 512x512 픽셀 또는 그 이상이 될 수 있다.

- GAN 모델은 크게 두 부분으로 설계된다. 첫째는 빈 공간 이미지를 입력받아 스테이징된 이미지를 생성하는 생성자(Generator)이며, 둘째는 생성자가 만든 이미지와 실제 스테이징 이미지를 구별하는 판별자(Discriminator)이다.
- 생성자는 U-Net과 같은 인코더-디코더 구조에 스킵 커넥션이 추가된 형태가 될 수 있으며, 가상 수치로 수천만 개의 파라미터를 가질 수 있다. 판별자는 이미지 패치 기반의 분류를 수행하는 PatchGAN 구조 등이 사용될 수 있으며, 가상 수치로 수백만 개의 파라미터로 구성된다.

2) 적대적 학습:

- 모델 학습은 생성자와 판별자가 서로 경쟁하는 방식으로 진행된다.
- 생성자는 빈 공간 이미지를 입력받아 스테이징된 이미지를 생성하며, 이 이미지가 판별자를 속여 '진짜'로 인식되도록 학습된다.
- 판별자는 실제 스테이징 이미지와 생성자가 만든 가상 스테이징 이미지를 모두 입력받아, 어떤 이미지가 진짜 데이터셋에서 온 것인지 정확히 판별하도록 학습된다.
- 학습 과정에서 생성자는 판별자가 가짜임을 식별하는 확률을 최소화하도록 노력하고, 판별자는 실제 이미지에 대해서는 높은 확률을, 가짜 이미지에 대해서는 낮은 확률을 출력하도록 노력한다. 추가적으로, 생성된 이미지가 실제 스테이징 이미지와 픽셀 수준에서도 유사하도록 L1 또는 L2 손실 함수(가상 수치: 가중치 100)가 함께 사용되어 이미지의 디테일과 구조적 정확도를 높인다.
- 이 적대적 학습 과정은 수백, 수천 Epoch(가상 수치: 500 Epoch) 동안 반복되며, 모델 파라미터는 지속적으로 갱신된다.

3) 가상 스테이징 이미지 생성:

- 학습이 완료된 GAN 모델의 생성자만을 사용하여 새로운 부동산 매물의 빈 공간 이미지를 입력으로 제공한다.
- 생성자는 학습된 능력을 바탕으로 입력된 빈 공간 이미지에 가장 자연스럽고 사실적인 가구, 소품, 조명 등을 추가하여 고품질의 가상 스테이징 이미지를 생성한다.

4) 결과 활용:

- 생성된 가상 스테이징 이미지는 부동산 매물 웹사이트, 브로슈어, 소셜 미디어 등에 활용된다. 가상 수치로, 한 장의 가상 스테이징 이미지 생성에 소요되는 시간은 수 초 이내로 매우 빠르다.
- 이는 기존의 수동 가상 스테이징 작업 대비 시간과 비용을 획기적으로 절감하며, 매물의 시각적 매력을 극대화하여 잠재 구매자의 관심을 끌고 빠르게 거래를 성사시키는 데 기여한다.

GAN은 그 구조적 특성상 학습 과정이 불안정할 수 있고, 때로는 제한된 종류의 이미지만 생성하는 모드 붕괴(mode collapse)와 같은 문제에 직면할 수 있다는 단점이 있다. 그러나 고품질의 사실적인 이미지를 생성하는 능력은 AI 기반 부동산 분야에서 가상 스테이징, 건축 투시도 생성 등 시각적 콘텐츠 생성 영역에서 핵심적인 알고리즘으로 활용된다.

[용어 설명]

'스테이징 이미지(Staging Image)'란 부동산 매물을 잠재 구매자에게 더 매력적으로 보이기 위해 실제 또는 가상으로 공간을 꾸민 후 촬영한 사진을 의미한다. 부동산 매물 광고 시 빈 공간보다는 가구나 소품으로 공간의 활용 가능성과 분위기를 보여주는 것이 구매자의 관심을 끄는 데 효과적이다. 이때 실제 가구를 배치하고 꾸미는 과정을 '홈 스테이징(Home Staging)'이라 하며, 이렇게 꾸며진 상태에서 촬영한 사진이 스테이징 이미지가 된다.

최근에는 실제 가구를 들이지 않고 컴퓨터 그래픽 기술을 이용해 빈 공간 사진에 가구와 소품을 합성하는 '가상 스테이징(Virtual Staging)'도 활발히 이루어지며, 이때 생성된 사진 역시 스테이징 이미지라 불린다. 결론적으로 스테이징 이미지는 부동산 매물의 시각적 매력을 극대화하여 온라인 광고나 홍보 자료에 사용되는 핵심적인 사진이라 할 수 있다.

1.5 자기회귀 모델 (Autoregressive Models)

1) 자기회귀 모델은 이전 시점의 데이터를 기반으로 다음 시점의 데이터를 예측하며 생성하는 방식을 사용한다.

AI 기반 부동산 분야에서 자기회귀 모델은 주로 텍스트나 시계열 데이터와 같이 순차적인 특성을 가지는 데이터를 생성하는 데 활용된다. 이전 시점의 데이터를 기반으로 다음 시점의 데이터를 예측하며 생성하는 방식을 사용한다.

그러나 데이터를 순차적으로 생성해야 하므로, VAE나 GAN처럼 한 번에 전체 데이터를 생성하는 모델에 비해 생성 속도가 상대적으로 느릴 수 있다는 단점이 있다. 이러한 모델은 부동산 정보의 자동화된 생성 및 가공에 중요한 역할을 수행한다.

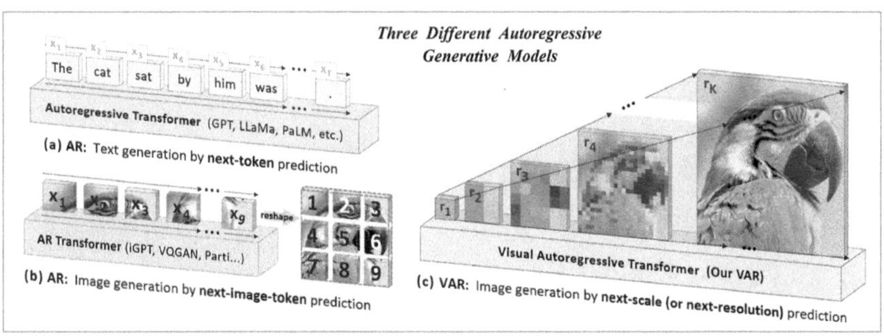

자기회귀모델https://www.unite.ai/visual-autoregressive-modeling-scalable-image-generation

I 자기회귀모델 가상 예제: "부동산의 면적을 생성하고, 이 생성된 면적 값을 기반으로 방 개수를 생성하며, 마지막으로 생성된 면적과 방 개수 값을 모두 기반으로 지하철 거리를 생성"

1) 가상수치 예제:

- 부동산 특성을 순서대로 생성한다고 가정: (면적)→(방 개수)→(지하철 거리)
- 생성 과정 예시:
  - ㅁ 1단계: 면적 생성 (이전 정보 없음)→면적: 110 m² 생성
  - ㅁ 2단계: 방 개수 생성 (생성된 면적: 110 m² 고려)→방 개수: 4개 생성
  - ㅁ 3단계: 지하철 거리 생성 (생성된 면적: 110 m², 방 개수: 4개 고려)→지하철 거리: 8분 생성
- 생성 결과 예시: (면적: 110 m², 방 개수: 4개, 지하철 거리: 8분)

2) 풀이:

자기회귀 모델은 데이터의 각 요소를 순차적으로 생성한다. 이때, 이전에 생성된 요소들을 조건으로 사용하여 다음 요소를 예측하고 생성하는 방식이다. 부동산 데이터 예시에서는 먼저 면적을 생성하고, 이 생성된 면적 값을 기반으로 방 개수를 생성하며, 마지막으로 생성된 면적과 방 개수 값을 모두 기반으로 지하철 거리를 생성한다. 각 단계의 생성은 이전 단계까지 생성된 데이터에 대한 확률 분포를 모델링하여 이루어진다.

3) 해설:

자기회귀 모델은 데이터의 순차적 의존성을 모델링하는 데 적합하다. 부동산 데이터의 경우, 면적이 크면 방 개수도 많을 가능성이 높고, 면적과 방 개수를 고려할 때 지하철 거리의 적절한 범위가 달라질 수 있다는 순차적인 관계가 있을 수 있다.

자기회귀 모델은 이러한 관계를 학습하여 순서대로 일관성 있는 데이터를 생성한다. 그러나 각 요소를 하나씩 순차적으로 생성해야 하므로, 전체 데이터 셋을 빠르게 생성하는 데는 속도가 느리다는 단점이 있다.

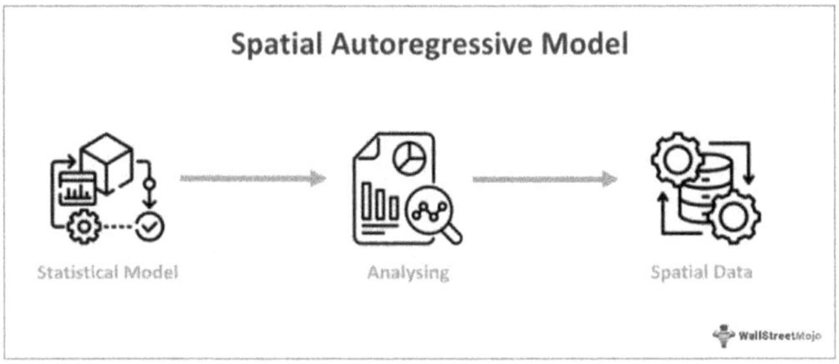

https://www.wallstreetmojo.com/spatial-autoregressive-model/

Ⅱ 자기회귀모델 가상 예제: "부동산 매물 설명 텍스트 자동 생성"

부동산 웹사이트나 광고에 사용될 매물 설명을 작성하는 작업은 시간과 노력이 많이 소요된다. 각 매물의 특징을 파악하고 매력적인 문구로 구성해야 하기 때문이다. 자기회귀 모델은 이러한 매물 설명 텍스트를 자동으로 생성하는 데 활용될 수 있다.

1) 모델 학습:

- 먼저, 수백만 건(가상 수치: 2백만 건)에 달하는 기존 부동산 매물 설명 텍스트 데이터셋을 수집한다. 이 데이터셋에는 아파트, 주택, 상가 등 다양한 유형의 매물 설명 텍스트가 포함된다. 총 단어 또는 토큰(token) 수는 수십억 개(가상 수치: 10억 토큰)에 달할 수 있다.
- 이러한 대규모 텍스트 데이터셋을 사용하여 자기회귀 모델(예: Transformer 기반의 대규모 언어 모델)을 학습시킨다. 모델은 주어진 텍스트 시퀀스(sequence) 다음에 어떤 단어 또는 토큰이 올 확률이 높은지를 학습한다. 즉,

문장의 시작부터 끝까지 순서대로 다음 올 내용을 예측하는 방법을 익힌다. 이 모델은 수십억 개(가상 수치: 30억 개)의 파라미터를 가질 수 있다.

2) 텍스트 생성:

- 새로운 매물에 대한 설명을 생성하고자 할 때, 모델에 기본적인 정보(예: 매물 유형: 아파트, 위치: 강남구 역삼동, 면적: 85m², 특징: 신축, 한강 조망, 역세권 등)를 텍스트 형태의 '프롬프트(prompt)'로 제공한다. 예를 들어, "이 아파트는 서울 강남구 역삼동에 위치하며..." 와 같은 시작 문구와 특징 정보를 입력으로 사용할 수 있다.
- 자기회귀 모델은 입력된 프롬프트에 이어질 가장 가능성이 높은 다음 단어(또는 토큰)의 확률 분포를 계산한다. 그리고 이 확률 분포에 기반하여 하나의 단어를 선택한다. 이 선택된 단어는 생성 중인 텍스트 시퀀스에 추가된다.
- 이제 모델은 새로 추가된 단어를 포함한 전체 시퀀스를 다시 입력으로 사용하여 그 다음 단어의 확률 분포를 예측하고 선택하는 과정을 반복한다. 이 과정은 매물 설명의 끝을 나타내는 특정 토큰이 생성되거나, 설정된 최대 길이(가상 수치: 500 토큰)에 도달할 때까지 순차적으로 진행된다.
- 단어를 선택할 때, 단순히 확률이 가장 높은 단어만 선택하면 반복적이고 부자연스러운 문장이 생성될 수 있으므로, Top-k 샘플링(확률이 높은 상위 50개 단어 중에서 선택) 또는 Top-p 샘플링(누적 확률이 특정 임계값(가상 수치: 0.9)을 넘는 최소한의 단어 집합에서 선택)과 같은 기법이 사용되어 다양하고 유창한 텍스트 생성이 유도된다.

3) 결과 활용:

- 이 과정을 통해 매물의 특징을 반영하고 문법적으로 올바르며 자연스러운 흐름을 갖는 매물 설명 텍스트가 자동으로 생성된다. 생성 속도는 매물 한 건당 수 밀리 초(ms) 이내(가상 수치: 100ms)로 매우 빠르다.

• 생성된 텍스트는 부동산 중개인의 검토 및 수정을 거쳐 온라인 매물 정보, 광고 문구 등으로 즉시 활용될 수 있다.

1.6 확산 모델 (Diffusion Models)

1) 확산 모델(Diffusion Models)은 최근 이미지 생성 분야에서 뛰어난 성능을 보여주며 주목받고 있으며, 특히 고품질 및 다양성을 요구하는 시각 자료 생성에 강점을 가진다.

AI 기반 부동산 분야에서 확산 모델(Diffusion Models)은 최근 이미지 생성 분야에서 뛰어난 성능을 보여주며 주목받고 있으며, 특히 고품질 및 다양성을 요구하는 시각 자료 생성에 강점을 가진다.

2) 이미지 품질 면에서 최고 수준의 결과를 만들어 낸다는 확산모델의 특성은 부동산 개발 및 마케팅 분야에서 요구되는 초고품질 시각 자료 제작에 효과적으로 적용된다.

확산 모델은 GAN 대비 학습 안정성이 뛰어나고 생성 결과물의 다양성이 우수하며 특히 이미지 품질 면에서 최고 수준의 결과를 만들어낸다는 장점을 가진다. 다만, 이미지를 생성하기 위해 여러 단계를 거쳐야 하므로 샘플링(생성) 속도가 GAN에 비해 느릴 수 있다는 단점이 있다. 이러한 특성은 부동산 개발 및 마케팅 분야에서 요구되는 초고품질 시각 자료 제작에 효과적으로 적용된다.

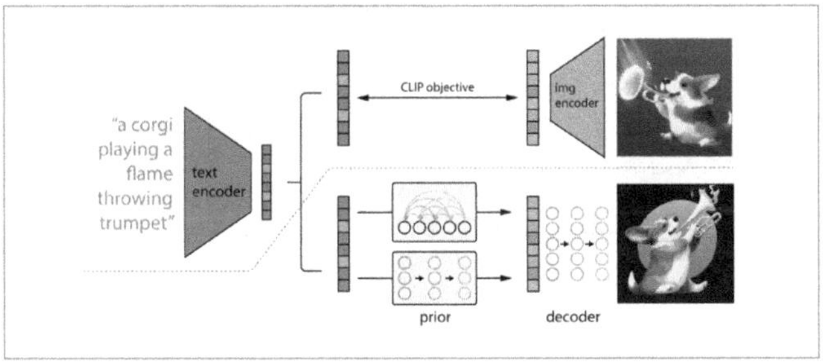

https://contenteratechspace.com/diffusion-models-in-machine-learning

I 확산모델 가상 예제: "단계별로 노이즈를 제거해 나가면서 실제 (면적: 70 m², 방 개수: 2개, 지하철 거리: 15분) 부동산과 같은 부동산 데이터를 생성"

1) 가상수치 예제:

단계별로 노이즈를 제거해 나가면서 실제와 같은 부동산 데이터를 생성하게 된다.

- **생성 시작:** 완전히 무 작위적인 노이즈 상태의 가상 부동산 데이터 (예: 면적: 아주 큰 노이즈, 방 개수: 음수 또는 아주 큰 노이즈, 지하철 거리: 아주 큰 노이즈)
- **역방향 과정 (노이즈 제거 단계) 반복:** 학습된 모델이 노이즈가 많은 상태에서 점진적으로 노이즈를 제거하며 실제 데이터와 유사한 형태로 복원.
- **중간 단계 예시:** (면적: 노이즈 줄어듦, 방 개수: 0에 가까워짐, 지하철 거리: 노이즈 줄어듦)
- **최종 단계 예시:** (면적: 70 m², 방 개수: 2개, 지하철 거리: 15분) - 노이즈가 제거되어 실제 부동산 데이터와 유사해짐

https://www.rcast.co.kr/news/articleView.html?

2) 풀이:

확산 모델은 크게 두 과정으로 구성된다. 순방향 과정에서는 실제 데이터에 점진적으로 노이즈를 추가하여 최종적으로는 완전히 노이즈만 남은 상태로 만든다. 역방향 과정에서는 이 노이즈 상태에서 시작하여 학습된 모델을 사용하여 노이즈를 점진적으로 제거하며 원래 데이터의 형태로 복원한다. 새로운 데이터 생성은 이 역방향 과정을 통해 이루어지며, 무작위 노이즈에서 시작하여 단계별로 노이즈를 제거해 나가면서 실제와 같은 부동산 데이터를 생성하게 된다.

3) 해설:

확산 모델은 데이터를 노이즈로 만들고 다시 노이즈에서 데이터를 복원하는 과정을 학습한다. 이 과정에서 데이터의 복잡한 분포를 효과적으로 포착하며, 고품질의 다양성 있는 데이터를 생성하는 데 뛰어난 성능을 보여준다.

도시 부동산 데이터 생성 예시에서는 완전히 무작위적인 수치(노이즈)에서 시작하여, 모델이 학습한 부동산 데이터의 특성 분포에 맞춰 노이즈를 점진적으로 제거하며 최종적으로 실제 있을 법한 면적, 방 개수, 지하철 거리 값을 갖는 가상 부동산 데이터를 만들어낸다. 여러 단계를 거쳐야 하므로 생성 속도가 느릴 수 있다는 특징을 갖는다.

Ⅱ 확산모델 가상 예제: "다양한 건축 스타일과 환경(도심, 자연, 해변 등)에서 건물의 초고품질 건축 투시도 생성"

새로 건설될 아파트 단지나 상업용 건물의 분양/홍보를 위해서는 완공 후 모습을 보여주는 사실적인 건축 투시도(Rendering)가 필수적이다. 기존에는 고도의 3D 모델링 및 렌더링 작업에 많은 시간과 비용이 소요되었다. 확산 모델은 설계 단계의 도면이나 스케치, 간단한 3D 모델 정보만을 활용하여 사실적인 건축 투시도를 생성하는 데 활용될 수 있다.

https://aecmag.com/visualisation/ai-diffusion-models-a-guide-for-aec-professionals/

1) 데이터셋 구축 및 모델 학습:

- 다양한 건축 스타일과 환경(도심, 자연, 해변 등)에서 촬영되거나 렌더링된 대규모의 고품질 건물 이미지 데이터셋을 구축한다. 이와 함께, 해당 이미지에 대응하는 간략화된 정보(예: 건축 도면 이미지, 간단한 3D 와이어프레임 모델, 건축 스타일/재료 등에 대한 텍스트 설명 등) 쌍으로 구성된다. 가상 수치로 이러한 이미지 쌍 데이터셋은 200,000건 이상이 사용되며, 각 투시도 이미지의 해상도는 고품질 생성을 위해 1024x1024 픽셀 또는 그 이상(예: 2048x2048 픽셀)이 될 수 있다.
- 확산 모델은 두 과정으로 학습된다. 첫째, 순방향 확산 과정은 실제 고품질 투시도 이미지에 미리 정해진 단계(가상 수치: 1000 단계)에 걸쳐 점진적으로 노이즈(가우시안 노이즈)를 추가하여 최종적으로는 원본 이미지의 정보를 거의 상실한 순수한 노이즈 상태로 만드는 과정이다. 이 과정은 학습되지 않는다.
- 둘째, 역방향 복원 과정은 순방향 과정과 반대로, 노이즈 상태에서 시작하여 노이즈를 점진적으로 제거함으로써 원본 이미지를 복원하는 방법을 학습한다. 모델은 주로 딥러닝 신경망(예: U-Net 아키텍처)으로 구현되며, 주어진 노이즈 레벨의 이미지에서 '제거해야 할 노이즈'를 예측하는 방법을 학습

한다. 이 신경망은 가상 수치로 수억 개의 파라미터(예: 800만 개)를 가질 수 있다. 학습 시 입력되는 간략화된 건축 정보는 조건으로 함께 제공되어, 특정 설계에 맞는 이미지 복원이 이루어지도록 유도된다.

2) 건축 투시도 생성:

- 학습이 완료된 후, 새로운 건축 프로젝트의 건축 도면, 3D 모델 또는 특징 설명과 같은 간략 화된 정보가 모델에 입력된다.
- 생성 과정은 임의의 순수한 노이즈 이미지(예: 평균 0, 분산 1인 가우시안 분포에서 샘플링 된 픽셀 값으로 이루어진 이미지)에서 시작된다.
- 모델은 학습된 역방향 과정을 사용하여 이 노이즈 이미지에 대한 노이즈 제거를 여러 단계(가상 수치: 500 단계)에 걸쳐 반복한다. 각 단계마다 현재 이미지에서 제거해야 할 노이즈를 예측하고 이를 적용하여 이미지를 조금씩 선명하게 만들어 간다. 이 과정에서 입력된 건축 정보가 계속 조건으로 주어져 생성 방향을 제어한다.

3) 결과 활용:

- 수백 단계의 노이즈 제거 과정이 완료되면, 입력된 건축 정보에 부합하는 매우 사실적이고 디테일한 건축 투시도 이미지가 생성된다. 가상 수치로, 1024x1024 해상도의 투시도 이미지 한 장을 생성하는 데 소요되는 시간은 가상 수치로 수 초(예: 5초) 정도이다.
- 생성된 투시도는 다양한 시점, 재료 표현, 주변 환경과의 조화 등을 사실적으로 보여주며, 분양 광고, 사업 계획서, 웹사이트 콘텐츠 등으로 활용된다.

[용어 설명] 확산 모델(Diffusion Models)에서 '노이즈(Noise)'

확산 모델(Diffusion Models)에서 '노이즈(Noise)'는 데이터 생성 과정의 핵심적인 요소이며, 다음과 같은 두 가지 상반된 의미로 사용된다고 이해할 수 있다.

1. 순방향 과정 (Forward Process)에서의 노이즈:

- 이 과정은 원본 데이터(예: 깨끗한 이미지)에 점진적으로 추가되는 무작위 적인 정보를 의미한다.
- 마치 깨끗한 사진에 조금씩 하얀 점(TV 화면의 '지직거림' 같은)을 늘려가는 것과 같다.
- 이 과정은 미리 정의된 수학 공식(대개 가우시안 노이즈 추가)에 따라 진행되며 학습되는 부분이 아니다.
- 최종적으로 원본 데이터는 노이즈에 완전히 파묻혀 구분이 불가능한 순수한 노이즈 상태가 된다. 이 순수한 노이즈는 통계적으로 다루기 쉬운 형태(예: 표준 정규 분포)를 가진다.
- 여기서 노이즈는 데이터의 구조와 정보를 파괴하는 역할을 한다고 볼 수 있다.

2. 역방향 과정 (Reverse Process)에서의 노이즈:

- 이 과정은 순방향 과정과 반대로, 순수한 노이즈 상태에서 시작하여 점진적으로 제거되는 대상을 의미한다.
- 모델은 이 노이즈를 어떻게 제거해야 원본 데이터와 같은 유의미한 결과물(예: 새로운 이미지)이 복원되는지를 학습한다.
- 즉, 역방향 과정은 노이즈가 섞인 상태에서 시작하여 학습된 '노이즈 제거' 과정을 여러 번 반복하면서 데이터를 점차 선명하게 만들어 나간다.
- 여기서 노이즈는 새로운 데이터 생성의 출발점 또는 원료의 역할을 한다. 모델은 이 무작위적인 노이즈 덩어리로부터 원하는 형태의 데이터를 조형해 나간다.

요약하자면, 확산 모델에서 노이즈는 순방향 과정에서는 데이터를 무의미한 상태로 만들기 위해 추가되는 대상이지만, 역방향 과정(데이터 생성)에서는 모델이 학습을 통해 제거해야 할 대상이자 동시에 새로운 데이터 생성의 출발점이 되는 무작위 정보이다. 모델은 복잡한 데이터 분포를 직접 학습하는 대신, 데이터를 노이즈로 만들고 다시 노이즈에서 데이터를 복원하는 '노이즈 처리 과정'을 학습함으로써 고품질의 데이터를 생성하게 된다.

■ AI 기반 생성형 모델인 VAE, GAN, 자귀회귀, 확산모델 특징 별 도시 부동산 가상 수치 해설

모델 아키텍처	예제 수치 (가상)	핵심 작동 방식 (도시 부동산 예제 관점)
변이형 오토인코더 (VAE)	(면적: 95 m², 방 개수: 3.2개, 지하철 거리: 6분)	데이터를 저차원 잠재 공간에 압축하고, 잠재 공간에서 샘플링하여 디코딩하여 평균적/흐릿한 특성의 데이터 생성한다.
생성적 적대 신경망 (GANs)	(면적: 87 m², 방 개수: 3개, 지하철 거리: 5.8분)	생성자와 판별자의 경쟁 학습을 통해 실제 데이터와 매우 유사한 고품질의 가상 데이터 생성한다.
자기회귀 모델 (Autoregressive Models)	(면적: 110 m², 방 개수: 4개, 지하철 거리: 8분)	면적 → 방 개수 → 지하철 거리 순으로, 이전 생성 결과를 기반으로 다음 특성 값을 순차적으로 생성한다.
확산 모델 (Diffusion Models)	(면적: 70 m², 방 개수: 2개, 지하철 거리: 15분)	완전히 무작위 노이즈에서 시작하여 여러 단계에 걸쳐 노이즈를 제거하며 실제 데이터와 같은 형태로 복원한다.

2 자연어 처리 (NLP: Natural Language Processing) 와 예제

2.1 자연어 처리(NLP)란 무엇인가?

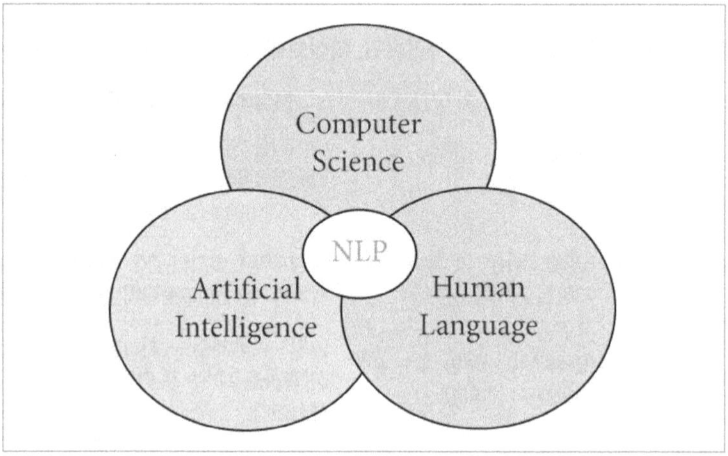

http://pratikshya.com.np/2012/12/25/natural-language-processing

자연어 처리(NLP)는 컴퓨터가 인간이 사용하는 언어(자연어)를 이해하고, 해석하며, 생성할 수 있도록 하는 AI의 한 분야이다. NLP 기술은 텍스트 데이터를 분석하고 활용하는 데 핵심적인 역할을 한다. 주요 NLP 기술에는 텍스트를 의미 있는 단위(단어, 형태소 등)로 나누는 토큰화(Tokenization), 단어나 문장을 수치 벡터로 변환하는 임베딩(Embedding), 문장의 구조를 분석하는 구문 분석(Syntactic Analysis), 문장의 의미를 파악하는 의미 분석(Semantic Analysis), 새로운 텍스트를 만들어내는 텍스트 생성(Text Generation), 언어 간 번역, 텍스트 요약, 텍스트의 감성을 분석하는 감성 분석(Sentiment Analysis), 사용자의 질문에 답하는 질의응답(Question Answering) 등이 포함된다.

부동산 분야에서 NLP 기술은 다양하게 응용될 수 있다. 예를 들어, 매물의 특징 정보를 입력하면 자동으로 매력적인 설명을 생성하거나, 고객의 문의사항에 24시간 응대하는 챗봇을 개발하고, 복잡한 임대차 계약서나 법률 문서를 분석하여 주요 내용을 요약하거나 위험 조항을 식별하는 데 활용될 수 있다. 또한, 뉴스 기사나 시장 보고서를 분석하여 시장 동향에 대한 인사이트를 도출하는 데에도 기여할 수 있다.

2.1.1 AI 부동산 분야에서의 자연어 처리(NLP)기술응용에 대한 가상 예제

AI 기반 부동산 분야에서 자연어처리(NLP) 기술은 인간의 언어를 컴퓨터가 이해하고 생성하는 능력을 활용하며, 특히 텍스트 생성과 관련된 부분에서 생성형 AI가 구현된다. NLP 기술을 활용한 생성형 AI는 이처럼 구조화된 데이터를 매력적인 비구조화 텍스트로 변환함으로써, 부동산 정보의 입력 및 가공에 소요되는 수작업을 대폭 줄이고, 일관성 있고 품질 높은 콘텐츠를 대규모로 생산하는 데 기여한다. 이는 중개인과 고객 모두에게 효율적인 정보 제공 환경을 조성하는 데 중요한 역할을 한다

자기회귀 모델과 같은 텍스트 생성 모델이 NLP의 한 응용 분야라고 볼 수 있다. 여기서는 넓은 의미의 NLP 기술을 활용하여 부동산 관련 텍스트를 생성하는 예시를 알기 쉬운 가상 수치를 적용하여 서술한다.

2.1.2 부동산 매물 설명 자동 생성

I NLP가상 예제: "구조화된 매물 데이터 기반 자동 매물 설명 생성"

부동산 중개업소나 온라인 플랫폼에서는 매물의 위치, 면적, 방/욕실 수, 특징, 가격 등 구조화된 형태로 데이터베이스에 저장된 정보를 관리한다. 이 구조화

된 데이터를 바탕으로 잠재 구매자가 흥미를 느낄 만한 자연스러운 문장의 매물 설명을 작성하는 작업은 NLP의 중요한 활용 분야가 된다.

1) 데이터셋 준비 및 모델 선택:

- 자동 매물 설명 생성 시스템 구축을 위해, 수십만 건(가상 수치: 500,000건)의 실제 부동산 매물 데이터셋을 준비한다. 각 데이터는 매물의 구조화된 정보(가상 수치: 20가지 이상의 필드 포함, 예: 주소, 가격, 평형, 방 개수, 주차 가능 여부, 주요 특징 등)와 해당 매물에 대해 사람이 작성한 매력적인 설명 텍스트 쌍으로 구성된다.
- 이러한 구조화된 정보를 자연어 텍스트로 변환하는 생성형 NLP 모델이 사용된다. 최신 기술로는 GPT 또는 BART와 같은 대규모 언어 모델(Large Language Models, LLMs)이 기반 모델로 활용되며, 이러한 모델은 인터넷상의 방대한 텍스트 데이터를 통해 언어의 문법, 문체, 다양한 표현 방식 등을 미리 학습한 상태이다 (가상 수치: 수십억 개의 파라미터).

2) 모델 파인튜닝(Fine-tuning):

- 미리 학습된 대규모 언어 모델을 준비된 부동산 매물 데이터셋을 사용하여 파인튜닝(Fine-tuning, 미세 조정)한다. 이 과정에서 모델은 일반적인 언어 능력에 더해 부동산 분야 특유의 용어, 표현 방식, 그리고 구조화된 매물 정보를 어떻게 자연스러운 설명 문구로 전환해야 하는지를 학습한다.
- 학습은 구조화된 매물 정보가 입력으로 주어졌을 때, 해당 매물의 실제 설명 텍스트와 유사한 문장을 생성하도록 모델의 파라미터를 조정하는 방식으로 이루어진다. 이 과정에서 모델은 "방이 3개이고 화장실이 2개인" 정보를 "쓰리룸 투바스 구조의 편안한 공간"과 같은 자연스러운 문구로 표현하는 방법을 익힌다. 모델이 다룰 수 있는 단어 또는 토큰의 어휘 집합(Vocabulary Size)은 가상 수치로 50,000 토큰 이상이 될 수 있다.

3) 매물 설명 생성:

- 파인튜닝된 모델을 사용하여 새로운 매물에 대한 설명을 생성한다. 해당 매물의 구조화된 정보(예: {"주소": "서울시 강남구", "면적": "112m²", "방수": 4, "욕실수": 2, "특징": ["남향", "고층", "넓은 거실"]})를 모델의 입력 형식에 맞게 가공하여 제공한다.
- 모델은 입력된 구조화된 정보를 바탕으로 텍스트를 순차적으로 생성하기 시작한다. 예를 들어, "서울시 강남구에 위치한..."으로 시작하여, 면적 정보("...112m²의 넓은 면적을 자랑하는..."), 방/욕실 수("...쾌적한 포룸 투바스 구조로..."), 특징 정보("...남향 배치와 고층의 장점을 갖춘 아파트입니다. 넓은 거실은...") 등을 순차적으로 자연스럽게 연결하며 문장을 완성한다.

4) 결과 활용:

- 생성된 매물 설명 텍스트는 사람처럼 자연스럽고 매물의 핵심 특징을 잘 담고 있다. 가상 수치로, 매물 한 건당 평균 150단어 (또는 300 토큰) 분량의 설명 텍스트가 생성될 수 있으며, 생성 소요 시간은 가상 수치로 수십 밀리초(예: 50ms) 이내로 매우 빠르다.
- 이 텍스트는 부동산 플랫폼의 매물 상세 페이지, 중개업소의 내부 시스템, 광고 문구 초안 등으로 즉시 활용된다.

Neuro-Symbolic AI: Thinking in Pieces | David Cain, Linkedin

2.1.3 NLP가상 예제: 고객문의 챗봇(Chatbot) 응대

AI 기반 부동산 분야에서 고객 문의 챗봇은 자연어처리(NLP) 기술을 기반으로 사용자의 질문을 이해하고 응답하는 역할을 수행한다. 여기서 생성형 AI는 단순히 미리 준비된 답변을 제공하는 것을 넘어, 사용자의 질의와 특정 부동산 매물 정보를 바탕으로 새로운 문장을 동적으로 생성하여 보다 자연스럽고 맥락에 맞는 응대를 가능하게 한다.

https://www.matellio.com/blog/how-to-develop-a-custom-ai-chatbot-for-real-estate-business

I 가상 예제: 고객이 "이 아파트 관리비가 얼마인가요?"라고 챗봇에게 질문한다

1) 가상수치 예제:

고객이 "이 아파트 관리비가 얼마인가요?"라고 챗봇에게 질문한다. NLP 기반 챗봇이 해당 정보를 찾아 응답하는 데 걸리는 시간은 인간 상담원이 동일한 질문에 응대하는 평균 시간의 몇 퍼센트 수준인가? (인간 상담원 평균 응답 시간: 180초)

2) 풀이:

NLP 기반 챗봇은 고객의 질문 의도와 해당 매물 정보를 파악한 후 데이터베이스에서 관리비 정보를 즉시 조회한다. 이 과정은 평균 5초가 소요된다. 이는 인간 상담원 평균 응답 시간(180초)의 약 2.78%에 해당한다 (5/ 180 * 100 ≈ 2.78).

3) 해설:

챗봇은 NLP를 통해 고객의 자연어 질문을 이해하고 필요한 정보(여기서는 관리비)를 식별한다. 시스템은 식별된 정보를 기반으로 데이터베이스를 검색하여 응답을 생성한다. 이 예제는 챗봇이 인간 상담원에 비해 훨씬 빠른 속도로 정확한 정보를 제공할 수 있음을 수치적으로 보여주며, 이는 고객 만족도 향상 및 운영 효율성 증대로 이어진다.

Ⅱ 가상 예제: "매물 정보 기반 질의응답 챗봇(Chatbot)"

부동산 웹사이트나 앱을 방문한 고객은 특정 매물에 대해 가격, 관리비, 주차, 층수, 입주 가능일 등 다양한 궁금증을 가질 수 있다. 이러한 반복적인 문의에 대해 생성형 AI 기반 챗봇이 실시간으로 응대하는 시스템이 구현된다.

1) 모델 구성 및 학습:

- 챗봇 시스템은 크게 사용자의 질문 의도를 파악하고 필요한 정보(예: 매물 ID, 질문 내용)를 추출하는 자연어 이해(Natural Language Understanding, NLU) 모듈과, 추출된 정보 및 매물 데이터를 바탕으로 답변 텍스트를 생성하는 자연어 생성(Natural Language Generation, NLG) 모듈로 구성된다. 생성형 AI는 주로 NLG 모듈에 활용된다.
- 생성형 AI 모델로는 대규모 언어 모델(LLM)이 기반으로 사용되며, 이 모델은 인터넷 상의 방대한 텍스트를 통해 일반적인 대화 패턴과 지식을 학습한 상태이다. 이 모델은 가상 수치로 수백억 개 (예: 100억 개)의 파라미터를 가질 수 있다.
- 이 기반 모델은 부동산 도메인에 특화된 질의응답 쌍 데이터와 다양한 매

물 정보-설명 텍스트 쌍을 활용하여 파인튜닝(Fine-tuning)된다. 가상 수치로 100,000개 이상의 부동산 관련 질의응답 데이터와 수십만 건의 매물 데이터를 학습에 사용된다. 이를 통해 모델은 부동산 관련 용어, 질문 유형(가상 수치: 50가지 이상 유형 이해), 그리고 구조화된 매물 데이터(예: {"층수": "15층 중 8층"})를 자연어 답변("15층 건물 중 8층에 위치합니다.")으로 전환하는 방법을 학습한다.

2) 고객 문의 응대 과정:

- 고객이 특정 매물 페이지에서 챗봇에게 "이 아파트 몇 층인가요?" 또는 "주차 몇 대 되나요?"와 같이 자연어로 질문을 입력한다.
- 챗봇 시스템의 NLU 모듈은 이 질문을 분석하여 고객의 의도가 '층수 문의' 또는 '주차 가능 대수 문의'임을 파악하고, 문의 대상이 현재 보고 있는 '이 아파트'임을 식별한다.
- 시스템은 식별된 매물의 고유 ID를 사용하여 내부 데이터베이스에서 해당 매물의 구조화된 정보(예: 층수, 주차 대수 등)를 조회한다.
- 생성형 AI 모델(NLG 모듈)은 고객의 원래 질문 의도, 추출된 매물 데이터(예: 층수: 15층 중 8층), 그리고 대화의 맥락을 입력으로 받아 답변 텍스트를 생성한다. 모델은 단순히 데이터 값을 출력하는 대신, "고객님, 문의하신 이 아파트는 총 15층 건물 중 8층에 위치하고 있습니다." 와 같이 완전하고 자연스러운 문장을 생성한다. 주차 문의의 경우, "이 매물은 세대당 가상 수치로 1.2대 주차가 가능합니다." 와 같이 실제 데이터 값을 포함한 응답을 생성한다.
- 생성된 답변 텍스트는 고객에게 전달된다.

3) 결과 및 효과:

- 생성형 AI 기반 챗봇은 고객의 다양한 질문에 대해 사전에 완벽히 정의되지 않은 질문이라도 맥락에 맞는 답변을 생성할 수 있어 응대 범위가 넓어진다.

- 응답 생성 속도는 매우 빨라, 가상 수치로 고객 질문 입력 후 답변이 표시되기까지 평균 300밀리초(ms) 이내에 이루어진다.
- 매물 데이터 기반 사실 확인 질문에 대한 답변 정확도는 학습 수준에 따라 가상 수치로 95% 이상에 달할 수 있다.
- 이를 통해 중개인의 반복적인 문의 응대 부담이 줄어들고, 고객은 24시간 언제든지 즉각적인 정보 접근이 가능해져 서비스 만족도가 향상된다.

2.1.4 NLP 기반 계약서 및 법률문서 분석

AI 기반 부동산 분야에서 자연어처리(NLP) 기술은 계약서나 법률 문서와 같이 복잡하고 전문적인 텍스트를 분석하고 그 내용을 이해하는 데 필수적으로 활용된다. 특히 생성형 AI는 이러한 분석 결과를 바탕으로 사람이 이해하기 쉬운 형태로 정보를 요약하거나 재구성하여 생성하는 데 중요한 역할을 수행한다.

I NLP가상 예제: 15페이지 분량의 표준 주택 임대차 계약서를 NLP 기반 문서 분석 시스템으로 검토한다.

1) 가상수치 예제:

15페이지 분량의 표준 주택 임대차 계약서를 NLP 기반 문서 분석 시스템으로 검토한다. 시스템이 임차인에게 잠재적으로 불리할 수 있는 '위험 조항'을 모두 식별하고 요약 보고서를 생성하는 데 소요되는 시간은 얼마인가? (숙련된 법률 전문가 수동 검토 평균 시간: 90분)

2) 풀이:

NLP 기반 문서 분석 시스템은 계약서 텍스트를 파싱하고, 사전 정의된 패턴 및 규칙(예: '~의 비용은 임차인이 부담한다', '사전 통보 없이', '즉시 해지될 수 있다' 등)과 비교 분석하여 위험 조항을 식별한다. 이 과정과 요약 보고서 생성에 총 4분이 소요된다.

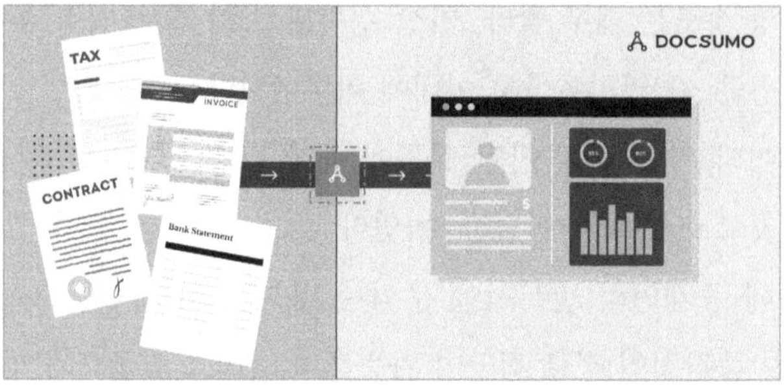

https://www.docsumo.com/blogs/intelligent-document-processing/commercial-real-estate-industry

3) 해설:

NLP는 복잡하고 비정형적인 법률 문서의 텍스트를 구조화하고 분석하는 데 사용된다. 시스템은 특정 키워드, 구문 패턴, 문맥 등을 인식하여 계약서 내의 중요한 내용이나 잠재적 위험 요소를 자동으로 식별한다. 이 예제는 NLP 시스템이 방대한 분량의 문서를 매우 짧은 시간 안에 정확하게 검토함으로써, 법률 전문가의 작업 시간을 획기적으로 단축하고 오류 가능성을 줄이는 데 기여함을 보여준다.

Ⅱ NLP가상 예제: "임대차 계약서 자동 분석 및 핵심 내용 요약 및 추출"

부동산 임대차 계약서는 법률 용어로 가득 차 있어 임차인이나 임대인이 계약 내용을 완전히 이해하기 어렵다. 중요한 조항을 놓치거나 잘못 해석할 위험이 존재한다. 생성형 AI 기반 NLP 분석 시스템은 이러한 계약서를 자동으로 분석하고 핵심 내용을 알기 쉽게 요약 및 추출하여 제공하는 데 활용된다.

1) 시스템 구성 및 학습:

- 시스템은 계약서 텍스트를 입력받아 분석하는 NLP 분석 모듈과, 분석 결과를 바탕으로 요약문이나 핵심 조항 설명을 생성하는 생성형 AI 모듈로 구성된다.

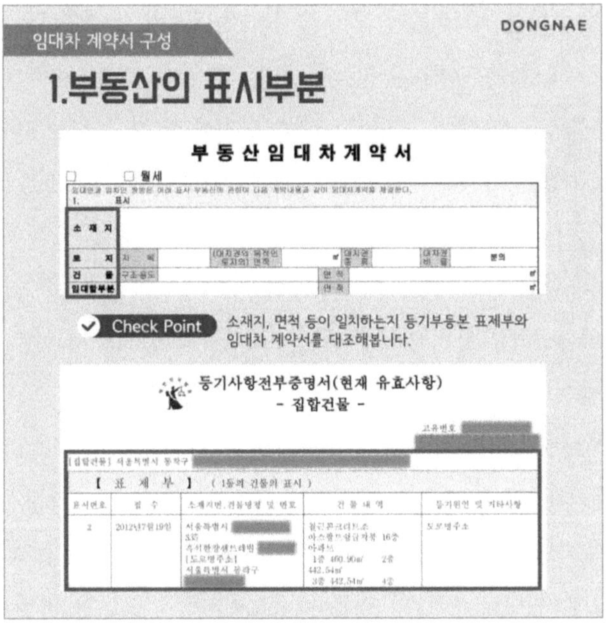

- NLP 분석 모듈은 문장 분리, 단어/구문 인식, 개체명 인식(예: 날짜, 금액, 당사자 이름), 관계 추출(예: '임대료'와 '금액' 간의 관계), 핵심 주제 분류(예: 해당 문단이 '임대 기간', '임대료 지급', '수선 의무' 등 어떤 내용인지) 등의 기능을 수행하도록 학습된다.
- 생성형 AI 모듈(주로 대규모 언어 모델, LLM 기반)은 법률 문서 분석 결과를 바탕으로 자연어 텍스트를 생성하는 역할을 한다. 이 모델은 가상 수치로 수백억 개 (예: 500억 개)의 파라미터를 가지며, 일반적인 언어 능력과 더불어 수천 건 (가상 수치: 10,000건) 이상의 실제 부동산 계약서와 해당 계약서에 대한 전문가의 요약 또는 핵심 조항 설명 쌍 데이터로 파인튜닝(Fine-tuning)된다.

2) 계약서 분석 및 정보 생성 과정:

- 스캔 된 임대차 계약서 이미지 파일이 입력되면, 먼저 OCR(광학 문자 인식) 기술을 통해 편집 가능한 텍스트로 변환된다.

• 변환된 텍스트는 NLP 분석 모듈로 전달된다. 이 모듈은 텍스트를 분석하여 계약 기간 조항, 임대료 및 지급일 조항, 보증금 조항, 계약 해지 관련 조항, 수선 및 유지보수 책임 조항 등 가상 수치로 미리 정의된 15가지 이상의 핵심 조항 유형을 식별한다. 또한, 각 조항에서 필요한 구체적인 정보(예: 임대 기간 시작일/종료일, 월 임대료 금액, 보증금 금액, 납부일 등)를 추출한다. 이 정보 추출 과정의 정확도는 가상 수치로 98% 이상에 달할 수 있다.
• 생성형 AI 모듈은 NLP 분석 모듈이 식별한 핵심 조항들과 추출된 정보를 입력으로 받는다.
• 생성형 AI는 이러한 정보를 바탕으로 두 가지 유형의 텍스트를 생성한다. 첫째, 계약서 전체 내용을 간결하게 요약한 텍스트를 생성한다 (예: 10페이지 분량의 계약서를 1페이지 이내의 핵심 요약문으로 생성). 둘째, 식별된 각 핵심 조항(예: 임대료 조항)의 원문 내용과 추출된 정보를 바탕으로 법률 용어 대신 쉽고 명확한 일상 언어로 풀어쓴 설명 텍스트를 생성한다. 예를 들어, "본 계약의 임대차 기간은 제2조에 따라 2025년 5월 1일부터 2027년 4월 30일까지 2년간으로 한다."는 원문을 보고 "이 계약의 임대 기간은 2025년 5월 1일부터 2027년 4월 30일까지 총 2년입니다." 와 같이 이해하기 쉽게 생성한다. 위험 조항(예: 임대료 인상 상한이 명시되지 않은 경우)이 발견될 경우, 이에 대한 경고 문구도 생성될 수 있다.

3) 결과 및 효과:

• 시스템은 계약서 원본과 함께 핵심 내용 요약문, 주요 조항에 대한 쉬운 설명 목록, 그리고 주의해야 할 사항에 대한 경고를 사용자 인터페이스를 통해 제공한다.
• 계약서 분석부터 요약/설명 생성까지의 전체 과정은 매우 빠르게 이루어지며, 가상 수치로 10페이지 분량의 계약서 처리에 평균 30초 이내의 시간이 소요된다.

- 이는 계약 당사자들이 복잡한 법률 문서를 빠르고 정확하게 이해하도록 돕고, 중개인이나 법률 전문가의 문서 설명 업무 부담을 경감시킨다. 또한, 잠재적인 계약상 위험을 자동으로 식별하는 데 기여하여 계약 과정의 투명성과 안정성을 높인다.

생성형 AI가 결합된 NLP 기반 문서 분석 기술은 부동산 계약 업무의 효율성을 향상시키고, 일반 사용자의 정보 접근성을 높이는 데 중요한 혁신을 가져온다.

■ **AI 부동산 분야 NLP 응용 매물 설명 자동 생성, 고객 문의 챗봇 응대, 계약서 및 법률 문서 분석 특징 가상 수치 예제 요약**

응용 분야	가상 수치 예제 (문제)	풀이 (결과)	해설
매물 설명 자동 생성	원문 정보에서 식별하는 핵심 특징 개수는 몇 개인가?	매력적인 핵심 특징 3개를 식별한다.	텍스트 분석으로 판매 포인트 추출의 효율성을 수치화 한다.
고객 문의 챗봇 응대	인간 상담원 대비 응답 시간은 몇 퍼센트 수준인가?	인간 상담원 평균 시간의 약 2.78% 수준인 5초가 소요된다.	자연어 이해 기반 빠른 정보 제공으로 고객 만족도 및 운영 효율성 향상을 보여준다.
계약서 및 법률 문서 분석	15페이지 계약서 위험 조항 식별 및 요약 보고서 생성 시간은?	숙련된 법률 전문가 90분 대비 4분이 소요된다.	법률 문서 분석 자동화로 검토 시간 단축 및 오류 감소에 기여함을 보여준다.

3 컴퓨터 비전(CV: Computer Vision)과 예제

3.1 컴퓨터 비전(CV: Computer Vision)이란 무엇이고, 어떤 기술이 있나?

1) 컴퓨터 비전(CV)은 컴퓨터가 인간의 시각 시스템처럼 이미지를 '보고' 이해하며, 그 안의 정보를 해석하고 처리할 수 있도록 하는 AI 분야이다.

컴퓨터 비전(CV)은 컴퓨터가 인간의 시각 시스템처럼 이미지를 '보고' 이해하며, 그 안의 정보를 해석하고 처리할 수 있도록 하는 AI 분야이다. 주요 CV 기술에는 이미지에 포함된 객체가 무엇인지 분류하는 이미지 분류(Image Classification), 이미지 내 특정 객체의 위치와 종류를 식별하는 객체 탐지(Object Detection), 이미지의 각 픽셀이 어떤 객체에 속하는지 구분하는 이미지 분할(Image Segmentation), 새로운 이미지를 생성하는 이미지 생성(Image Generation), 2D 이미지로부터 3D 구조를 복원하는 3D 재구성(3D Reconstruction) 등이 있다.

2) 부동산 사진을 분석하여 건물의 상태를 평가하거나 내부 특징을 자동으로 추출하여 가치 평가 모델의 입력 데이터로 활용할 수 있다

부동산 분야에서 CV 기술의 응용 가능성은 매우 크다. 예를 들어, 부동산 사진을 분석하여 건물의 상태를 평가하거나 내부 특징을 자동으로 추출하여 가치 평가 모델의 입력 데이터로 활용할 수 있다.

3) 빈 집 사진에 가구를 배치하는 가상 스테이징(Virtual Staging), 이미지나 동영상을 이용하여 몰입감 있는 가상 투어(Virtual Tour)를 생성한다.

빈 집 사진에 가구를 배치하는 가상 스테이징(Virtual Staging), 360도 이미지나 동영상을 이용하여 몰입감 있는 가상 투어(Virtual Tour)를 생성하는 데 핵심적인 역할을 한다.

건축 설계 단계에서는 텍스트 설명이나 스케치를 기반으로 사실적인 3D 렌더링 이미지를 생성하여 시각화할 수 있으며, 드론으로 촬영한 항공 이미지를 분석하여 부지의 상태나 주변 환경을 파악하는 데에도 활용된다.

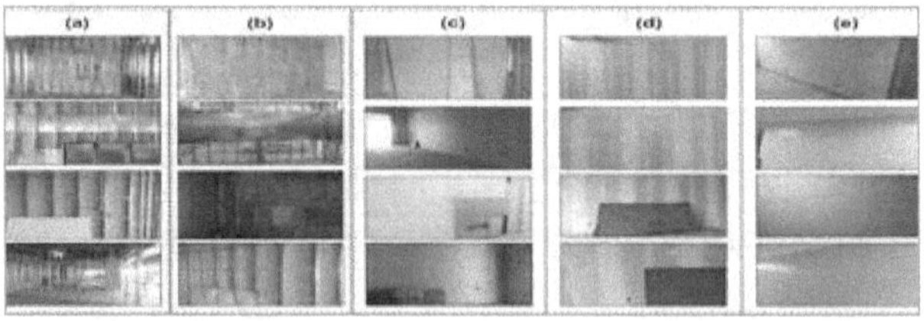

Automated computer vision-based detection of components of under-construction indoor partitions
https://www.sciencedirect.com/science/article

3.2 AI 기반 부동산 분야에서의 컴퓨터 비전 기술 별 특징

AI 기반 부동산 분야에서 컴퓨터 비전 기술은 매물 이미지 분석, 가상 경험 제공, 공간 정보 추출 등 다양한 시각 데이터 관련 문제를 해결하는 데 적용된다. 이미지 생성 기술의 경우, 앞서 논의된 생성형 AI 모델(GAN, VAE, 확산 모델 등)이 CV 영역에서 이미지를 생성하는 기술로 구현된다. 이러한 컴퓨터 비전 기술들은 AI 기반 부동산 서비스의 시각적 분석 및 표현 능력을 강화하며, 매물 정보 제공 방식, 고객 경험, 공간 분석 등 다양한 측면에서 혁신을 가져오고 있다.

■ **AI 기반 부동산 분야에서의 컴퓨터 비전(CV) 기술 별 목표, 기술, 역할, 장단점, 활용 예시**

분류	컴퓨터 비전 기술 명칭	목표	기술	역할	장단점	AI 기반 부동산 활용 예시
인식 및 분석	이미지 분류 (Image Classification)	이미지에 포함된 주요 객체나 장면의 종류를 미리 정의된 카테고리로 식별하는 것을 목표로 한다.	주로 CNN (Convolutional Neural Networks)을 사용하여 이미지의 특징을 학습하고, 이를 바탕으로 이미지를 '주택', '아파트', '상가', '거실', '주방' 등과 같은 단일 카테고리로 분류한다.	이미지 콘텐츠의 고수준 카테고리를 파악하는 데 사용된다.	비교적 기술 성숙도가 높고 명확한 카테고리에 대해 높은 정확도를 보인다. 단일 라벨만 제공하므로 이미지 내 객체의 위치나 개별 특성은 파악할 수 없다는 한계가 있다.	부동산 매물 이미지(내/외부)의 종류(아파트, 주택, 상가 등), 공간 종류(거실, 주방, 침실 등), 건축 양식 등을 자동으로 분류하는 데 활용된다.

인식 및 분석	객체 탐지 (Object Detection)	이미지 내 특정 객체의 위치(바운딩 박스)와 종류를 동시에 식별하는 것을 목표로 한다.	CNN 기반 기술(R-CNN, YOLO, SSD 등)과 객체 위치(Bounding Box) 예측 기법을 결합하여 사용한다. 이미지 스캔 후 각 객체를 사각형 영역으로 표시하고 해당 객체의 종류를 분류한다.	이미지 내 특정 대상의 존재 유무, 정확한 위치 및 개수를 파악하는 데 사용된다.	객체의 위치 정보를 제공하여 다양한 응용이 가능하다는 장점을 가진다. 객체의 크기, 가려짐, 조명 등에 따라 성능 편차가 발생하며, 작거나 밀집된 객체 탐지에 어려움이 있을 수 있다는 단점이 있다.	매물 이미지에서 가구(침대, 소파, 식탁), 가전제품(냉장고, 오븐), 건축 요소(창문, 문), 실내 소품 등을 탐지하여 자동으로 목록화하거나 가상 스테이징의 기반 정보로 활용하는 데 사용된다.
인식 및 분석	이미지 분할 (Image Segmentation)	이미지의 각 픽셀이 어떤 객체 또는 영역에 속하는지 정밀하게 구분하는 것을 목표로 한다.	주로 U-Net, Mask R-CNN 등 픽셀 단위 예측이 가능한 CNN 기반 구조를 사용한다. 의미론적 분할(Semantic Segmentation)은 픽셀의 클래스를, 인스턴스 분할(Instance Segmentation)은 개별 객체 인스턴스를 구분한다.	이미지의 상세한 구조와 각 구성 요소의 정확한 경계를 파악하는 데 사용된다.	픽셀 수준의 정밀한 정보를 제공한다는 장점을 가진다. 학습을 위한 픽셀 단위 주석 데이터 구축 비용이 높고, 계산량이 많다는 단점이 있다.	매물 이미지에서 벽, 바닥, 천장, 창문 등 건축 요소와 가구, 소품 등을 픽셀 단위로 분리하여 가상 리모델링/스테이징의 기반 작업을 자동화하거나, 면적 분석, 재질 식별 등에 활용된다.

생성	이미지 생성 (Image Generation)	기존 데이터의 분포를 학습하여 현실적이거나 독창적인 새로운 이미지를 생성하는 것을 목표로 한다.	GAN (Generative Adversarial Networks), VAE (Variational Autoencoders), 확산 모델 (Diffusion Models) 등 다양한 생성 모델 아키텍처가 활용된다. 노이즈나 잠재 벡터로부터 이미지를 생성하거나, 조건 정보를 기반으로 이미지를 생성한다.	텍스트나 기존 이미지를 기반으로 새로운 시각적 콘텐츠를 만들어내는 데 사용된다.	고품질 및 다양한 이미지를 생성할 수 있다는 장점을 가진다. 모델 종류에 따라 학습이 불안정하거나(GAN), 생성 속도가 느리거나(확산 모델), 결과물이 다소 흐릿할 수 있다는(VAE) 단점이 있다.	미건축 건물의 사실적인 건축 투시도 생성, 빈 공간에 가구를 배치하는 가상 스테이징 이미지 생성, 다양한 인테리어 디자인 아이디어 시각화, 특정 스타일의 건축물 이미지 생성, 학습 데이터 보강을 위한 합성 이미지 생성 등에 활용된다.
3D 정보 복원 및 활용	3D 재구성 (3D Reconstruction)	여러 장의 2D 이미지나 센서 데이터를 사용하여 대상의 3D 형태나 공간 구조를 재구성하는 것을 목표로 한다.	Structure from Motion (SfM), Multi-View Stereo (MVS), Photogrammetry 기술이나 LiDAR, 깊이 카메라 등의 센서 데이터를 사용하여 3D 포인트 클라우드나 메시 모델을 생성한다.	2D 이미지로부터 현실 세계의 3D 공간 정보를 획득하는 데 사용된다.	대상 공간에 대한 입체적인 정보를 제공하여 몰입감 있는 경험이나 정밀 측정이 가능하다는 장점을 가진다. 여러 장의 이미지가 필요하거나 센서 데이터가 필수적이며, 복잡한 표면이나 조명 조건에 따라 정확도가 달라질 수 있다는 단점이 있다.	여러 장의 매물 사진을 사용하여 공간의 3D 모델을 생성하여 가상 투어 콘텐츠를 만들거나, 3D 스캔 데이터를 활용하여 정확한 실내 면적, 길이 등을 측정하고 도면을 자동 생성하며, 가상 현실(VR)/증강 현실(AR) 기반의 공간 체험 및 설계 시뮬레이션에 활용된다.

3.2.1 부동산 분야에서 AI기반 CV 기술의 응용 예제

AI 기반 부동산 분야에서는 단일 컴퓨터 비전 기술뿐만 아니라 여러 기술을 유기적으로 결합하여 부동산 매물의 시각 정보를 심층적으로 분석하고 가치를 높이는 응용 사례가 증가하고 있다.AI 부동산 분야에서의 컴퓨터비전(CV) 기술 응용에 대한 가상 수치 예제를 제시하고 풀이 및 해설을 제공하며, 이를 표로 정리해 보자.

3 benefits of computer vision for real estate | Co-libry https://co-libry.com/blogs/computer-vision-image-recognition-real-estate

I CV가상 예시: "AI 기반 CV 시스템이 주택 외벽 사진을 분석하여 건물 상태 평가"

1) 가상수치 예제:

AI 기반 CV 시스템이 주택 외벽 사진을 분석하여 건물 상태와 관련된 육안상 결함(균열, 심각한 페인트 벗겨짐 등)을 식별한다. 이 사진에서 시스템이 탐지하는 외벽 결함의 개수는 몇 개인가?

2) 풀이:

CV 시스템은 입력된 외벽 사진을 이미지 분할 및 객체 탐지 기술로 분석한다. 분석 결과, 시스템은 미세 균열 3개소, 페인트 벗겨짐 4개소 등 총 7개소의 외벽 결함을 식별한다.

3) 해설:

CV 기술은 이미지 데이터를 분석하여 건물의 물리적 상태를 객관적으로 평가하는 데 활용된다. 이 예제는 시스템이 사진 속에서 특정 패턴이나 이상 징후를 인식하여 수치화된 결함 개수를 제공함을 보여준다. 이는 사람의 육안 검사보다 빠르고 일관적이며, 잠재적 하자 보수 비용 추정 등에 기초 자료로 활용될 수 있다.

Ⅱ CV가상 예시: "자동 매물 이미지 분석 및 가상 시각화 시스템"

부동산 중개인이 새로운 매물을 접수하고 온라인 플랫폼에 등록하기 위해 사진을 업로드하면, AI 시스템이 해당 사진들을 자동으로 분석하고 매물 정보를 추출하며, 필요에 따라 가상 시각화 콘텐츠를 생성하여 등록 과정을 자동화하고 매물 정보를 풍부하게 만드는 시스템이 구현될 수 있다.

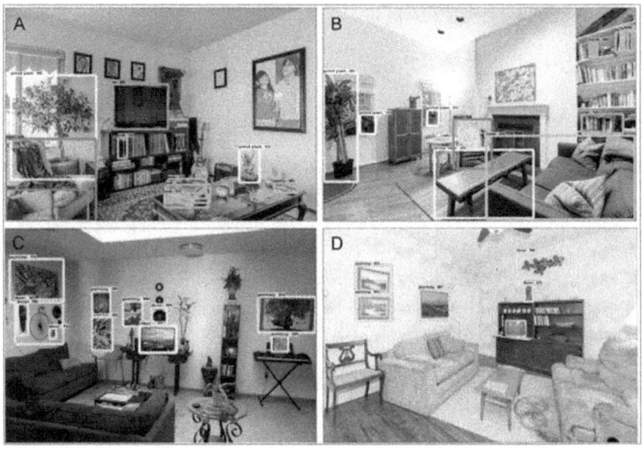

https://www.researchgate.net/figure/CV based Object-detection-Object-detection-examples-for-living-room-images

1) 이미지 초기 분류 및 구조화 (이미지 분류 활용):

- 중개인이 매물의 여러 장의 사진(내부, 외부, 부대시설 등)을 시스템에 업로드한다.
- 시스템은 업로드된 각 이미지를 이미지 분류 모델을 사용하여 자동으로 분류한다. 이 모델은 가상 수치로 100,000장의 라벨링된 부동산 이미지를 학습하여 '외관', '거실', '주방', '침실', '욕실', '발코니', '단지 시설' 등 미리 정의된 20가지 카테고리 중 하나로 각 이미지를 분류하며, 가상 수치로 97%의 정확도를 보인다.
- 분류된 이미지는 종류별로 자동 정리되어 매물 등록 시스템에 구조화된다.

2) 공간 특징 및 객체 상세 분석 (객체 탐지 및 이미지 분할 활용):

- 분류된 내부 공간 이미지(예: 거실, 주방)에 대해 객체 탐지 모델과 이미지 분할 모델이 추가로 실행된다.
- 객체 탐지 모델은 이미지 내 가구(소파, 테이블), 가전제품(냉장고, 오븐, 에어컨), 시설물(싱크대, 변기, 창문) 등 가상 수치로 50가지 이상의 객체 유형을 식별하고 그 위치를 바운딩 박스로 표시한다. 이 모델은 가상 수치로 200,000장의 객체 위치가 표시된 이미지를 학습했으며 평균 정확도(mAP)가 가상 수치로 90%에 달한다.
- 이미지 분할 모델은 이미지의 각 픽셀이 어떤 객체(벽, 바닥, 천장, 창문 등)나 재질(목재 바닥, 타일 벽, 카펫 등)에 속하는지를 정밀하게 분할한다. 이 모델은 가상 수치로 50,000장의 픽셀 단위 주석이 달린 이미지를 학습했으며 평균 픽셀 정확도가 가상 수치로 92%이다.
- 이러한 탐지 및 분할 결과를 바탕으로, "거실에 넓은 창문이 있고 원목 바닥 마감이며 소파와 테이블이 배치될 공간이 충분함", "주방에 빌트인 냉장고와 가스레인지, 대리석 상판 아일랜드 식탁이 있음"과 같이 매물의 시각적 특징이 자동으로 추출되어 텍스트 설명 생성에 활용될 수 있는 구조화된 정보로 변환된다.

3) 가상 시각화 콘텐츠 생성 (이미지 생성 및 3D 재구성 활용):

- 만약 업로드된 사진 중 빈 공간(가구 객체가 적게 탐지된 경우) 이미지가 있다면, 이미지 생성 모델(가상 스테이징 특화 Diffusion Model 또는 GAN)이 해당 빈 공간 이미지에 가상으로 가구와 소품을 배치한 고품질의 가상 스테이징 이미지를 생성한다. 이 모델은 가상 수치로 50,000쌍의 빈 공간/스테이징 이미지 데이터로 학습되었으며, 1024x1024 해상도의 가상 스테이징 이미지 한 장을 생성하는 데 가상 수치로 5초가 소요된다.
- 동일한 공간이나 연결된 공간에 대해 여러 각도에서 찍은 사진이 충분히 제공된 경우, 3D 재구성 기술이 작동하여 해당 공간의 기본적인 3D 모델을 생성한다. 가상 수치로 한 공간에 대해 15장 이상의 사진이 사용되면, 가상 수치로 2분 이내에 단순화된 3D 모델이 생성된다. 이 3D 모델을 활용하여 고객이 웹사이트에서 탐색 가능한 가상 투어 콘텐츠가 자동으로 생성되거나, 공간 크기를 바탕으로 **정확한 도면(가상 수치: 실측 대비 오차율 1% 미만)**이 자동 생성될 수 있다.

4) 매물 정보 자동 완성 및 게시:

- 위에 설명된 모든 CV 분석 및 생성 결과를 통합하여, 매물 등록 시스템의 이미지 항목이 자동으로 채워지고(분류된 사진, 가상 스테이징 이미지, 가상 투어/도면 링크), 특징 항목에는 추출된 정보(가전, 마감재 등)가 자동으로 기입된다.
- 중개인은 AI가 분석/생성한 정보를 검토하고 필요한 추가 정보만 입력하여 매물을 빠르게 온라인에 게시할 수 있다.

AI 기반 부동산 분야에서 컴퓨터 비전(CV) 기술은 단순한 이미지 분류를 넘어, 매물 사진에 나타난 내부의 구체적인 특징을 추출하고, 이렇게 추출된 시각적 정보를 부동산의 가치를 평가하는 데 활용하는 단계로 발전하고 있다.

Ⅲ CV가상 예제: "AI 기반 CV 시스템에 입력된 인테리어 품질 및 특징 자동 분석 기반 부동산가치 보정 시스템"

AI 기반 부동산 분야에서 컴퓨터 비전(CV) 기술은 단순한 이미지 분류를 넘어, 매물 사진에 나타난 내부의 구체적인 특징을 추출하고, 이렇게 추출된 시각적 정보를 부동산의 가치를 평가하는 데 활용하는 단계로 발전하고 있다.

온라인 부동산 플랫폼에서 매물 사진은 필수적이지만, 사진만으로는 내부의 실제 가치(예: 리모델링 여부, 사용된 자재의 고급성, 유지보수 상태 등)를 객관적으로 판단하기 어렵다. AI 기반 CV 시스템은 이러한 내부 사진을 분석하여 가치 평가 모델의 정확도를 높이는 데 활용될 수 있다.

15 Computer Visions Projects You Can Do Right Now https://neptune.ai/blog/15-computer-visions-projects

1) 내부 이미지 분석 및 특징 추출 (객체 탐지 및 이미지 분할 활용):

- 부동산 매물의 내부 사진(거실, 주방, 욕실 등)이 AI 시스템에 입력된다.
- 시스템은 먼저 객체 탐지 모델을 사용하여 사진 속의 주요 객체들(예: 주방의 냉장고, 오븐, 싱크대 유형; 욕실의 세면대, 변기, 수전 스타일; 거실의 바닥 마감재 종류)을 식별한다. 가상 수치로, 이 모델은 150,000장의 다양한 인테리어 사진으로 학습되었으며, 가상 수치로 30가지 이상의 내부 주요 시설물 및

가전 객체를 식별할 수 있다.

- 다음으로, 이미지 분할 모델을 사용하여 벽, 바닥, 천장, 조리대 등 이미지 영역별로 사용된 재질(예: 원목 마루, 대리석 상판, 세라믹 타일)과 그 상태(예: 깨끗함, 약간의 손상, 심한 마모)를 분석한다. 이 모델은 가상 수치로 80,000장의 픽셀 단위 주석이 달린 이미지로 학습되었으며, 가상 수치로 10가지 주요 재질 유형과 3가지 상태 레벨을 구분할 수 있다.
- 이러한 객체 탐지 및 이미지 분할 결과를 종합하여, 해당 매물의 내부에 대한 구조화된 특징 데이터(가상 수치: 50가지 이상의 항목 포함)가 추출된다. 예를 들어, "주방: 상판 재질＝대리석(고급), 가전＝스테인리스(상태 좋음)", "욕실: 타일＝세라믹(상태 보통), 수전 스타일＝모던", "바닥＝원목마루(상태 약간 손상)" 와 같은 형태의 데이터가 생성된다.

2) 가치 평가 모델에 특징 데이터 통합:

- 전통적인 자동화된 가치 평가 모델(AVM)은 주로 위치, 면적, 방/욕실 수, 건축 연도, 최근 실거래가, 공시지가 등 구조화된 정형 데이터만을 사용하여 매물 가격을 예측한다.
- AI 기반 가치 평가 시스템은 여기에 위 단계에서 CV 시스템으로부터 추출된 내부 특징 데이터를 추가적인 입력 변수로 활용한다. 즉, 매물의 전통적 데이터와 함께 "주방 상판 재질: 대리석", "바닥 재질: 원목마루", "욕실 상태: 보통" 등 내부 시각 정보에서 얻어진 특징 벡터가 가치 평가 모델에 함께 제공된다.
- 가치 평가 모델 자체는 이러한 다양한 데이터를 학습하여 매물의 예상 시장 가치를 예측하도록 구축된 기계 학습 모델(예: 복잡한 회귀 모델 또는 앙상블 모델)이며, 가상 수치로 1,000,000건 이상의 과거 매물 데이터(최근 300,000건은 CV 특징 데이터 포함)를 학습하여 내부 특징이 가치에 미치는 영향을 파악한다.

3) 가치 평가 결과 제시:

- 새로운 매물에 대한 전통적 데이터와 CV 분석으로 추출된 내부 특징 데이터를 통합하여 가치 평가 모델에 입력하면, 모델은 이를 바탕으로 매물의 예상 시장 가치를 산출한다.
- 내부 특징 정보가 가치 평가에 반영됨으로써, 단순히 외형이나 위치만 유사한 매물들 과의 비교를 넘어 실제 내부 품질을 반영한 보다 정밀한 평가가 가능해진다. 가상 수치로, CV 기반 내부 특징 데이터를 활용했을 때 가치 평가 모델의 예측 오차가 전통적 AVM 대비 가상 수치로 5% 감소하는 효과를 볼 수 있다.
- 시스템은 예상 가치와 함께, 어떤 내부 특징(예: 최근 리모델링, 고급 주방 상판, 잘 관리된 바닥)이 가치 평가에 긍정적인 영향을 미쳤는지에 대한 분석 결과도 함께 제시하여 평가의 근거를 제공한다.

AI 기반 CV 기술을 활용한 내부 특징 추출 및 가치 평가는 부동산 매물의 고유한 시각적 특성을 정량화하여 가치 평가 과정에 반영함으로써, 보다 정확하고 신뢰성 있는 자동화된 가치 정보 제공을 가능하게 하며, 이는 부동산 시장의 투명성과 효율성을 높이는 데 기여한다.

3.4.2 CV가상 스테이징 (Virtual Staging)

AI 기반 부동산 분야에서 가상 스테이징(Virtual Staging)은 컴퓨터 비전의 이미지 생성 기술을 핵심으로 활용하여, 실제로는 비어 있는 부동산 매물의 내부 공간 사진에 가구와 소품을 디지털 방식으로 추가하여 실제 꾸며진 것처럼 보이게 만드는 기술이다. 이는 매물의 온라인 시각적 매력을 극대화하여 잠재 구매자의 관심을 끌고 공간 활용 가능성을 쉽게 이해시키고자 할 때 활용된다. AI는 이 과정의 자동화, 사실성 및 다양성 확보에 기여한다.

AI 기반 가상 스테이징은 컴퓨터 비전의 분석 기술(분류, 분할)과 생성 기술(이미지 생성)이 결합되어 부동산 매물의 온라인 마케팅 효과를 극대화하는 대표적인 생성형 AI 응용 사례로 활용된다

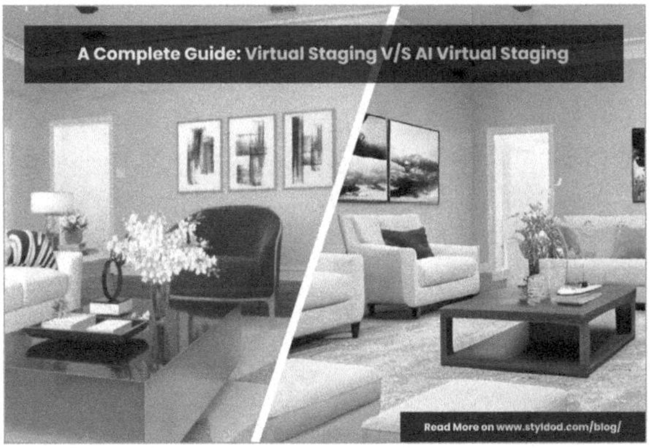

https://www.styldod.com/blog/virtual-staging-vs-ai-virtual-staging

I CV가상 예제: "가상 스테이징 시스템이 사진을 분석하고 가상 가구를 배치하여 실제 같은 연출 사진을 생성하는 데 걸리는 시간은 몇 초인가?"

1) 가상수치 예제:

비어 있는 거실 사진에 AI 기반 가상 스테이징 시스템을 적용한다. 시스템이 사진을 분석하고 가상 가구를 배치하여 실제 같은 연출 사진을 생성하는 데 걸리는 시간은 몇 초인가?

2) 풀이:

CV 시스템은 비어 있는 거실 사진의 공간 구조, 원근, 조명 등을 분석한다. 분석된 정보를 기반으로 시스템은 사전에 정의된 스타일의 가상 가구를 적절한 크기와 위치, 방향으로 배치한 후 렌더링한다. 이 모든 과정은 총 12초가 소요된다.

3) 해설:

CV 기술은 이미지 속 3D 공간을 이해하고 객체(가구)를 자연스럽게 합성하는 데 사용된다. 이 예제는 시스템이 비어 있는 공간 사진을 입력 받아 매력적인 가상 인테리어 이미지를 생성하는 데 걸리는 시간을 수치화 하여 보여준다. 이는 부동산 목록의 시각적 매력을 단시간에 크게 향상시키는 효율적인 방법임을 나타낸다.

Ⅱ 가상 예제: "빈 공간 이미지의 자동 가상 스테이징 및 스타일 변형 생성 서비스"

빈 상태의 부동산 매물 사진은 썰렁해 보이기 쉬워 매물 홍보 효과를 떨어뜨릴 수 있다. 물리적인 스테이징은 비용과 시간이 많이 소요된다. AI 기반 가상 스테이징 시스템은 이러한 빈 공간 사진을 입력 받아 자동으로 다양한 스타일의 가상 스테이징 이미지를 생성하는 서비스를 제공한다.

1) 이미지 분석 및 공간 식별 (이미지 분류 및 이미지 분할 활용):

- 부동산 중개인 또는 소유주가 빈 상태의 내부 공간 사진(예: 거실, 침실)을 가상 스테이징 시스템에 업로드한다.
- 시스템은 먼저 이미지 분류 모델을 사용하여 업로드된 이미지가 어떤 종류의 공간인지(예: 거실, 침실, 식당) 자동으로 식별한다. 이 모델은 가상 수치로 50,000장의 다양한 공간 이미지를 학습했으며 98%의 정확도로 공간 유형을 분류한다.
- 다음으로, 이미지 분할 모델이 이미지 내에서 가구가 배치될 수 있는 '빈 공간'(주로 바닥 및 배경 벽면)과 이동 불가능한 '고정 객체'(창문, 문, 붙박이장, 벽난로 등)의 영역을 픽셀 단위로 정밀하게 분리한다. 이는 생성될 가상 가구가 실제 환경과 자연스럽게 어우러지도록 하기 위함이다. 이미지 분할 모델은 가상 수치로 60,000장의 주석이 달린 이미지로 학습되었으며, 스테이

징 가능한 영역을 가상 수치로 **95%**의 정밀도로 식별한다.

2) 스테이징 스타일 선택 및 가구 배치 정보 생성:

- 시스템은 식별된 공간 유형(예: 거실)과 분할된 빈 공간 정보를 기반으로, 사용자에게 제안하거나 사용자가 직접 가상 스테이징 스타일(예: 모던, 미니멀리즘, 클래식, 북유럽풍)을 선택하도록 한다. 가상 수치로 10가지 이상의 다양한 스타일 옵션이 제공될 수 있다.
- 선택된 스타일과 공간 분석 결과를 바탕으로, 해당 공간에 어울리는 가구 및 소품 종류, 크기, 배치 위치 등에 대한 정보가 내부적으로 생성된다. 이는 단순히 객체를 추가하는 것이 아니라, 공간의 원근감, 조명 조건, 스타일 일관성 등을 고려한 배치 정보다.

3) 가상 스테이징 이미지 생성 (이미지 생성 활용):

- 가장 핵심적인 단계로, 이미지 생성 모델(주로 GAN 또는 확산 모델 계열)이 사용된다. 이 모델은 다음 정보를 입력으로 받는다: 원본 빈 공간 이미지, 가상 스테이징될 영역 정보(이미지 분할 결과), 선택된 스테이징 스타일 및 배치 정보.
- 생성 모델은 학습된 능력을 바탕으로, 식별된 빈 공간 영역에 선택된 스타일의 가구와 소품을 사실적으로 합성하여 새로운 이미지를 생성한다. 모델은 가상 수치로 100,000쌍 이상의 빈 공간-스테이징 이미지 데이터로 학습되었으며, 가상 수치로 1024x1024 픽셀 또는 그 이상의 고해상도 이미지를 생성할 수 있다.
- AI는 단순히 가구를 겹쳐 붙이는 것이 아니라, 그림자, 조명 반사, 가구와 배경 간의 자연스러운 경계 처리 등을 사실적으로 구현하여 마치 실제로 가구가 놓여 있는 것처럼 보이게 한다. 사용자의 요청이나 시스템 설정에 따라, 동일한 빈 공간 이미지에 대해 가상 수치로 3~5가지의 다른 스타일이

나 배치로 스테이징된 이미지를 생성할 수 있다. 한 장의 고품질 가상 스테이징 이미지 생성에는 가상 수치로 수 초 (예: 7초) 정도의 시간이 소요된다.

4) 결과 활용:

- 생성된 고품질의 가상 스테이징 이미지는 부동산 매물 웹사이트, 모바일 앱, 홍보 자료 등에 사용된다.
- 이는 빈 공간 사진보다 훨씬 매력적이고 잠재 구매자가 공간 활용을 상상하기 쉽게 만들어, 매물의 온라인 클릭률 및 문의율을 높이고 판매/임대 기간을 단축하는 데 기여한다. 물리적 스테이징 대비 시간과 비용을 획기적으로 절감하며, 다양한 스타일을 쉽게 시도해 볼 수 있다는 장점이 있다.

3.4.3 가상 투어 (Virtual Tour) 생성

AI 기반 부동산 분야에서 가상 투어(Virtual Tour) 생성은 잠재 구매자나 임차인이 현장에 직접 방문하지 않고도 매물의 내부 공간을 생생하게 체험할 수 있도록 돕는 중요한 기술이다. 특히 AI 기반 3D 재구성 기술을 활용하면 전문 장비 없이도 일반 카메라로 찍은 사진만으로 가상 투어 콘텐츠를 자동 생성하는 것이 가능해진다.

I CV가상 예제: "가상 투어 시스템이 이미지들을 자동으로 연결하고 공간 구조를 파악하여 완전한 가상 투어 경로를 생성"

1) 가상수치 예제:

한 부동산 매물의 내부를 촬영한 15개의 360도 파노라마 이미지가 AI 기반 가상 투어 생성 시스템에 입력된다. 시스템이 이 이미지들을 자동으로 연결하고 공간 구조를 파악하여 완전한 가상 투어 경로를 생성하는 데 걸리는 시간은 몇 분인가?

- **풀이**: CV 시스템은 15개의 파노라마 이미지를 분석하여 각 이미지의 위치와 연결점을 파악하고, 자연스러운 이동 경로를 구성한다. 이미지 스티칭 및 공간 매핑 과정을 거쳐 약 5분 만에 사용자 인터랙션이 가능한 가상 투어 구조를 완성한다.
- **해설**: CV 기술은 여러 장의 이미지 데이터를 분석하여 3차원 공간 정보를 재구성하고 연결하는 데 핵심적인 역할을 한다. 이 예제는 시스템이 다수의 360도 이미지를 입력받아 복잡한 수동 작업 없이도 단시간에 몰입형 가상 투어를 자동 생성함을 수치적으로 보여준다. 이는 고객에게 실제 방문과 유사한 경험을 제공하며, 시간과 장소의 제약을 극복하게 한다.

https://www.freepik.com/free-photos-vectors/living-room-virtual-tours

Ⅱ 가상 예제: 일반사진 기반 실내 3D 가상투어 자동생성 시스템

부동산 매물의 온라인 홍보 시 몰입감을 제공하는 가상 투어는 매물 탐색 경험을 크게 향상시킨다. 기존 가상 투어 제작은 특수 360도 카메라나 3D 스캐너를 요구하거나, 여러 장의 사진을 복잡한 소프트웨어로 수동 처리해야 하는 경우가 많았다. AI 기반 시스템은 일반 디지털 카메라나 스마트폰으로 찍은 여러 장의 매물 사진만을 사용하여 3D 가상 투어를 자동으로 생성하는 서비스를 제공할 수 있다.

1) 사진 촬영 및 업로드:

- 부동산 중개인이나 소유주가 매물의 각 공간(방, 거실, 주방 등)을 이동하며 여러 각도에서 겹치도록(overlapping) 수십 장(가상 수치: 한 공간당 20~30장)의 표준 디지털 사진을 촬영한다. 연결된 공간(예: 거실에서 복도로 이어지는 부분)은 두 공간이 모두 보이도록 사진을 촬영하여 공간 연결 정보를 제공한다.
- 촬영된 사진들을 가상 투어 자동 생성 시스템에 업로드한다.

2) 3D 재구성 및 공간 모델 생성 (Structure from Motion 및 Multi-View Stereo 활용):

- 업로드된 사진들은 AI 기반 3D 재구성 파이프라인을 거친다.
- Structure from Motion(SfM) 기술을 활용하는 AI 모듈이 사진들 간의 공통적인 특징점(keypoint)을 자동으로 탐지하고 매칭한다. 가상 수치로, 각 사진 쌍에서 수천 개의 특징점이 식별 및 매칭된다. 이를 통해 시스템은 각 사진이 촬영된 카메라의 3D 공간상 위치와 방향(자세, pose)을 추정하고, 특징점들의 대략적인 3D 위치를 파악하여 희소한(sparse) 3D 포인트 클라우드를 생성한다.
- 이어서 Multi-View Stereo(MVS) 기술을 활용하는 AI 모듈이 SfM을 통해 얻은 카메라 자세 정보와 희소한 3D 포인트를 기반으로, 이미지의 모든 픽셀 정보를 활용하여 공간의 밀집한(dense) 3D 포인트 클라우드 또는 3D 메시 모델을 생성한다. 이 단계에서 벽, 바닥, 가구 등 공간의 구체적인 형태와 구조가 복원된다. 가상 수치로, 이 과정을 통해 수백만 개 (예: 5백만 개)의 3D 포인트로 이루어진 포인트 클라우드나 수십만 개 (예: 20만 개)의 삼각형 면으로 구성된 3D 메시 모델이 생성된다.

- 생성된 3D 모델에는 원본 사진의 텍스처 정보가 입혀져 실제와 같은 시각적 표현이 이루어진다.

3) 가상 투어 콘텐츠 자동 구성:

- 생성된 3D 공간 모델을 기반으로, 시스템은 사용자가 공간을 탐색할 수 있는 가상 투어 콘텐츠를 자동으로 구성한다. 사용자가 클릭하거나 드래그하여 시점을 변경하고, 공간 내 이동 가능한 지점(예: 방과 방 사이 문)을 클릭하면 해당 위치로 자연스럽게 이동하는 기능 등이 구현된다.
- 필요한 경우, AI는 3D 모델 상에서 각 공간의 경계를 식별하여(이미지 분할 결과 활용 가능) 가상 투어 중 특정 방의 이름이나 정보를 표시하는 등의 추가 기능을 제공할 수 있다.
- 전체 과정은 수십 장의 사진 업로드부터 가상 투어 링크 생성까지 가상 수치로 수 분 (예: 5분) 내에 완료된다.

4) 결과 활용:

- 자동으로 생성된 3D 가상 투어는 부동산 매물 웹사이트에 임베드되거나 링크 형태로 제공된다.
- 잠재 고객은 PC나 모바일 기기에서 언제든지 매물 내부를 실제 걷는 것처럼 체험할 수 있어 매물에 대한 이해도와 관심도가 높아진다. 이는 현장 방문 전에 매물의 적합성을 판단하는 데 도움을 주고, 실제 방문 시에는 보다 효율적인 매물 확인이 가능하게 한다.

AI 기반 3D 재구성 기술을 활용한 가상 투어 자동 생성 시스템은 전문 장비나 기술 없이도 누구나 쉽게 고품질의 몰입형 시각 콘텐츠를 제작할 수 있게 함으로써, 부동산 마케팅 방식에 혁신을 가져오며 매물의 접근성과 매력을 크게 향상시키는 데 기여한다.

■ 부동산 분야 컴퓨터비전(CV) 응용 가상 수치 예제, 결과, 해설

응용 분야	가상 수치 예제 (문제)	풀이 (결과)	해설
건물 상태 평가	외벽 사진에서 식별하는 결함 개수는 몇 개인가?	외벽 결함 7개소를 식별한다.	이미지 분석 기반 객관적 상태 평가 및 수치 화된 결함 개수 제공으로 활용된다.
내부 특징 추출 및 가치 평가 활용	내부 사진에서 식별하는 가치 기여 특징은 몇 가지인가?	가치 기여 특징 3가지를 식별한다.	시각 데이터에서 가치 평가 모델 입력 변수를 자동 추출하는 데 활용된다.
가상 스테이징 (Virtual Staging)	비어 있는 사진 가상 스테이징 이미지 생성 시간은 몇 초인가?	총 12초가 소요된다.	이미지 내 3D 공간 이해 기반 가구 합성으로 시각적 매력을 단시간에 향상하는 데 활용된다.
가상 투어 (Virtual Tour) 생성	15개 파노라마 이미지 기반 가상 투어 자동 생성 시간은 몇 분인가?	약 5분이 소요된다.	다수 이미지 기반 공간 재구성 및 연결 자동화로 몰입형 경험 제공에 활용된다.

4 부동산 분야에서 주로 사용되는 AI 기술과 예제

4.1 부동산 분야에서 주로 사용되는 AI 기술은 어떤 것들이 있나?

부동산 분야에서는 다양한 AI 기술이 활용되고 있다. 특히 부동산 가치 평가 및 시장 예측과 같은 분석(Analytics) 작업에는 전통적인 통계 모델과 더불어 다양한 머신 러닝 알고리즘이 사용된다.

연구에 따르면 신경망(Neural Networks), 서포트 벡터 회귀(Support Vector Regression, SVR), 랜덤 포레스트(Random Forests), 그래디언트 부스팅 트리(Gradient Boosted Trees) 등이 자동가치평가모델(AIVM) 개발에 효과적으로 사용되고 있다. 이러한 모델들은 대규모 데이터셋 내에서 복잡하고 비선형적인 관계를 포착하는 데 강점을 가진다.

또한, 부동산 마케팅, 고객 관리, 문서 분석 등에서는 텍스트 데이터를 다루는 NLP 기술의 중요성이 크다. 특히 대규모 언어 모델(LLM)은 매물 설명 생성, 챗봇 구현, 계약서 분석 등에서 혁신적인 변화를 가져오고 있다.

■ **AI 기반 도시 부동산 분야에서 사용되는 주요 머신 러닝 알고리즘의 목표, 기술, 역할, 활용예시**

분류	알고리즘 명칭	목표	적용 기술/원리	역할	장단점	AI 기반 부동산 활용 예시
연결 모델	신경망 (Neural Networks, NN)	복잡하고 비선형적인 데이터 패턴을 학습하여 고도의 예측 또는 분류를 수행하는 것을 목표로 한다.	상호 연결된 뉴런(노드) 계층으로 구성된다. 각 뉴런은 이전 계층의 출력에 가중치를 곱하고 합하여 활성화 함수를 통과시키는 연산을 수행한다. 역전파 알고리즘을 사용하여 가중치를 학습한다. 심층 신경망(DNN)은 여러 개의 은닉 계층을 포함한다.	매우 다양한 유형의 복잡한 데이터 관계를 모델링하고, 정형 및 비정형 데이터(예: 이미지, 텍스트 특징 벡터)를 통합하여 예측/분류하는 역할을 수행한다.	복잡한 비선형 관계 학습 및 대규모 데이터 처리 능력에서 뛰어난 성능을 보인다는 장점을 가진다. 학습에 상당한 데이터와 계산 자원이 필요하며, 모델 내부 작동 방식의 해석이 어렵고 과적합 위험이 존재한다는 단점이 있다.	도시 지역의 복합적인 요인(교통, 상권, 인구 밀도, 환경 지표 등)을 포함하는 정교한 부동산 가격 예측, 미래 시장 변동성 예측, 부동산 투자 리스크 평가 모델 개발.

경계 기반 모델	서포트 벡터 회귀 (SVR: Support Vector Regression)	주어진 데이터의 오차 (Epsilon, ε) 허용 범위 내에서 최적의 회귀 함수를 찾아 예측하는 것을 목표로 한다.	서포트 벡터 머신(SVM)의 회귀 버전이다. 데이터를 고차원 공간으로 매핑하여 초평면 (hyperplane)을 찾는데, SVR은 데이터 포인트가 이 초평면 주변의 마진 (margin) 안에 포함되도록 모델을 학습한다. 커널 트릭을 사용하여 비선형 관계 모델링이 가능하다.	데이터의 경계(마진)를 정의하여 회귀 함수를 찾으며, 특히 제한된 데이터나 고차원 데이터에서 강건한 예측 역할을 수행한다.	비교적 적은 수의 데이터나 고차원 데이터에서 잘 작동하며, 이상치 (outliers)에 덜 민감하다는 장점을 가진다. 대규모 데이터셋에서는 학습 속도가 느려질 수 있으며, 최적의 성능을 위해 커널 함수 및 하이퍼파라미터 선택이 중요하다는 단점이 있다.	특정 소규모 도시 구역의 상세 데이터 기반 가격 예측, 다양한 비정형 요인 (SNS 언급량, 뉴스 기사 특징 벡터 등)을 포함하는 고차원 데이터의 가격 영향 분석.
트리 앙상블	랜덤 포레스트 (Random Forests, RF)	여러 개의 독립적인 결정트리(Decision Tree)를 생성하고 그 예측 결과를 결합(평균 또는 다수결)하여 최종 예측의 정확도와 안정성을 높이는 것을 목표로 한다.	배깅(Bagging)이라는 앙상블 기법을 사용한다. 학습 데이터의 부트스트랩 샘플과 특징의 랜덤 부분집합을 사용하여 여러 개의 결정 트리를 독립적으로 병렬 학습시킨다. 각 트리의 예측 결과를 취합하여 최종 예측을 도출한다.	개별 결정 트리의 단점인 과적합을 줄이고 안정적인 예측 성능을 제공하며, 예측에 기여하는 특징의 중요도를 파악하는 역할을 수행한다.	과적합에 강건하고 학습이 비교적 빠르며, 특징(feature) 중요도를 직관적으로 파악하기 쉽다는 장점을 가진다. 개별 트리의 조합이므로 모델 자체의 해석력은 제한적이며, 매우 복잡한 비선형 관계 학습 능력은 신경망보다 떨어질 수 있다는 단점이 있다.	다양한 도시 부동산 특징(위치 지표, 건물 특성, 시장 데이터 등)의 중요도를 분석하고 이를 기반으로 한 가격 예측, 매물의 잠재적 투자 위험 수준 분류, 특정 유형의 부동산 수요 예측.

트리 앙상블	그래디언트 부스팅 트리 (Gradient Boosted Trees, GBT)	이전 트리의 예측 오차(잔차)를 순차적으로 개선하는 방식으로 여러 개의 결정 트리를 학습시켜 예측 성능을 점진적으로 극대화하는 것을 목표로 한다.	부스팅(Boosting)이라는 앙상블 기법을 사용한다. 새로운 결정 트리는 이전 트리들의 예측 오차를 예측하도록 학습된다. 경사 하강법(Gradient Descent)과 유사한 최적화 과정을 통해 모델의 성능을 점진적으로 향상시킨다. XGBoost, LightGBM 등이 대표적이다.	이전 모델의 부족한 부분을 보완하며 순차적으로 성능을 개선하여, 가장 높은 수준의 예측 정확도가 요구되는 문제에서 뛰어난 성능을 발휘하는 역할을 수행한다.	일반적으로 지도 학습 문제에서 가장 뛰어난 예측 성능을 보인다는 강력한 장점을 가진다. 과적합에 취약할 수 있어 하이퍼파라미터 튜닝이 매우 중요하며, 학습 시간이 랜덤 포레스트보다 오래 걸릴 수 있다는 단점이 있다. 모델의 해석력이 낮다.	도시 지역의 가장 정확한 부동산 가격 예측 모델 개발, 복잡한 시장 요인이 가격에 미치는 비선형적 영향 분석, 미래 부동산 수요/공급량의 정밀 예측, 투자 포트폴리오 최적화를 위한 수익률 예측.

4.2 신경망 (Neural Networks)가상 예제

AI 기반 도시 부동산 분야에서 신경망(Neural Networks)은 다양한 요인들이 복잡하게 상호작용하는 도시 환경의 특성을 반영하여 부동산 가치를 예측하거나 시장 동향을 분석하는 데 효과적으로 활용된다. 특히 단순 선형 모델로는 포착하기 어려운 비선형적인 관계를 학습하는 데 강점을 보인다.

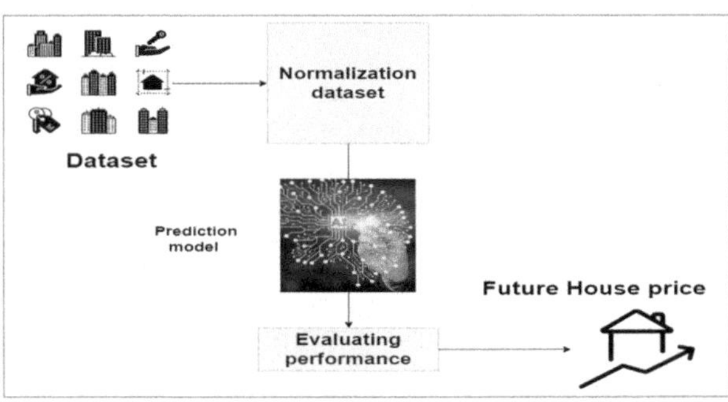

https://www.mdpi.com/

I 신경망 가상 예제: "신경망을 활용한 도시계획 및 입지요인 기반 토지단위 면적당 가격 예측 모델"

AI 기반 도시 부동산 분야에서 신경망(Neural Networks)은 건물이 아닌 토지 자체의 가치를 예측하는 데 중요한 역할을 수행한다. 도시 지역의 토지 가격은 면적, 위치 외에도 용도 지역, 용적률, 건폐율 제한, 형상, 지세, 도로 접근성, 주변 개발 계획 등 다양한 법적, 물리적, 계획적 요인들이 복합적이고 비선형적으로 상호작용하여 결정된다. 이러한 복잡한 관계를 모델링하는 데 신경망이 효과적으로 활용된다.

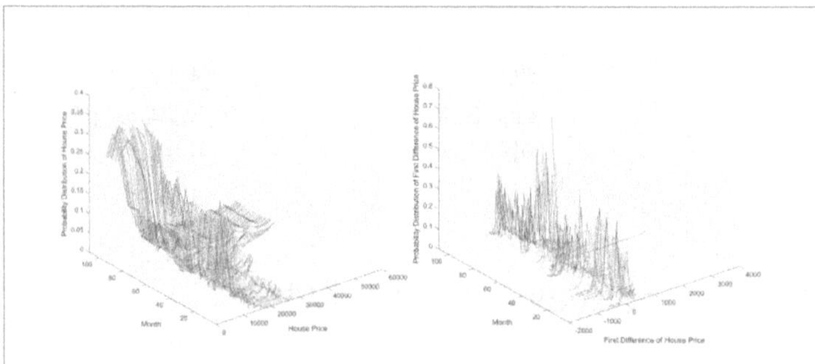

House price forecasting with neural networks – ScienceDirect.com

1) 데이터 수집 및 준비:

- 목표 도시 지역 내에서 과거 일정 기간(가상 수치: 최근 10년간) 동안 거래된 토지 매매 데이터(가상 수치: 50,000건)를 수집한다.
- 각 거래 토지에 대해 해당 토지의 물리적 특성(면적(m^2), 형상 지수, 경사도, 도로 접면 길이 등), 법적/계획적 특성(용도 지역, 도시 계획 시설 여부, 용적률/건폐율 상한, 높이 제한 등), 입지 특성(가장 가까운 대중교통 시설까지의 거리, 주요 상업 지구와의 거리, 인근 녹지 비율, 개발 호재 유무 등), 해당 시점의 시장 지표(지가 변동률, 금리 등)를 포함하는 특징 데이터(가상 수치: 60가지 항목 이상)를 구축한다.

- 수집된 데이터는 결측치 처리, 특성 스케일링, 범주형 변수 인코딩 등 신경망 학습을 위한 전처리 과정을 거친다. 가격 데이터는 단위 면적당 가격(예: 원/m^2)으로 변환하여 사용된다.

2) 신경망 모델 설계:

- 도시 토지 가격 예측을 위한 심층 신경망(DNN) 모델을 설계한다.
- 모델은 전처리된 입력 특징 개수에 맞는 입력 계층(가상 수치: 60개 뉴런)으로 시작된다.
- 토지 가치에 영향을 미치는 다양한 요인 간의 복잡하고 비선형적인 상호작용을 학습하기 위해 여러 개의 은닉 계층을 포함한다. 가상 수치로 4개의 은닉 계층을 사용하며, 각 계층은 가상 수치로 256개, 128개, 64개, 32개의 뉴런으로 구성될 수 있다. ReLU 또는 ELU와 같은 활성화 함수가 각 은닉 계층 뒤에 적용된다.
- 최종 출력은 단위 면적당 토지 가격이라는 단일 연속 값을 예측하는 출력 계층(가상 수치: 1개 뉴런)으로 구성된다.
- 이 모델은 입력부터 출력까지의 모든 연결에 대한 가중치와 편향을 학습하며, 총 학습 파라미터 수는 가상 수치로 200,000개를 초과할 수 있다.

3) 모델 학습:

- 준비된 과거 토지매매 데이터(입력 특징 및 실제 단위 면적당 가격)를 사용하여 신경망 모델을 학습시킨다.
- 모델의 예측 가격과 실제 가격 간의 오차를 최소화하는 방향으로 학습이 진행된다. 손실 함수(예: 평균 절대 오차, MAE)를 사용하고, 역전파 알고리즘과 Adam과 같은 옵티마이저를 통해 모델 파라미터가 업데이트된다.
- 학습 데이터 전체를 가상 수치로 300 Epoch 이상 반복 학습하여 모델이 토지 가격 패턴을 충분히 익히도록 한다.

4) 가격 예측 및 활용:

- 학습이 완료된 신경망 모델에 새로운 예측 대상 토지의 특징 데이터(가상 수치: 60가지 특징)를 입력으로 제공한다.
- 모델은 학습된 파라미터를 통해 입력 데이터를 처리하고 최종적으로 해당 토지의 예상 단위 면적당 가격을 산출한다.
- 신경망은 단순 면적이나 용도 지역 구분만으로는 설명되지 않는 미묘한 가격 차이까지도 학습하여 반영할 수 있으며, 가상 수치로 실제 거래 가격 대비 평균 절대 백분율 오차(Mean Absolute Percentage Error, MAPE)를 가상 수치로 ±7% 이내로 줄이는 예측 성능을 보일 수 있다.
- 예측된 토지 가격은 개발 사업의 사업성 분석, 투자 의사결정 지원, 공공 목적의 토지 가치 평가 등에 활용되어 데이터 기반의 과학적 접근을 가능하게 한다.

신경망은 도시 토지 가격을 결정하는 복잡다단하고 비선형적인 요인들의 상호작용을 효과적으로 모델링함으로써, 전통적인 방법보다 더 정확하고 신뢰성 있는 토지 가치 예측 결과를 제공하는 데 중요한 기술로 활용된다. 다만, 예측 결과의 상세한 이유를 설명하기 어려운 '블랙박스' 특성은 해석 가능성 측면에서 고려되어야 할 부분이다.

Mid century modern style interior neural network generated picture
https://www.freepik.com/premium-photo

Ⅱ 신경망 가상 예제: "신경망을 활용한 도시 아파트 매매가격 예측 모델"

대도시의 아파트 가격은 건물의 특성 뿐만 아니라 교통 접근성, 학군 수준, 주변 상업 시설 발달 정도, 공원/녹지 유무, 인근 개발 계획, 실시간 시장 수급 상황 등 매우 다양한 요인들이 복합적이고 비 선형적인 방식으로 영향을 미친다. 이러한 복잡한 관계를 정확히 모델링하고 예측하는 데 신경망이 활용된다.

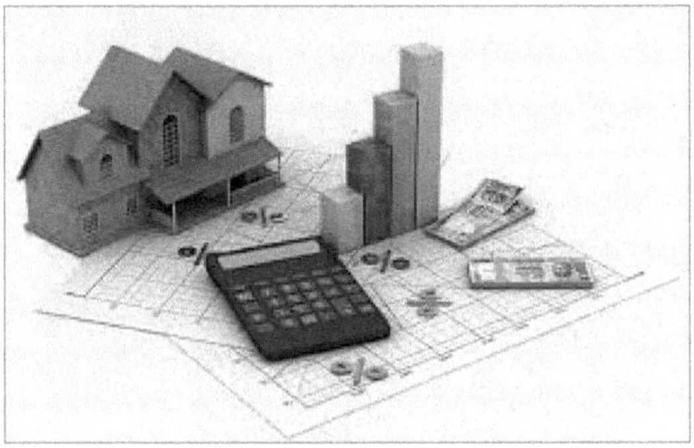

House price prediction using Neural Network.
https://medium.com/found-it/housing-price-prediction

1) 데이터 수집 및 준비:

- 목표 도시 지역 내에서 과거 일정 기간(가상 수치: 최근 5년간) 동안 거래된 아파트 매매 데이터(가상 수치: 100,000건)를 수집한다.
- 각 거래 데이터에 대해 해당 아파트의 특성 정보(가상 수치: 50가지 항목 이상, 예: 면적(m^2), 방/욕실 수, 층수, 총 층수, 건축 연식, 주차 가능 대수, 방향 등)와 해당 시점의 도시 환경 및 시장 지표 정보(예: 가장 가까운 지하철역까지의 거리(m), 반경 1km 내 학교/병원/마트 개수, 해당 구의 인구 밀도 변화율, 기준 금리, 해당 시점의 아파트 매매 가격 지수 등)를 포함하도록 데이터를 구축한다.

- 수집된 데이터는 신경망 모델 학습에 적합하도록 결측치 처리, 정규화(Normalization), 범주형 변수 인코딩(One-Hot Encoding) 등의 전처리 과정을 거친다.

2) 신경망 모델 설계:

- 아파트 가격 예측을 위한 심층 신경망(Deep Neural Network, DNN) 모델을 설계한다.
- 모델은 전처리된 입력 데이터의 특징 개수에 맞는 입력 계층(가상 수치: 50개 뉴런)으로 시작된다.
- 여러 개의 은닉 계층(Hidden Layers)을 포함하여 복잡한 비선형 관계를 학습한다. 가상 수치로 3개의 은닉 계층을 사용하며, 각 계층은 가상 수치로 128개, 64개, 32개의 뉴런으로 구성될 수 있다. 각 뉴런의 출력에는 ReLU와 같은 활성화 함수가 적용되어 비선형성을 도입한다.
- 마지막은 아파트 매매 가격이라는 단일 연속 값을 예측하는 출력 계층(가상 수치: 1개 뉴런)으로 구성된다.
- 이 모델은 입력 계층부터 출력 계층까지의 모든 뉴런 연결에 대한 가중치와 편향을 학습 대상으로 하며, 총 학습 파라미터 수는 가상 수치로 100,000개를 넘어선다.

3) 모델 학습:

- 준비된 과거 매매 데이터(입력 특징 및 실제 매매 가격)를 사용하여 설계된 신경망 모델을 학습시킨다.
- 학습 과정은 모델의 예측 가격과 실제 매매 가격 간의 차이(오차)를 계산하는 손실 함수(예: 평균 제곱 오차, Mean Squared Error)를 정의하고, 이 오차를 최소화하는 방향으로 모델의 가중치와 편향을 업데이트하는 방식으로 이루어진다.
- 역전파(Backpropagation) 알고리즘과 Adam 또는 SGD와 같은 옵티마이저(Optimizer)가 사용되어 모델 파라미터가 효율적으로 갱신된다.

- 학습 데이터 전체를 여러 번 반복하여 모델을 학습시키는 과정을 Epoch이라 하며, 가상 수치로 200 Epoch 이상 학습을 수행하여 모델이 충분히 데이터 패턴을 익히도록 한다.

4) 가격 예측 및 활용:

- 학습이 완료된 신경망 모델에 새로운 아파트 매물의 특징 데이터(입력 계층과 동일한 50가지 특징)를 입력으로 제공한다.
- 모델은 학습된 가중치와 편향을 사용하여 입력 데이터를 각 계층을 통과시키며 최종적으로 출력 계층에서 예상 매매 가격을 산출한다.
- 이렇게 예측된 가격은 전통적인 감정평가 방식과 비교하여 복잡한 시장 요인의 영향을 더 잘 반영하며, 가상 수치로 실제 매매 가격 대비 평균 절대 오차(Mean Absolute Error, MAE)를 가상 수치로 ±5% 이내로 줄이는 성능을 보일 수 있다.
- 예측된 가격은 매물 호가 설정, 투자 분석, 금융 기관의 담보 가치 평가 등에 활용되어 데이터 기반의 의사결정을 지원한다.

4.3 서포트 벡터 회귀 (SVR: Support Vector Regression)

1) 벡터 회귀(SVR)는 토지가격 예측 시 특히 데이터셋 크기가 상대적으로 작거나 이상치(Outlier)의 영향에 민감하게 반응하지 않는 모델이 요구될 때 유용하게 활용될 수 있다.

AI 기반 도시 부동산 분야에서 서포트 벡터 회귀(SVR: Support Vector Regression)는 토지 가격 예측 시 특히 데이터셋 크기가 상대적으로 작거나 이상치(Outlier)의 영향에 민감하게 반응하지 않는 모델이 요구될 때 유용하게 활용될 수 있다. SVR은 데이터의 오차 허용 범위(ε) 내에서 최적의 회귀 함수를 찾는 방식으로 학습하며, 커널 함수를 통해 비선형 관계도 모델링 가능하다.

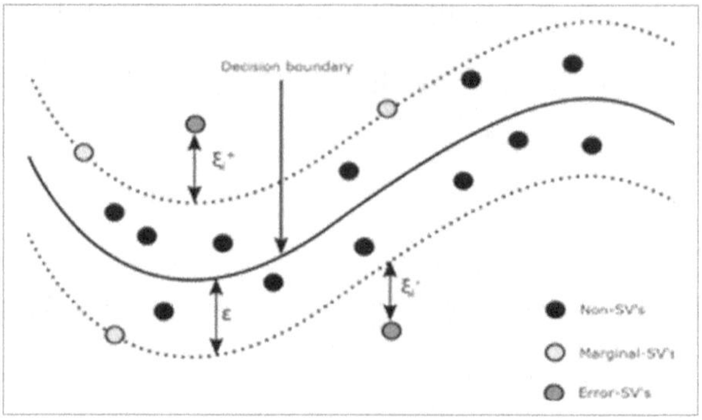

https://medium.com/analytics-vidhya/support-vector-regression-svr-model-a-regression-based-machine-learning

I SVR가상 예제: "서포트 벡터 회귀(SVR)을 활용한 특정 도시지구의 토지 매매가격 예측"

대도시 전체가 아닌, 특정 신개발 지구, 재개발 예정 지구, 또는 특정 용도로 특화된 상업 지구와 같이 비교적 국지적인 시장에서 토지 거래 데이터 수가 제한적이거나 개별 토지의 특성(예: 독특한 형상, 특정 인허가 상태)으로 인해 가격 변동이 클 수 있다. 이러한 환경에서 이상치에 강건하며 제한된 데이터로도 회귀 모델을 구축할 수 있는 SVR이 토지 가격 예측에 적용된다.

Land prices rise 2.15% in Korea, Yongin's Cheoin District leads with 5.87% increase, https://biz.chosun.com/en/en-realestate/2025/01/23

1) 데이터 수집 및 준비:

- 예측 대상인 특정 도시 지구 내에서 발생한 과거 토지 매매 데이터(가상 수치: 최근 7년간의 거래 800건)를 수집한다. 이는 도시 전체 데이터셋(수만 건 이상)에 비해 규모가 작다고 가정한다.
- 각 토지 거래에 대해 해당 토지의 면적(m^2), 용도 지역, 건폐율/용적률 정보, 도로 접근성 점수, 대중교통 거리, 주변 평균 토지 가격 변동률, 그리고 지구 특유의 잠재적 가치 요인(예: 특정 개발 프로젝트와의 근접성, 조망권 점수 등)을 포함하는 특징 데이터(가상 수치: 40가지 항목)를 구축한다.
- 수집된 데이터는 SVR 모델 학습에 필수적인 스케일링(Scaling) 등 전처리 과정을 거친다. 목표 변수는 단위 면적당 토지 가격(예: 원/m^2)으로 설정된다.

2) SVR 모델 설계 및 파라미터 설정:

- 토지 가격 예측을 위한 SVR 모델을 선택한다. SVR은 데이터를 고차원 공간으로 매핑하여 선형 회귀 문제를 해결하는데, 비선형 관계 모델링을 위해 커널 함수가 사용된다. 일반적으로 많이 사용되는 비선형 커널인 RBF(Radial Basis Function) 커널이 사용된다고 가정한다.
- SVR 모델 성능에 중요한 영향을 미치는 하이퍼파라미터를 설정한다.
  - ㅁ 정칙화 파라미터 C (Cost/Regularization Parameter): 오차 허용 범위를 벗어난 데이터 포인트에 대한 패널티 강도를 조절한다. 가상 수치로 C=10과 같은 값을 설정하여 모델의 복잡성과 오차 간의 균형을 맞춘다.
  - ㅁ 오차 허용 범위 ε (Epsilon): 예측 오차가 이 값 이내이면 손실(벌점)을 주지 않는 마진의 크기를 정의한다. 국지적 시장의 가격 변동성을 고려하여 가상 수치로 ε=500,000 원/m^2와 같은 값을 설정할 수 있다. 이는 예측 가격이 실제 가격과의 차이가 50만원/m^2 이내이면 모델 학습 시 오차로 간주하지 않겠다는 의미이다.

• 커널 파라미터 γ (Gamma): RBF 커널 사용 시 데이터 포인트 하나의 영향 범위를 결정한다. 가상 수치로 gamma='scale' 또는 gamma=0.1과 같은 값을 설정하여 데이터 분포에 따른 영향 범위를 조절한다.

3) 모델 학습:

• 전처리된 과거 토지 매매 데이터(입력 특징 및 실제 단위 면적당 가격)를 사용하여 설정된 SVR 모델을 학습시킨다.
• SVR 학습 알고리즘은 정의된 ε 마진 내에 가능한 많은 데이터 포인트가 포함되도록 하는 동시에, 마진 밖의 데이터 포인트에 대해서는 C 파라미터로 지정된 패널티를 최소화하는 최적의 회귀 함수(고차원 공간의 초평면)를 찾는다. 이 과정은 2차 계획법(Quadratic Programming) 문제를 해결하는 방식으로 진행된다.

4) 가격 예측 및 활용:

• 학습이 완료된 SVR 모델에 예측 대상인 새로운 토지의 특징 데이터(가상 수치: 40가지 특징)를 입력으로 제공한다.
• 모델은 학습된 회귀 함수를 사용하여 해당 토지의 예상 단위 면적당 가격을 산출한다.
• SVR은 설정된 ε 범위 내의 오차에 대해 관대하므로, 국지적 시장 데이터에 포함될 수 있는 일부 이상 거래나 예외적인 상황의 영향을 덜 받고 비교적 안정적인 예측 결과를 제공하는 데 강점을 보인다. 가상 수치로, 이 모델은 해당 지구 내에서 실제 거래 가격 대비 평균 절대 오차(MAE)를 가상 수치로 ±600,000 원/m^2 이내로 예측하는 성능을 보일 수 있으며, 이는 동일 데이터로 학습된 선형 모델 대비 이상치에 더 강건한 특성을 나타낸다.
• 예측된 가격은 해당 지구 내 토지 거래 시 참고 가격, 개발 사업의 초기 타당성 분석, 소규모 투자 포트폴리오 구성 등에 활용된다.

SVR은 데이터 크기가 제한적이거나 이상치에 대한 강건함이 요구되는 특정 도시 부동산 시장의 토지 가격 예측 문제에 효과적으로 적용될 수 있다. 커널 함수를 통해 비선형 관계를 모델링하면서도 예측 오차에 대한 유연성을 제공하는 것이 특징이다.

Ⅱ SVR가상 예제: "서포트 벡터 회귀(SVR)기반의 데이터 노이즈(Data Noise) 및 국지적 변동성을 고려한 아파트 실 거래 가격 예측

AI 기반 도시 부동산 분야에서 서포트 벡터 회귀(SVR: Support Vector Regression)는 아파트 거래 가격 예측 시 데이터에 포함된 노이즈나 일부 이상치(Outlier)에 덜 민감하게 반응하면서도 복잡한 가격 결정 요인 간의 비선형적 관계를 모델링하는 데 활용될 수 있다. SVR은 예측 오차가 특정 허용 범위(ε) 이내인 데이터에 대해서는 패널티를 부과하지 않는 독특한 방식을 사용한다.

중간 규모 도시 지역이나 특정 아파트 단지, 또는 특정 가격대의 아파트 시장에서는 거래 데이터 수가 초대형 도시 중심부에 비해 적을 수 있으며, 급매, 증여 후 거래, 특수 거래 등으로 인해 시장 가격과 다소 차이가 나는 거래(이상치)가 발생할 수 있다. 이러한 데이터 환경에서 SVR은 이상치의 영향을 완화하며 일반적인 가격 형성 패턴을 학습하는 데 적합한 모델로 활용된다.

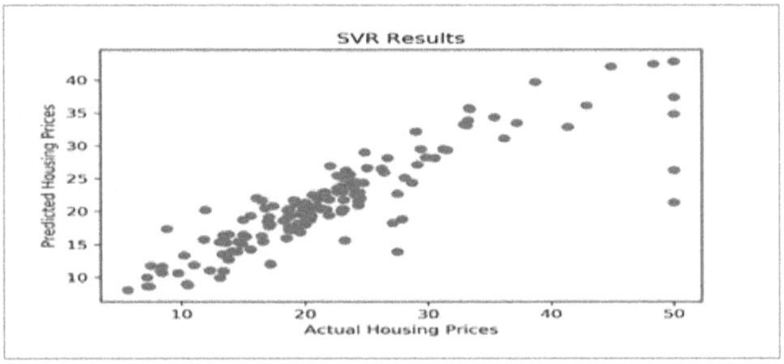

Predicting House Prices with Support Vector Regression in Python
https://soumenatta.medium.com/

1) 데이터 수집 및 준비:

- 예측 대상인 특정 규모 도시 지역 내에서 과거 일정 기간(가상 수치: 최근 5년간의 거래 20,000건) 동안 발생한 아파트 실거래 데이터를 수집한다.
- 각 거래 데이터에 대해 해당 아파트의 물리적 특성(면적(m^2), 층수, 총 층수, 건축 연식, 방/욕실 수 등), 입지 특성(가장 가까운 대중교통 거리, 초/중/고등학교 접근성, 상업 시설 밀집도 등), 그리고 거래 시점의 시장 상황(거래량 지수, 평균 매매 가격 변동률 등)을 포함하는 특징 데이터(가상 수치: 35가지 항목)를 구축한다.
- 데이터는 SVR 학습에 필수적인 특징 스케일링 등 전처리 과정을 거친다. 목표 변수는 실제 아파트 거래 가격으로 설정된다.

2) SVR 모델 설계 및 파라미터 설정:

- 아파트 거래 가격 예측을 위한 SVR 모델을 선택한다. 아파트 가격에 영향을 미치는 요인 간의 비선형적 관계를 모델링하기 위해 RBF(Radial Basis Function)와 같은 커널 함수가 사용된다고 가정한다.
- SVR 모델의 핵심 하이퍼파라미터를 설정한다.
  - ㅁ 정칙화 파라미터 C: 모델의 복잡성과 오차 허용 간의 균형을 조절하며, 오차 허용 범위 ε 밖의 오차에 대한 패널티 강도를 결정한다. 가상 수치로 C=5와 같은 값을 설정한다.
  - ㅁ 오차 허용 범위 ε (Epsilon): 예측 가격과 실제 가격 간의 차이가 이 값 이내이면 학습 시 오차로 간주하지 않는 허용 오차 범위를 정의한다. 아파트 시장의 일반적인 가격 변동 수준을 고려하여 가상 수치로 ε=10,000,000 원 (천만 원)과 같은 값을 설정할 수 있다. 이는 예측 가격이 실제 가격과의 차이가 ±1,000만 원 이내이면 모델 학습 시 패널티를 부과하지 않겠다는 의미이다.
  - ㅁ 커널 파라미터 γ: RBF 커널 사용 시 개별 데이터 포인트의 영향 범위를 결정한다. 가상 수치로 gamma='scale'과 같은 값을 설정할 수 있다.

3) 모델 학습:

- 전처리 된 과거 아파트 실 거래 데이터(입력 특징 및 실제 거래 가격)를 사용하여 설정된 SVR 모델을 학습시킨다.
- SVR 학습 알고리즘은 정의된 ε 마진 내에 가능한 많은 데이터 포인트가 포함되도록 회귀 함수를 찾으며, ε 마진 밖의 데이터 포인트에 대해서만 C 파라미터에 비례하는 패널티를 부과하며 오차를 최소화한다. 이 과정은 이상치의 영향을 상대적으로 덜 받으면서 데이터의 주된 경향을 학습하게 한다.

4)가격 예측 및 활용:

- 학습이 완료된 SVR 모델에 예측 대상인 새로운 아파트 매물의 특징 데이터(가상 수치: 35가지 특징)를 입력으로 제공한다.
- 모델은 학습된 회귀 함수를 사용하여 해당 아파트의 예상 실거래 가격을 산출한다.
- SVR은 설정된 ε 범위 덕분에 데이터에 포함된 일부 극단적인 거래 가격(이상치)의 영향을 최소화하며 일반적인 시장 가격 패턴을 반영하는 데 강점을 보인다. 가상 수치로, 이 모델은 실제 거래 가격 대비 평균 절대 오차(MAE)를 가상 수치로 ±15,000,000 원 (천 오백만 원) 이내로 예측하는 성능을 보일 수 있으며, 이는 동일 데이터로 학습된 선형 모델 대비 이상치에 더 강건한 예측 결과를 나타낸다.
- 예측된 가격은 아파트 매물 호가 설정 참고, 매수/매도 의사결정 지원, 금융기관의 대출 심사 시 참고 가치 산정 등에 활용된다.

SVR은 데이터의 양이 초대규모가 아니거나 이상치가 포함되어 예측 모델의 강건함이 중요한 특정 도시 부동산 시장의 아파트 거래 가격 예측 문제에 효과적으로 적용될 수 있다. 오차 허용 범위 ε 설정을 통해 예측의 유연성을 확보하며 데이터 노이즈에 대한 안정성을 높이는 것이 특징이다.

4.4 AI 기반 도시 부동산 분야에서 랜덤 포레스트 (Random Forests)

AI 기반 도시 부동산 분야에서 랜덤 포레스트(Random Forests)는 여러 개의 결정 트리(Decision Tree)를 활용하는 앙상블 학습 기법으로, 상가(리테일 상업용 부동산)와 같이 다양한 요인이 복합적으로 작용하고 데이터에 어느 정도의 노이즈가 포함될 수 있는 경우에 안정적이고 정확한 가격 예측 및 중요한 특징 식별에 유용하게 활용된다. 각 트리가 무작위성을 가지고 학습되어 과적합을 줄이고 일반화 성능을 높이는 것이 특징이다.

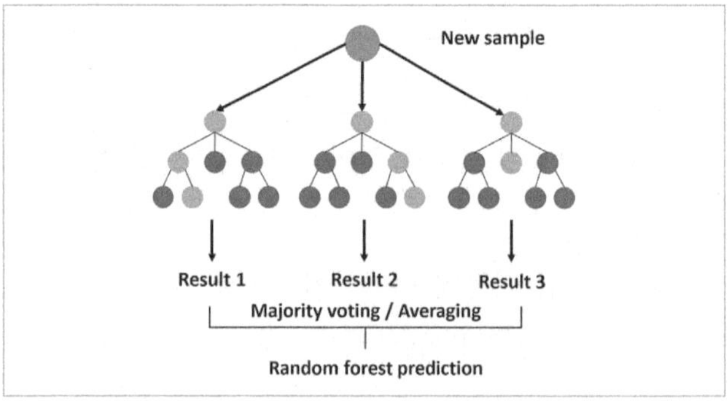

https://medium.com/@weidagang/demystifying-machine-learning-models-random-forest

I 랜덤 포레스트 가상 예제: "랜덤 포레스트(Random Forests)를 활용한 입지, 건물, 임대 현황 등을 고려한 상가 실 거래 가격 예측 및 핵심 요인 분석"

도시 상가 가격은 단순히 면적이나 위치를 넘어 유동 인구, 가시성, 접근성(대중교통, 주차), 주변 상권 활성화 정도, 입점 업종, 임대 조건, 건물 노후도 등 매우 다양한 구조적, 환경적, 운영적 요인에 의해 영향을 받는다. 이러한 다차원적인 요인들을 바탕으로 상가 거래 가격을 예측하고, 어떤 요인이 가격에 가장 큰 영향을 미 미치는지 파악하는 데 랜덤 포레스트가 활용된다.

1) 데이터 수집 및 준비:

- 예측 대상인 도시 지역 내에서 과거 일정 기간(가상 수치: 최근 7년간) 동안 발생한 상가 거래 데이터(가상 수치: 30,000건)를 수집한다.
- 각 거래 상가에 대해 해당 상가의 물리적 특성(가상 수치: 45가지 항목 이상, 예: 연면적(m^2), 층수, 해당 층, 전면 길이, 건축 연식), 입지 특성(가장 가까운 지하철역과의 거리, 버스정류장 수, 일일 평균 유동 인구수, 차량 통행량, 주변 업종 혼합도 지수), 임대 현황 특성(현재 업종 유형, 남은 임대 기간, 임대료 수준), 법적 특성(용도 지역, 제한 사항) 등을 포함하는 특징 데이터를 구축한다. 수치형 및 범주형 데이터가 혼합될 수 있다.
- 데이터는 결측치 처리, 범주형 변수 인코딩 등 랜덤 포레스트 학습을 위한 전처리 과정을 거친다. 목표 변수는 실제 상가 거래 가격으로 설정된다.

2) 랜덤 포레스트 모델 구성:

- 상가 거래 가격 예측을 위한 랜덤 포레스트 회귀 모델을 구성한다. 이 모델은 여러 개의 결정 트리(Decision Tree) 앙상블로 작동한다.
- 모델 구성 시 주요 하이퍼파라미터를 설정한다.
  - ㅁ **트리 개수(n_estimators):** 앙상블에 사용할 결정 트리의 개수를 지정한다. 트리가 많을수록 안정적이지만 계산 비용이 증가한다. 가상 수치로 500개의 트리를 사용한다.
  - ㅁ **최대 깊이(max_depth):** 각 결정 트리의 최대 깊이를 제한하여 과적합을 방지한다. 가상 수치로 15단계와 같이 적절한 깊이를 설정한다.
  - ㅁ **분할 시 고려할 특징 개수(max_features):** 결정 트리가 노드 분할 시 전체 특징(45가지) 중에서 무작위로 선택하여 고려할 특징의 개수를 지정한다. 가상 수치로 전체 특징 개수의 제곱근(sqrt) 또는 10가지와 같이 설정하여 각 트리의 다양성을 확보한다.

ㅁ **리프 노드의 최소 샘플 수(min_samples_leaf)**: 결정 트리의 최종 노드(리프)가 되기 위한 최소 데이터 샘플 수를 지정하여 트리가 너무 세분화되는 것을 방지한다. 가상 수치로 5개와 같이 설정한다.

3) 모델 학습:

- 전처리된 과거 상가 거래 데이터(입력 특징 및 실제 거래 가격)를 사용하여 구성된 랜덤 포레스트 모델을 학습시킨다.
- 학습 과정에서, 전체 학습 데이터의 부트스트랩 샘플(Bootstrap Sample, 복원 추출된 랜덤 부분집합)이 각 결정 트리에 할당된다. 또한, 각 트리가 노드를 분할할 때마다 전체 특징(45가지) 중 무작위로 선택된 일부 특징(가상 수치: 10가지)만을 고려한다.
- 가상 수치로 설정된 500개의 결정 트리가 독립적으로 학습된다. 각 트리는 할당된 데이터 및 특징 부분집합 내에서 최적의 분할 규칙을 찾아 학습 데이터를 가장 잘 설명하는 트리 구조를 만든다.
- 회귀 문제이므로, 각 트리는 입력 특징에 대한 예측 가격을 산출하며, 랜덤 포레스트의 최종 예측 가격은 500개 트리의 예측 가격을 평균하여 결정된다. 이 앙상블 과정이 개별 트리의 불안정성을 줄이고 예측 성능을 향상시킨다.

Predicting House Price With Random Forest Regressor, https://medium.com/analytics-vidhya

4) 가격 예측 및 핵심 요인 분석:

- 학습이 완료된 랜덤 포레스트 모델에 예측 대상인 새로운 상가의 특징 데이터(가상 수치: 45가지 특징)를 입력으로 제공한다.
- 모델은 각 결정 트리를 통과시켜 얻은 예측 가격을 평균하여 최종 예상 거래 가격을 산출한다.
- 랜덤 포레스트는 데이터의 이상치에 비교적 강건하며, 복잡한 특징 간의 상호작용을 일정 수준 모델링하면서도 과적합 위험이 낮다는 장점을 보인다. 가상 수치로, 이 모델은 실제 거래 가격 대비 평균 절대 오차(MAE)를 가상 수치로 ±8% 이내로 예측하는 성능을 보일 수 있다.
- 또한, 랜덤 포레스트는 모델 학습 후 어떤 특징이 가격 예측에 가장 큰 영향을 미쳤는지에 대한 특징 중요도(Feature Importance) 정보를 제공한다. 가상 수치로, 이 모델 분석 결과 '일일 평균 유동 인구수', '가장 가까운 지하철역과의 거리', '용적률 상한'이 상가 가격에 가장 큰 영향을 미치는 가상 수치 상위 3가지 요인으로 식별될 수 있다.

랜덤 포레스트는 도시 상가와 같이 다양한 요인이 복합적으로 작용하고 데이터에 노이즈가 있을 수 있는 환경에서 안정적인 가격 예측 성능을 제공하며, 예측 결과와 더불어 핵심적인 가격 결정 요인에 대한 유용한 정보를 제공한다는 점에서 AI 기반 부동산 분석에 중요하게 활용된다.

Ⅱ 랜덤 포레스트 가상 예제: "랜덤 포레스트 (Random Forests)를 활용한 다양한 아파트 특성 및 시장 요인을 고려한 거래가격 예측 및 주요 결정요인 분석"

AI 기반 도시 부동산 분야에서 랜덤 포레스트(Random Forests)는 아파트 거래 가격을 예측하는 데 널리 활용된다. 여러 개의 독립적인 결정 트리를 학습시키고 그 결과를 종합하는 앙상블 방식을 통해 단일 결정 트리의 과적합 문제를 해결하고,

데이터에 어느 정도의 노이즈가 있더라도 안정적인 예측 성능을 제공한다. 또한, 예측에 가장 큰 영향을 미치는 특징(요인)이 무엇인지 파악하는 데 유용하다.

도시 지역 아파트 가격은 면적, 층수, 연식과 같은 물리적 특성뿐만 아니라 학군, 교통 편리성, 주변 환경, 시장 수급 등 다양한 요인들이 복합적으로 작용하여 결정된다. 이러한 요인들의 복잡한 상호작용을 모델링하고 가격을 예측하며, 동시에 어떤 요인이 가격에 가장 큰 영향을 미치는지 객관적으로 파악하는 데 랜덤 포레스트가 효과적으로 사용된다.

1) 데이터 수집 및 준비:

- 예측 대상 도시 지역 내에서 과거 일정 기간(가상 수치: 최근 5년간) 동안 발생한 아파트 거래 데이터(가상 수치: 50,000건)를 수집한다.
- 각 거래 아파트에 대해 물리적 특성(가상 수치: 40가지 항목 이상, 예: 전용면적(m^2), 공급면적(m^2), 층수, 총 층수, 건축 연식, 방/욕실 개수, 베란다 유무, 난방 방식), 입지 특성(가장 가까운 지하철역 거리(km), 도보 가능 대중교통 지수, 학교와의 거리, 인근 대형 공원 유무, 조망권 유무), 건물 특성(총 세대수, 주차 세대당 대수, 건설사 브랜드), 그리고 거래 시점의 시장 상황(해당 단지의 최근 3개월 거래량, 유사 단지의 평균 가격 변동률) 등을 포함하는 특징 데이터를 구축한다.
- 수집된 데이터는 결측치 처리, 범주형 변수 인코딩(예: 난방 방식), 필요한 경우 특성 스케일링 등 랜덤 포레스트 학습에 적합하도록 전처리된다. 목표 변수는 실제 아파트 거래 가격으로 설정된다.

2) 랜덤 포레스트 모델 구성:

- 아파트 거래 가격 예측을 위한 랜덤 포레스트 회귀 모델을 구성한다. 이 모델은 여러 개의 독립적인 **결정 트리(Decision Tree)**의 예측을 종합하는 앙상블 방식을 사용한다.

• 모델 구성 시 주요 하이퍼 파라미터를 설정한다.

ㅁ **트리 개수**(n_estimators): 앙상블을 구성할 결정 트리의 총 개수를 지정한다. 가상 수치로 600개의 트리를 사용한다고 가정한다. 트리가 많을수록 예측의 안정성이 높아진다.

ㅁ **최대 깊이**(max_depth): 각 결정 트리가 분기할 수 있는 최대 깊이를 제한하여 트리가 과도하게 복잡해지는 것을 방지한다. 가상 수치로 20단계와 같은 값을 설정한다.

ㅁ **분할 시 고려할 특징 개수**(max_features): 결정 트리가 각 노드에서 최적의 분할 기준을 찾을 때, 전체 입력 특징(40가지) 중에서 무작위로 선택하여 고려할 특징의 개수를 지정한다. 가상 수치로 전체 특징 개수의 제곱근(sqrt) 또는 8가지와 같이 설정하여 각 트리가 서로 다른 특징 조합에 집중하도록 유도한다.

ㅁ **리프 노드의 최소 샘플 수**(min_samples_leaf): 결정 트리의 최종 예측을 수행하는 노드(리프)가 되기 위한 최소 데이터 샘플 수를 지정한다. 가상 수치로 3개와 같이 설정하여 너무 작은 그룹에 대한 예측을 방지한다.

3) 모델 학습:

• 전처리된 과거 아파트 거래 데이터(입력 특징 및 실제 거래 가격)를 사용하여 구성된 랜덤 포레스트 모델을 학습시킨다.

• 학습 과정에서, 가상 수치로 설정된 600개의 결정 트리가 독립적으로 학습된다. 각 트리는 전체 학습 데이터에서 복원 추출된 무작위 부분집합(부트스트랩 샘플)을 사용하여 학습되며, 각 분할 단계에서는 전체 특징 중 무작위로 선택된 일부 특징(가상 수치: 8가지)만을 고려하여 최적의 분할 규칙을 찾는다.

• 각 결정 트리는 학습 데이터를 특정 조건에 따라 분할하며, 리프 노드에서는 해당 노드에 속한 학습 데이터의 평균 거래 가격을 예측 값으로 사용한다.

4) 가격 예측 및 핵심 요인 분석:

- 학습이 완료된 랜덤 포레스트 모델에 예측 대상인 새로운 아파트 매물의 특징 데이터(가상 수치: 40가지 특징)를 입력으로 제공한다.
- 새로운 데이터가 입력되면, 앙상블을 구성하는 가상 수치 600개의 모든 결정 트리가 각각 독립적으로 예측 가격을 산출한다. 랜덤 포레스트 모델의 최종 예측 가격은 이 600개 트리의 예측 가격을 평균하여 결정된다.
- 랜덤 포레스트는 여러 트리의 예측을 종합함으로써 단일 트리의 예측보다 훨씬 안정적이고 정확한 결과를 제공하며, 데이터의 이상치에 대한 강건함도 향상된다. 가상 수치로, 이 모델은 실제 거래 가격 대비 평균 절대 오차(MAE)를 가상 수치로 ±12,000,000 원(천이백만 원) 이내로 예측하는 성능을 보일 수 있다.
- 학습 완료 후, 랜덤 포레스트 모델은 어떤 특징이 아파트 가격 예측에 가장 큰 영향을 미쳤는지에 대한 특징 중요도(Feature Importance) 점수를 제공한다. 가상 수치로, 이 분석 결과 '전용면적', '가장 가까운 지하철역 거리', '건축 연식'이 해당 도시 지역 아파트 가격에 가장 큰 영향을 미치는 가상 수치 상위 3가지 요인으로 식별될 수 있다.

4.5 그래디언트 부스팅 트리(GBT: Gradient Boosted Trees)

AI 기반 도시 부동산 분야에서 그래디언트 부스팅 트리(Gradient Boosted Trees, GBT)는 예측 정확도를 극대화하는 데 자주 사용되는 강력한 앙상블 학습 기법이다. 이 알고리즘은 여러 개의 결정 트리를 순차적으로 학습시키는데, 이때 각 트리는 이전 트리들이 예측하지 못한 오류(잔차)를 줄이는 방향으로 학습된다. 이러한 반복적인 오류 개선 과정을 통해 최종 모델의 예측 성능을 점진적으로 끌어올리는 것이 특징이다. XGBoost, LightGBM 등 다양한 구현체가 존재한다.

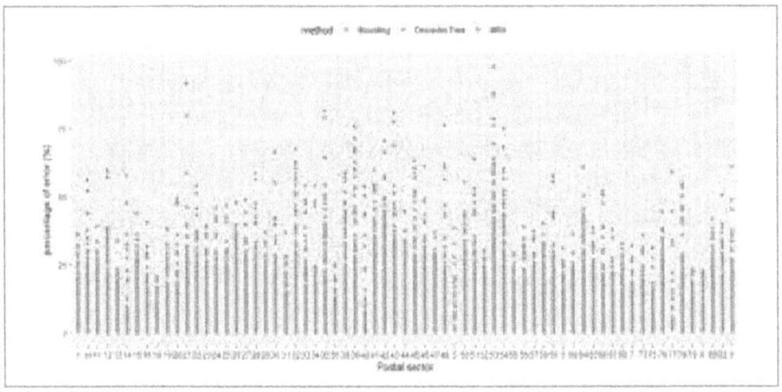

Boosted Tree Ensembles for Artificial Intelligence, https://link.springer.com/

I GBT가상 예제: "최고 수준의 정확도 도출을 위한 아파트 실거래 가격 정밀 예측 모델 개발"

1) GBT를 활용하여 다양한 요인들이 복잡하게 얽힌 아파트 가격 데이터에서 숨겨진 패턴까지 학습하여 최고 수준의 예측 정확도를 달성하고자 한다.

경쟁이 치열한 도시 부동산 시장에서는 미세한 가격 예측 오차도 투자나 거래 의사결정에 큰 영향을 미칠 수 있다. 따라서 가능한 가장 정확한 가격 예측 모델을 구축하는 것이 중요하다. GBT는 다양한 요인들이 복잡하게 얽힌 아파트 가격 데이터에서 숨겨진 패턴까지 학습하여 최고 수준의 예측 정확도를 달성하는 데 활용된다.

2) 데이터 수집 및 준비:

- 예측 대상 도시 지역에서 발생한 방대한 아파트 거래 데이터(가상 수치: 최근 6년간의 거래 80,000건)를 수집한다.
- 각 거래 아파트에 대해 물리적 특성(면적, 층수, 연식, 방/욕실 수, 리모델링 여부 등), 입지 특성(교통 접근성 점수, 학군 평판 지수, 주변 편의시설 밀집도 등), 건물 특성(총 세대수, 브랜드 가치, 주차율 등), 거래 시점의 시장 상황(금리 변

동률, 거시 경제 지표, 지역별 매매/전세 지수 변동률 등), 그리고 여러 특징을 조합한 상호작용 특성(예: 연식과 리모델링 여부를 결합한 점수) 등 최대한 다양한 특징(가상 수치: 70가지 항목 이상)을 포함하도록 데이터를 구축한다.

• 데이터는 결측치 처리, 범주형 변수 인코딩, 필요한 경우 특성 스케일링 등 GBT 학습에 최적화된 전처리 과정을 거친다. 목표 변수는 실제 아파트 거래 가격으로 설정된다.

3) GBT 모델 구성 및 하이퍼 파라미터 튜닝(Hyper-Parameter Tuning):

• 아파트 거래 가격 예측을 위한 GBT 회귀 모델(예: XGBoost Regressor)을 선택하고 구성한다. GBT는 여러 개의 상대적으로 '약한(weak)' 결정 트리를 결합한다.

• 모델의 예측 성능과 과적합 방지에 중요한 영향을 미치는 하이퍼파라미터를 정밀하게 튜닝한다.

  ㅁ부스팅 단계 수 (n_estimators 또는 num_round): 순차적으로 학습시킬 결정 트리의 총 개수이다. 이 수가 많을수록 모델은 더 복잡한 패턴을 학습하려 하지만 과적합 위험이 증가한다. 가상 수치로 1000단계 (즉, 1000개의 트리)와 같이 충분히 큰 값을 설정하고 조기 종료(Early Stopping) 기법과 함께 사용될 수 있다.

  ㅁ학습률 (learning_rate 또는 eta): 각 부스팅 단계에서 이전 단계의 오류를 얼마나 강하게 수정할지를 결정하는 계수이다. 작은 값은 더 많은 단계를 거치지만 더 정밀한 학습을 가능하게 한다. 가상 수치로 0.05 또는 0.01과 같이 작은 값을 설정하는 경우가 많다.

  ㅁ트리의 최대 깊이 (max_depth): 순차적으로 학습되는 개별 결정 트리의 최대 깊이를 제한한다. GBT에서는 일반적으로 상대적으로 얕은 트리(가상 수치: 6단계)를 사용한다.

ㅁ샘플링 비율 (subsample): 각 트리를 학습시킬 때 전체 학습 데이터 중 무작위로 선택하여 사용할 샘플의 비율이다. 가상 수치로 0.8과 같이 설정하여 과적합을 방지한다.

ㅁ특징 샘플링 비율 (colsample_bytree): 각 트리를 학습시킬 때 전체 특징 중 무작위로 선택하여 사용할 특징의 비율이다. 가상 수치로 0.7과 같이 설정한다.

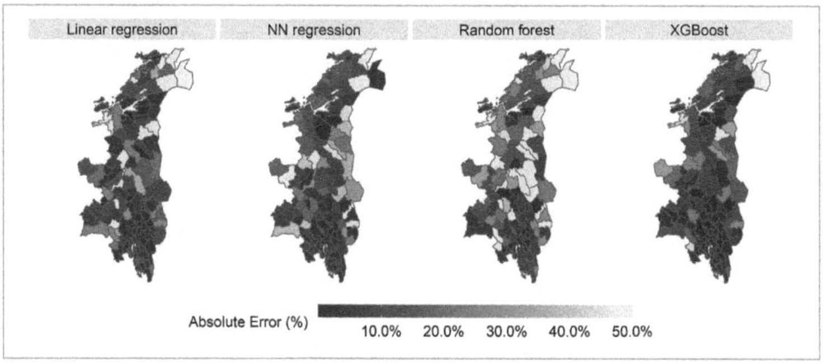

House price prediction with gradient boosted trees https://www.tandfonline.com

4) 모델 학습:

• 전처리된 과거 아파트 거래 데이터(입력 특징 및 실제 거래 가격)를 사용하여 구성 및 튜닝된 GBT 모델을 학습시킨다.

• 학습 과정은 순차적으로 진행된다. 첫 번째 결정 트리는 입력 특징과 실제 거래 가격 간의 초기 관계를 학습한다. 두 번째 트리는 첫 번째 트리의 예측과 실제 가격 간의 잔차(Residuals, 예측 오류)를 예측하도록 학습된다. 세 번째 트리는 첫 번째 및 두 번째 트리의 앙상블 예측과 실제 가격 간의 잔차를 예측하는 식으로 학습이 반복된다. 이 과정은 가상 수치로 설정된 1000단계 동안 반복된다.

- 각 단계에서 새로운 트리가 예측한 잔차는 학습률(예: 0.05)만큼 기존 앙상블 모델에 더해져 전체 예측 성능을 점진적으로 개선한다.

4) 가격 예측 및 활용:

- 학습이 완료된 GBT 모델에 예측 대상인 새로운 아파트 매물의 특징 데이터(가상 수치: 70가지 특징)를 입력으로 제공한다.
- 모델의 예측 가격은 초기 예측 값에 순차적으로 학습된 1000개 트리의 예측 값을 모두 더하여 최종적으로 산출된다.
- GBT는 이전 모델의 오류에 집중하여 학습함으로써, 데이터 내 복잡하고 미묘한 패턴을 효과적으로 포착하여 매우 높은 예측 정확도를 달성한다. 가상 수치로, 이 모델은 실제 거래 가격 대비 평균 절대 오차(MAE)를 가상 수치로 ±10,000,000 원(천만 원) 이내로 예측하는 성능을 보일 수 있으며, 이는 동일 데이터로 학습된 다른 모델(예: 랜덤 포레스트) 대비 가상 수치로 15% 이상의 예측 오차 감소 효과를 가져올 수 있다.
- 이처럼 정밀하게 예측된 아파트 가격은 투자 분석에서 예상 수익률 계산, 금융 기관의 담보 가치 산정 자동화, 시장 분석 보고서 작성, 알고리즘 기반의 매수/매도 타이밍 결정 등 최고 수준의 예측 정확도가 요구되는 다양한 분야에 핵심적으로 활용된다.

그래디언트 부스팅 트리는 도시 아파트와 같이 복잡하고 동적인 시장에서 최고 수준의 예측 성능을 달성하는 데 매우 효과적인 알고리즘으로 활용된다. 순차적인 오류 개선 메커니즘을 통해 데이터의 잠재된 패턴을 깊이 학습하는 것이 강점이며, 이는 AI 기반 부동산 분석의 정밀도를 크게 높이는 데 기여한다.

제 4 장

딥 러닝 기반의 파운데이션 모델과 부동산 분야 응용

제4장 딥 러닝 기반의 파운데이션 모델과 부동산 분야 응용

1 AI 기반 부동산 분야에서의 파운데이션 모델 이해

1.1 부동산 분야에서 딥 러닝의 일종인 파운데이션 모델의 활용 분야

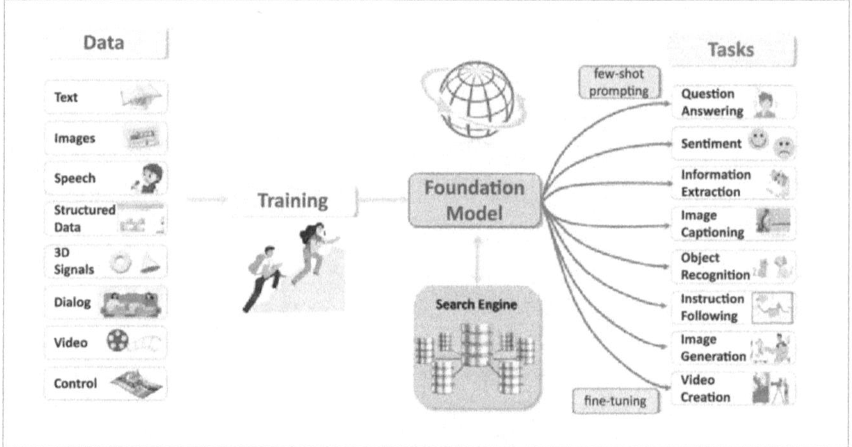

A Foundation Model can integrate the information contained in the data from various modalities during pre-training. It can access up-to-date knowledge by search engines and store intermediate results https://www.researchgate.net/figure/A-Foundation-Model

1) 부동산 분야에서 파운데이션 모델은 딥 러닝(Deep Learning)의 트랜스포머(Transformer)와 같은 대규모 신경망 모델을 기반으로 구축된다.

기술이 부동산 분야에 깊숙이 적용됨에 따라 '파운데이션 모델(Foundation Models)'이라는 용어가 중요하게 다루어지고 있다.

(1) 파운데이션 모델이란 대규모의 다양한 데이터셋으로 사전에 학습되어 여러 가지 하위 작업에 광범위하게 적용될 수 있는 기반이 되는 AI 모델을 의미한다

파운데이션 모델이란 대규모의 다양한 데이터셋으로 사전에 학습되어 여러 가지 하위 작업에 광범위하게 적용될 수 있는 기반이 되는 인공지능 모델을 의미한다. 부동산 분야에서는 이러한 파운데이션 모델을 활용하여 다양한 지능형 서비스를 구현한다.

2) 부동산분야에서 파운데이션 모델은 어디에 활용하나?

부동산 분야에서 파운데이션 모델은 다음과 같은 작업에 활용될 수 있다:

(1) **부동산 가치 평가 자동화**: 방대한 부동산 거래 데이터, 시장 동향, 지역 정보 등을 학습한 파운데이션 모델은 보다 정확하고 신속하게 부동산 가치를 평가하는 데 활용된다.

(2) **시장 동향 예측**: 과거 및 현재의 시장 데이터를 분석하여 미래의 가격 변동, 수요 공급 변화 등 시장 동향을 예측하는 모델의 기반이 된다.

(3) **개인 맞춤형 매물 추천**: 사용자의 검색 기록, 선호도, 재정 상태 등을 고려하여 가장 적합한 부동산 매물을 추천하는 시스템을 구축하는 데 사용된다.

(4) **가상현실 및 증강현실 기반 서비스 개선**: 매물 정보를 시각화 하거나 가상 투어를 생성하는 등 생성형 경험을 제공하는 기술 개발에 기여한다.

(5) **부동산 문서 분석 및 생성**: 계약서, 보고서 등 복잡한 부동산 관련 문서를 이해하고 요약하거나 새로운 문서를 생성하는 데 활용될 수 있다.

(1) 파운데이션 모델은 기본적으로 딥 러닝(Deep Learning)의 트랜스포머(Transformer)와 같은 대규모 신경망 모델을 기반으로 구축되며, 막대한 양의 데이터로 사전 학습되는 과정을 거친다.

파운데이션 모델은 기본적으로 딥 러닝(Deep Learning)의 일종으로 간주된다. 딥 러닝은 인간 신경망의 구조를 모방한 다층(deep layer)의 인공 신경망을 사용하여 데이터 속의 복잡한 패턴을 학습하는 머신러닝 기법이다. 파운데이션 모델은 이러한 딥 러닝 아키텍처, 특히 트랜스포머(Transformer)와 같은 대규모 신경망 모델을 기반으로 구축되며, 막대한 양의 데이터로 사전 학습되는 과정을 거친다. 따라서 파운데이션 모델은 딥 러닝 기술의 발전과 대규모 데이터 및 컴퓨팅 자원의 활용을 통해 가능해진 진보된 형태의 모델이라 할 수 있다.

요컨대, AI 기반 부동산 분야에서 파운데이션 모델은 다양한 응용 서비스의 토대가 되는 강력한 AI 모델이며, 이는 딥 러닝 기술을 핵심 기반으로 하여 개발된다.

1.2 파운데이션 모델(Foundation Models)의 등장과 특징

1.2.1 AI 분야는 파운데이션 모델(Foundation Models)의 등장으로 또 한 번의 패러다임 전환을 경험하고 있다

1) BERT, GPT 시리즈, DALL-E 등이 대표적인 예시로, 이들은 방대한 양의 다양한 데이터(텍스트, 이미지, 코드 등)를 사용하여 대규모로 사전 훈련(pre-trained)된 모델을 의미한다.

최근 AI 분야는 파운데이션 모델(Foundation Models)의 등장으로 또 한 번의 패러다임 전환을 경험하고 있다. BERT, GPT 시리즈, DALL-E 등이 대표적인 예시로, 이들은 방대한 양의 다양한 데이터(텍스트, 이미지, 코드 등)를 사용하여 대규모로 사전 훈련(pre-trained)된 모델을 의미한다.

2) 파운데이션 모델의 핵심 특징은 특정 작업에 국한되지 않고, 약간의 추가 학습(fine-tuning)이나 조정(adaptation)을 통해 광범위한 다운스트림(downstream) 작업에 적용될 수 있다는 점이다.

파운데이션 모델의 핵심 특징은 특정 작업에 국한되지 않고, 약간의 추가 학습(fine-tuning)이나 조정(adaptation)을 통해 광범위한 다운스트림(downstream) 작업에 적용될 수 있다는 점이다. 이는 특정 작업만을 위해 개발되던 기존의 AI 모델들과 근본적인 차이를 보인다.

The Foundation Models Reshaping Computer Vision
https://medium.com/@tenyks_blogger/the-foundation-models

1.2.2 파운데이션 모델 몇 가지 핵심 기술 요소에 의해 가능해진다.

이러한 범용성은 몇 가지 핵심 기술 요소에 의해 가능해진다.

첫째, 자기 지도 학습(Self-supervised Learning) 방식을 통해 레이블이 없는 대규모 데이터셋으로부터 스스로 학습할 수 있다.

둘째, 트랜스포머(Transformer) 아키텍처는 데이터 내의 장거리 의존성(long-range dependency)을 효과적으로 포착하여 문맥 이해 능력을 크게 향상시켰다.

셋째, 모델의 규모(Scale), 즉 파라미터 수와 학습 데이터 양을 크게 늘림으로써 예측하지 못했던 새로운 능력(emergent capabilities)이 발현되기도 한다.

넷째, 사전 훈련을 통해 얻은 광범위한 지식을 새로운 작업에 적용하는 전이 학습(Transfer Learning) 능력이 뛰어나, 적은 양의 데이터로도 특정 작업에 대한 높은 성능을 달성할 수 있다.

마지막으로, 사용자의 지시사항(prompt)을 통해 모델의 행동을 제어하는 프롬프트 엔지니어링(Prompt Engineering) 기법이 발전하면서 모델 활용성이 더욱 높아졌다.

■ **AI 기반 도시 부동산 분야 파운데이션 모델의 목표, 기술, 역할, 장단점, 활용예시**

구분	설명
목표	- 방대한 부동산 관련 데이터를 학습하여 다양한 하위 작업에 적용 가능한 범용적인 AI 모델을 구축한다. - 복잡한 도시 부동산 문제를 해결하고 효율성을 증대하는 데 기여한다.
기술	- 대규모의 다양한 데이터셋을 활용한 사전 학습(Pre-training) 과정을 거친다. 주로 트랜스포머와 같은 심층 신경망 아키텍처를 포함하는 딥 러닝 기술을 기반으로 한다. - 전이 학습(Transfer Learning) 기법을 활용하여 특정 작업에 맞게 모델을 미세 조정(Fine-tuning)한다.
역할	- 부동산 가치 평가, 시장 동향 예측, 고객 맞춤형 서비스 제공, 문서 분석 등 다양한 부동산 관련 AI 애플리케이션 개발의 핵심 기반 역할을 수행한다. - 복잡하고 비정형적인 부동산 데이터를 효과적으로 처리하고 분석하는 능력을 제공한다.
장점	- 다양한 작업에 유연하게 적용될 수 있는 범용성을 가진다. - 대규모 데이터 학습을 통해 복잡한 패턴과 숨겨진 관계를 파악하는 능력이 뛰어나다. 소량의 특정 데이터로도 모델의 성능을 효과적으로 향상시킬 수 있다 (전이 학습). - 새로운 서비스 개발 시간과 비용을 절감하는 데 도움이 된다.
단점	- 모델 학습 및 운영에 막대한 양의 데이터와 컴퓨팅 자원이 요구된다. - 학습 데이터의 편향이 모델 결과에 영향을 미칠 수 있다. - 모델 내부 작동 방식을 이해하기 어려운 블랙박스 특성을 가질 수 있다. - 높은 개발 및 유지보수 비용이 발생할 수 있다.
활용 예시	- 자동화된 부동산 가치 평가 시스템 구축 - 지역별 부동산 시장 가격 및 거래량 변화 예측 - 개인별 선호도를 반영한 맞춤형 매물 추천 서비스 - 부동산 계약서 및 법률 문서 자동 분석 및 요약 - 가상현실 기반의 온라인 매물 투어 시스템 개선

2 파운데이션 모델의 주요 성능과 부동산분야 적용 예제

2.1 파운데이션 모델(Foundation Models)의 성능 별 특성 및 활용

■ AI 기반 도시 부동산 분야 파운데이션 모델의 주요 성능별 특성 및 활용

성능 (Capability)	목표	기술	역할	장점	단점	활용 예시
언어 능력 (Language)	- 부동산 관련 텍스트 데이터(계약서, 설명, 보고서 등)를 이해하고 처리한다. - 자연어 형태의 사용자 질의에 응답한다.	- 규모 텍스트 데이터 기반의 사전 학습, - 언어 처리(NLP) 기술(토큰화, 임베딩, 구문 분석 등), 텍스트 생성 기술을 활용한다.	- 동산 문서의 정보 추출 및 요약, - 고객 문의에 대한 자동 응답 챗봇 기능 구현, - 설명 자동 생성 등에 기여한다.	- 다양한 형식의 텍스트 정보를 신속하게 처리하고 이해한다. - 인간과 유사한 방식으로 소통하며 정보를 제공할 수 있다.	- 부동산 전문 용어 및 맥락 이해에 한계가 있을 수 있다. - 비정형적인 텍스트 데이터의 오류나 모호성에 영향을 받는다.	- 부동산 계약서 핵심 조항 자동 추출, - 챗봇을 통한 부동산 FAQ 응대, - 매물 소개 문구 자동 생성에 활용된다.
고객 상호작용 (Chatbot)	고객의 질문이나 요청을 이해하고 적절한 정보를 제공하거나 작업을 수행한다. 고객과의 소통 효율성을 높인다.	- 언어 능력 기반 위에 대화 관리, - 의도 파악, - 개체명 인식 등의 챗봇 기술과 강화 학습 기법이 결합될 수 있다.	- 24시간 고객 응대 채널 제공, - 단순 반복적인 고객 문의 처리, - 맞춤형 정보 제공을 통한 고객 만족도 향상 역할을 수행한다.	- 고객의 시간과 장소에 제약 없이 즉각적인 응대가 가능하다. - 대량의 고객 문의를 동시에 처리할 수 있다.	- 복잡하거나 비정형적인 고객 요청 처리에 어려움이 있을 수 있다. - 감성적인 소통이나 복잡한 협상에는 부적합하다.	- 웹사이트 또는 앱 내 부동산 문의 챗봇, - 매물 정보 안내 및 추천 챗봇, - 계약 절차 관련 질의응답 챗봇으로 활용된다.

정보 분석 및 추출	방대한 정형/비정형 부동산 데이터에서 유의미한 정보와 패턴을 찾아내고 필요한 정보를 추출한다.	- 데이터 마이닝, - 기계 학습 알고리즘, - 딥 러닝 기반의 특징 추출 및 패턴 인식 기술, - 정보 검색 및 추출 기술을 사용한다.	- 시장 동향 분석, - 투자 기회 발굴, - 부동산 가치 평가에 필요한 핵심 데이터 추출, - 리스크 분석 등을 지원한다.	- 대규모 데이터셋에서 복잡한 관계와 숨겨진 인사이트를 발견하는 데 효과적이다. - 수작업 대비 빠르고 정확한 정보 분석이 가능하다.	- 데이터 품질 및 일관성이 분석 결과에 큰 영향을 미친다. - 분석 결과의 해석 및 활용에 전문가의 판단이 필요할 수 있다.	- 시장 보고서 생성을 위한 데이터 분석, - 잠재 투자 유망 지역 식별, - 대출 심사를 위한 정보 추출 및 분석에 활용된다.
시각 능력 (Visual)	부동산 관련 이미지 및 비디오 데이터(사진, 도면, 가상 투어 영상 등)를 인식하고 이해한다.	- 대규모 이미지/비디오 데이터 기반의 사전 학습, - 컴퓨터 비전 기술 (객체 탐지, - 이미지 분할, - 장면 이해 등)을 활용한다.	- 매물의 특징 파악, - 공간 분석, - 시각적 정보 기반의 검색 및 추천 기능 구현에 활용된다.	- 이미지 및 비디오 형태의 비정형 데이터를 효과적으로 처리하고 분석한다. - 시각 정보를 통해 사용자의 이해를 돕고 매력도를 높일 수 있다.	- 이미지 품질이나 촬영 각도 등에 따라 인식 성능이 달라질 수 있다. - 복잡하거나 특이한 시각 정보 해석에 오류가 발생할 수 있다.	- 매물 사진 자동 분석(방 개수, 특징 등 파악), - 건축물 외관 및 내부 상태 분석, - 시각 정보를 활용한 유사 매물 검색에 사용된다.
이미지 분석	부동산 이미지에서 객체(방, 가구 등), 특징(채광, 뷰 등)을 식별하고 이미지의 내용을 분석한다.	시각 능력의 하위 개념으로, 콘볼루션 신경망(CNN) 등 이미지 분석에 특화된 딥 러닝 모델 및 관련 알고리즘을 사용한다.	- 매물 이미지의 품질 평가 및 개선, - 가상 스테이징 지원, - 이미지 기반의 매력도 분석 등에 기여한다.	- 이미지 내의 구체적인 요소들을 정량적, 정성적으로 분석할 수 있다. - 대량의 매물 이미지를 효율적으로 관리하고 활용하는 데 유리하다.	- 분석 대상 객체의 다양성이나 이미지 해상도에 영향을 받는다. - 이미지의 미묘한 특징이나 분위기 파악에는 한계가 있을 수 있다.	- 매물 사진에서 주방, 욕실 등 특정 공간 자동 식별, - 가상 가구 배치 시 이미지 분석 활용, - 이미지 기반 매물 검색 필터링에 사용된다.

가상 투어 지원	실제와 유사한 가상 환경에서 사용자가 부동산 매물을 탐색하고 경험할 수 있도록 지원한다.	- 시각 능력 및 이미지 분석 기술 - 3D 모델링, 렌더링, - 인터랙션 디자인 기술이 통합된다.	- 온라인 매물 경험의 질 향상, - 원격지 사용자의 매물 탐색 기회 제공, - 매물의 장점을 효과적으로 시각화하는 역할을 수행한다.	- 사용자가 시간과 공간의 제약 없이 매물을 상세하게 살펴볼 수 있다. - 몰입감 있는 경험을 통해 매물에 대한 이해도와 관심도를 높일 수 있다.	- 고품질 가상 투어 생성에 많은 시간과 비용이 소요될 수 있다. - 실제 현장 방문 경험을 완전히 대체하기는 어렵다.	- 매물 내부 및 외부의 360도 가상 투어 생성, - 가상 현실(VR)을 활용한 매물 탐색 기능 제공에 활용된다.
추론 능력 (Reasoning)	학습된 지식과 데이터를 바탕으로 논리적인 판단을 내리거나 새로운 정보를 추론한다. 복잡한 문제를 해결한다.	- 대규모 데이터 학습을 통해 습득된 패턴 및 관계 분석 능력, - 논리적 추론 알고리즘, - 문제 해결 모델링 기술을 포함한다.	- 시장 변화 예측, - 투자 리스크 평가, - 최적의 부동산 전략 수립 지원, - 복잡한 데이터 기반 의사 결정 과정에 도움을 준다.	- 불확실한 상황에서도 데이터에 기반한 합리적인 판단을 내리는 데 도움을 준다. - 다양한 정보를 종합하여 새로운 결론을 도출할 수 있다.	- 학습 데이터의 범위나 편향에 따라 추론의 정확성이 달라질 수 있다. - 추론 과정이 투명하지 않아 결과에 대한 신뢰성 확보가 중요한다.	- 시장 데이터 기반의 부동산 가격 변동 예측, - 특정 개발 사업의 경제적 타당성 분석, - 투자 포트폴리오 구성 전략 제안에 사용된다.

2.2 언어 능력 (Language Capabilities)

2.2.1 대규모 언어 모델(LLM)의 성능과 효과

1) 대규모 언어 모델(LLM)의 성능과 효과

GPT와 같은 대규모 언어 모델(LLM)은 인간의 언어를 이해하고 생성하는 데 탁월하다.

(1) **콘텐츠 생성 및 요약**: 부동산 매물에 대한 상세하고 매력적인 설명을 자동으로 생성하거나, 긴 시장 분석 보고서, 법률 문서(계약서, 규제 조항 등)를 간결하게 요약하는 데 활용될 수 있다.

Artificial Intelligence: Understanding its Evolution and Impact, Linkedin

(2) **고객 상호작용:** 자연스러운 대화가 가능한 AI 챗봇을 구현하여 24시간 고객 문의에 응대하고, 다국어 지원을 통해 글로벌 고객과의 소통 장벽을 낮출 수 있다.

(3) **정보 분석 및 추출:** 방대한 양의 뉴스 기사, 소셜 미디어 데이터, 시장 보고서 등을 분석하여 시장 트렌드를 파악하거나 특정 정보를 빠르게 추출하는 데 사용될 수 있다.

2.2.2 AI 기반 도시부동산 분야에서의 LLM 활용: '콘텐츠 생성 및 요약'의 가상 사례

AI 기반 도시 부동산 분야에서 파운데이션 모델의 한 형태인 대규모 언어 모델(Large Language Model, LLM)은 '콘텐츠 생성 및 요약' 작업을 수행하는 데 효과적으로 활용된다. 이는 방대한 텍스트 데이터를 이해하고 분석하여 새로운 텍스트 콘텐츠를 생성하거나 기존 문서를 핵심 내용 위주로 간추리는 능력을 의미한다.

I LLM가상 수치 예제: "부동산 중개회사가 확보된 매물에 대한 설명 문구를 작성하고, 방대한 시장 분석 보고서의 핵심 내용을 신속하게 파악해야 한다"

1) 효율적인 업무 처리를 위해 확보된 매물에 대한 설명 문구를 작성하고, 방대한 시장 분석 보고서의 핵심 내용을 신속하게 처리해야 하는 과제를 안고 있다.

어느 도시 부동산 중개회사가 있다고 가정한다. 이 회사는 매일 다수의 신규 매물 정보를 확보하며, 동시에 시장 분석 보고서를 정기적으로 발행하거나 접한다. 효율적인 업무 처리를 위해 확보된 매물에 대한 설명 문구를 작성하고, 방대한 시장 분석 보고서의 핵심 내용을 신속하게 파악해야 하는 과제에 직면한다.

(1) 작업 1: 매물 설명 문구 작성

- 대상: 신규 매물 100건
- 기존 수작업 소요 시간: 건당 평균 30분 소요
- LLM 활용 시 예상 소요 시간: 건당 평균 2분 소요

(2) 작업 2: 시장 분석 보고서 요약

- 대상: 보고서 5건 (각 보고서당 평균 20페이지)
- 기존 수작업 소요 시간: 건당 평균 4시간 소요
- LLM 활용 시 예상 소요 시간: 건당 평균 10분 소요

2) 가상 수치 예제 풀이 및 해설

LLM을 활용하기 전 수작업으로 각 작업을 수행하는 데 소요되는 총 시간을 계산하고, LLM 활용 시 소요되는 시간 및 절감되는 시간을 산출하여 LLM 도입의 효율성을 비교 분석한다.

- 작업 1 (매물 설명 문구 작성) 소요 시간 비교

  ㅁ수작업 총 시간: 100건 × 30분/건 = 3,000분 = 50시간

- ㅁLLM 활용 시 총 시간: 100건 × 2분/건 = 200분 = 약 3.33시간
- ㅁ작업 1에서 절감되는 시간: 50시간 - 3.33시간 = 약 46.67시간

• 작업 2 (시장 분석 보고서 요약) 소요시간 비교

- ㅁ수작업 총 시간: 5건 × 4시간/건 = 20시간
- ㅁLLM 활용 시 총 시간: 5건 × 10분/건 = 50분 = 약 0.83시간
- ㅁ작업 2에서 절감되는 시간: 20시간 - 0.83시간 = 약 19.17시간

• 총 절감 시간

- ㅁ총 절감 시간: 46.67시간 + 19.17시간 = 약 65.84시간

3) 해설

상기 가상 수치 예제에서 확인되는 바와 같이, AI 기반 도시 부동산 분야에서 LLM을 활용하여 콘텐츠 생성(매물 설명 문구 작성) 및 요약(시장 분석 보고서 요약) 작업을 수행할 경우 상당한 시간 절감이 이루어진다. 총 65시간 이상의 업무 시간을 절약함으로써, 부동산 중개 회사는 인적 자원을 보다 전략적이고 부가가치가 높은 업무(예: 고객 상담, 계약 협상, 신규 사업 개발 등)에 재배치할 수 있게 된다.

LLM은 방대한 텍스트 데이터의 핵심을 정확하고 빠르게 파악하고, 주어진 정보를 바탕으로 자연스럽고 설득력 있는 문구를 생성하는 능력을 보유한다. 이러한 성능은 부동산 전문가들이 일상적으로 처리해야 하는 문서 작업의 부담을 크게 경감시키며, 업무 효율성을 극대화하는 데 기여한다. 또한, 일관된 품질의 매물 설명 문구를 대량으로 생성함으로써 마케팅 효과를 증대하고, 시장 보고서의 신속한 요약을 통해 최신 시장 동향 파악 및 의사 결정 속도를 높일 수 있다.

2.2.3 AI 기반 도시부동산 분야에서의 LLM 활용: '고객 상호작용(챗봇(Chatbot))'의 가상 사례

AI 기반 도시 부동산 영역에서 LLM은 고객 상호작용을 개선하는 핵심 도구인 챗봇 구현에 활발히 활용된다. LLM 기반 챗봇은 자연어 이해 및 생성 능력을 바탕

으로 고객의 다양한 문의에 응대하며, 정보 제공, 초기 상담, 반복적인 작업 처리 등의 역할을 수행한다. 본 해설에서는 가상적인 수치 예제를 통해 LLM 기반 챗봇 도입이 고객 상호작용에 미치는 영향을 논한다.

1) LLM가상 수치 예제: "부동산 서비스 제공업체가 LLM 기반 챗봇을 도입하여 고객 문의를 처리"

한 도시 부동산 서비스 제공업체가 매일 상당수의 고객 문의를 처리한다고 가정한다. 기존에는 고객 서비스 담당자가 모든 문의에 직접 응대하였으나, 응대 시간 지연 및 반복적인 질문으로 인한 비효율성 문제가 발생한다. 이러한 문제를 해결하기 위해 LLM 기반 챗봇을 도입하는 방안을 검토한다.

- 일일 총 고객 문의 건수: 200건
- 반복적인 문의 (FAQ) 비중: 70%
- 복잡하거나 개별화된 문의 비중: 30%
- 고객 서비스 담당자의 FAQ 건당 처리 시간: 평균 5분
- LLM 기반 챗봇의 FAQ 건당 처리 시간: 평균 30초 (0.5분)
- 고객 서비스 담당자의 복잡/개별 문의 건당 처리 시간: 평균 15분
- 고객 서비스 담당자의 시간당 인건비 및 제반 비용: 30,000원 (분당 500원)
- LLM 기반 챗봇의 건당 운영 비용: 500원

https://www.matellio.com/blog/how-to-develop-a-custom-ai-chatbot-for-real-estate-business

2) 가상 수치 예제 풀이 및 해설

LLM 기반 챗봇 도입 전과 후의 고객 문의 처리 현황 및 비용 효율성을 비교 분석한다.

- LLM 기반 챗봇 도입 전 (수작업 처리)
  - ㅁ 일일 총 문의 처리 시간: (반복 문의 140건 × 5분/건) + (복잡/개별 문의 60건 × 15분/건)
  - ㅁ 일일 총 문의 처리 시간: 700분 + 900분 = 1,600분 = 약 26.67시간
  - ㅁ 일일 총 문의 처리 비용: 200건 × (평균 처리 시간 추정치) × (분당 비용 500원) - 정확한 평균 처리 시간 산정이 필요하나, 여기서는 편의상 총 소요 시간 기반 비용 산출로 대체한다.
  - ㅁ 일일 총 문의 처리 비용: 1,600분 × 500원/분 = 800,000원
- LLM 기반 챗봇 도입 후
  - ㅁ 챗봇 처리 문의 건수 (반복 문의): 140건
  - ㅁ 고객 서비스 담당자 처리 문의 건수 (복잡/개별 문의): 60건
  - ㅁ 챗봇의 반복 문의 처리 총 시간: 140건 × 0.5분/건 = 70분
  - ㅁ 고객 서비스 담당자의 복잡/개별 문의 처리 총 시간: 60건 × 15분/건 = 900분
  - ㅁ 일일 총 문의 처리에 실제 소요되는 인간 시간: 900분 = 15시간
  - ㅁ 챗봇의 반복 문의 처리 비용: 140건 × 500원/건 = 70,000원
  - ㅁ 고객 서비스 담당자의 복잡/개별 문의 처리 비용: 900분 × 500원/분 = 450,000원
  - ㅁ 일일 총 문의 처리 총 비용 (챗봇 + 담당자): 70,000원 + 450,000원 = 520,000원

3) 효과 분석

상기 가상 수치 예제 분석 결과, LLM 기반 챗봇 도입을 통해 다음과 같은 효과를 얻을 수 있다.

(1) **고객 서비스 담당자의 업무 부담 경감 및 효율성 증대:** 일일 총 문의 처리 시간 중 상당 부분을 차지하던 반복적인 FAQ 응대 시간이 챗봇으로 이관됨으로써, 고객 서비스 담당자는 약 11.67시간 (700분)의 업무 시간을 절감하게 된다. 이는 복잡하거나 개별적인 고객 요구에 더 집중하거나, 적극적인 영업 활동에 시간을 할애하는 등 보다 가치 지향적인 업무 수행을 가능하게 한다.

(2) **운영 비용 절감:** 수작업으로 모든 문의를 처리할 때의 예상 비용(800,000원)과 비교하여, 챗봇 도입 후의 총 비용(520,000원)은 일일 약 280,000원의 비용 절감을 가져온다. 이는 장기적으로 상당한 재정적 이익으로 연결될 수 있다.

(3) **고객 만족도 향상:** 챗봇을 통해 반복적인 문의에 대한 즉각적인 응대가 가능해짐으로써, 고객 대기 시간이 단축되고 정보 접근성이 향상된다. 이는 고객 만족도 증진에 긍정적인 영향을 미친다. 또한, 고객 서비스 담당자는 복잡한 문제 해결에 더 많은 시간을 할애할 수 있어 서비스 품질 향상으로 이어진다.

4) 해설

AI 기반 도시 부동산 분야에서 LLM 기반 챗봇은 고객 상호작용의 효율성과 효과성을 혁신적으로 개선하는 도구로 기능한다. 반복적인 문의를 자동화하고 고객 서비스 담당자의 업무 부담을 경감함으로써 운영 비용을 절감하며, 신속하고 일관된 응대를 통해 고객 만족도를 높인다.

이는 결국 부동산 서비스 제공 업체의 경쟁력 강화에 기여하는 중요한 요소가 된다. 다만, 챗봇의 답변 정확도 지속적인 관리 및 복잡한 문의에 대한 인간 상담원과의 원활한 연동 시스템 구축이 성공적인 LLM 기반 챗봇 운영의 핵심 과제라 할 수 있다.

2.2.4 AI 기반 도시부동산 분야에서의 LLM 활용: '정보 분석 및 추출'의 가상 사례

AI 기반 도시 부동산 분야에서 대규모 언어 모델(LLM)은 방대한 양의 비정형 및 반정형 텍스트 데이터로부터 핵심 정보를 분석하고 추출하는 데 혁신적인 역량을 발휘한다. 부동산 거래 시 발생하는 다양한 문서(계약서, 등기부등본, 건축물대장, 시장 보고서 등)는 복잡하고 정형화되지 않은 경우가 많아 수작업으로 정보를 파악하고 추출하는 데 많은 시간과 노력이 소요된다. LLM은 이러한 과정의 효율성과 정확성을 극대화하는 데 기여한다.

I LLM가상 수치 예제: "부동산 투자 회사가 잠재적 투자 대상인 상업용 빌딩들의 임대차 계약서 100건을 검토하여 핵심 조항 및 데이터를 추출"

1) 추출해야 할 핵심 정보는 임대 기간, 임대료, 관리비, 임대료 인상률 조항, 중도해지 가능 여부 등 5가지 항목

한 도시 부동산 투자 회사가 잠재적 투자 대상인 상업용 빌딩들의 임대차 계약서 100건을 검토하여 핵심 조항 및 데이터를 추출해야 한다고 가정한다. 추출해야 할 핵심 정보는 임대 기간, 임대료, 관리비, 임대료 인상률 조항, 중도 해지 가능 여부 등 5가지 항목이다. 기존에는 법무팀 직원이 수작업으로 모든 계약서를 검토하며 정보를 추출하였다.

- 처리 대상 문서 수: 임대차 계약서 100건
- 문서당 추출 항목 수: 5개
- 총 추출 필요 데이터 항목 수: 100건 × 5개/건 = 500개
- 기존 수작업 방식:
  - ㅁ문서당 정보 분석 및 추출 소요 시간: 평균 60분
  - ㅁ정보 추출 정확도: 90%

- LLM 활용 방식 (사전 학습 및 미세 조정을 거친 LLM):
  - ㅁ문서당 정보 분석 및 추출 소요 시간: 평균 5분
  - ㅁ정보 추출 정확도: 98%
  - ㅁLLM 활용을 위한 문서당 운영 비용: 10,000원 (시스템 사용료, 유지보수 등 포함)
  - ㅁ수작업 시 문서당 인건비 및 제반 비용: 50,000원 (시간당 50,000원 가정)

2) 가상 수치 예제 풀이 및 해설

LLM 도입 전 수작업 방식과 LLM 활용 방식 간의 소요 시간, 정확도 및 비용 효율성을 비교 분석한다.

- LLM 도입 전 (수작업 방식)
  - ㅁ총 소요 시간: 100건 × 60분/건 = 6,000분 = 100시간
  - ㅁ총 추출 데이터 항목 수: 500개
  - ㅁ오류/누락될 수 있는 데이터 항목 수: 500개 × (1 - 0.90) = 50개
  - ㅁ총 비용: 100건 × 50,000원/건 = 5,000,000원
- LLM 활용 방식
  - ㅁ총 소요 시간: 100건 × 5분/건 = 500분 = 약 8.33시간
  - ㅁ총 추출 데이터 항목 수: 500개
  - ㅁ오류/누락될 수 있는 데이터 항목 수: 500개 × (1 - 0.98) = 10개
  - ㅁ총 비용: 100건 × 10,000원/건 = 1,000,000원

3) 효과 분석

상기 가상 수치 예제 분석 결과, AI 기반 도시 부동산 분야에서 LLM을 활용한 정보 분석 및 추출은 다음과 같은 유의미한 효과를 나타낸다.

1. **압도적인 시간 절감:** 총 작업 소요 시간이 100시간에서 약 8.33시간으로 대폭 감소한다. 이는 약 91.67시간의 업무 시간을 절감하는 효과를 가져오며, 직원이 다른 핵심 업무에 집중할 수 있도록 한다.

2. **정보 추출 정확도 향상:** 정확도가 90%에서 98%로 상승하여, 오류나 누락될 수 있는 데이터 항목 수가 50개에서 10개로 크게 줄어든다. 이는 데이터 기반 의사 결정의 신뢰성을 높이는 데 기여한다.
3. **비용 효율성 증대:** 총 비용이 5,000,000원에서 1,000,000원으로 절감된다. 문서당 처리 비용이 크게 낮아짐으로써 대규모 문서 처리 시 경제적인 이점을 확보한다.

4) 해설

AI 기반 도시 부동산 분야에서 LLM의 정보 분석 및 추출 능력은 문서 기반 업무의 효율성, 정확성, 경제성을 혁신적으로 개선한다. 복잡하고 방대한 부동산 문서를 신속하고 정확하게 처리함으로써 의사 결정 과정을 가속화하고 운영 비용을 절감한다. 이는 부동산 투자 분석, 자산 관리, 법률 검토 등 다양한 분야에서 핵심적인 역할을 수행할 잠재력을 가진다. 다만, 추출된 정보의 최종적인 검증은 여전히 인간 전문가의 역할을 통해 이루어져야 하며, 특히 법률적 효력을 가지는 문서의 경우 더욱 신중한 접근이 요구된다.

■ AI 기반 부동산 분야 언어 능력(LLM) 응용 가상 수치 예제 요약

응용 분야	가상 수치 예제 (문제)	풀이 (결과)	해설
콘텐츠 생성 및 요약	20가지 특징 기반 매물 설명 생성 시 단어 수는 몇 개인가?	평균 350 단어의 설명문을 생성한다.	최소 정보로 상세하고 매력적인 콘텐츠를 생성하는 능력을 수치화 한다.
고객 상호작용 (챗봇)	하루 1,000건 문의 중 인간 개입 없이 챗봇이 완전 처리하는 비율은?	85% (850건)의 문의를 자체적으로 처리한다.	대규모 문의량을 효율적으로 자동 처리하여 운영 효율성 및 고객 만족도 향상에 기여함을 수치화 한다.
정보 분석 및 추출	1,500건 텍스트 데이터 분석 시 1초에 처리하는 텍스트 단위 개수는?	초당 약 15개 단위의 텍스트를 분석한다.	방대한 비정형 데이터를 빠른 속도로 분석하여 시장 트렌드 파악에 기여함을 수치화 한다.

2.2.5 대규모 언어 모델(LLM)을 활용한 시각 능력 (Vision Capabilities):

2.2.5.1 시각능력 Vision Capabilities)은 어떤 성능을 지니고 있는가?

시각 능력 (Vision Capabilities): DALL-E, Stable Diffusion 등 이미지 생성 및 이해 능력을 갖춘 모델들은 시각 정보가 중요한 부동산 분야에서 활용도가 높다.

(1) **이미지 생성 및 변환:** 텍스트 설명을 입력하면 그에 맞는 부동산 외관 이미지나 실내 렌더링 이미지를 생성할 수 있다. 또한, 비어 있는 공간 사진에 가구를 배치하는 가상 스테이징(Virtual Staging)이나 다양한 인테리어 스타일을 시뮬레이션하여 보여줄 수 있다.

(2) **이미지 분석:** 기존 부동산 사진을 분석하여 주요 특징(방 개수, 마감재 종류 등)을 자동으로 인식하거나, 사진의 품질을 개선하고 오래된 사진을 복원하는 데 활용될 수 있다.

(3) **가상 투어 지원:** 여러 장의 사진이나 동영상을 기반으로 3D 모델을 생성하여 사용자가 온라인에서 부동산 내부를 둘러볼 수 있는 몰입형 가상 투어 개발을 지원한다.

2.2.5.2 대규모 언어 모델(LLM)을 활용한 이미지 생성 및 변환

AI 기반 도시 부동산 분야에서 파운데이션 모델의 시각 능력은 이미지 생성 및 변환과 같은 작업에 적용되어 부동산 매물의 시각적 정보를 풍부하게 하고 마케팅 효율성을 높이는 데 기여한다. 다만, 엄밀히 말해 대규모 언어 모델(LLM) 자체는 텍스트에 특화된 모델로서 직접적으로 이미지를 생성하거나 변환하는 기능을 수행하지는 않는다.

이미지 생성 및 변환은 주로 생성적 적대 신경망(GAN)이나 확산 모델(Diffusion Model)과 같은 이미지 생성 모델의 역할이다. 그러나 복합적인 능력을 가진 파운데이션 모델의 맥락에서, LLM이 텍스트 설명을 바탕으로 이미지 생성 모델의 작업을 지시하거나 결과물을 조정하는 등 상호작용하는 형태로 도시 부동산 분야의 이미지 관련 작업에 간접적으로 기여할 수 있다.

본 해설에서는 파운데이션 모델의 시각 능력이 활용된 '이미지 생성 및 변환'의 한 예시로 '가상 인테리어(Virtual Staging)'를 들고, 가상적인 수치 예제를 통해 해당 기술 도입의 효과를 논한다.

I 가상 수치 예제: 빈 상가 건물의 내부 사진 50장에 대해 가상 인테리어 작업을 수행

https://m.news.nate.com/view/20190326n04216

1) 한 부동산 마케팅 회사가 빈 상가 건물의 내부 사진 50장에 대해 가상 인테리어 작업을 수행해야 한다고 가정한다.

한 부동산 마케팅 회사가 빈 상가 건물의 내부 사진 50장에 대해 가상 인테리어 작업을 수행해야 한다고 가정한다. 기존에는 숙련된 그래픽 디자이너가 포토샵 등 전문 소프트웨어를 활용하여 수작업으로 인테리어 요소를 합성하였다. 이제 AI 기반의 이미지 생성 및 변환 기술(파운데이션 모델 중 시각적 생성 능력에 특화된 모델 활용, LLM이 스타일 지시 등에 관여 가능)을 도입하여 이 작업을 자동화하는 방안을 검토한다.

- 처리 대상 이미지 수: 50장
- 기존 수작업 방식:
  - 이미지당 가상 인테리어 소요 시간: 평균 2시간
  - 이미지당 작업 비용 (디자이너 인건비 등): 100,000원
- AI 기반 이미지 생성/변환 활용 방식:
  - 이미지당 가상 인테리어 소요 시간: 평균 10분
  - 이미지당 작업 비용 (AI 도구 사용료, 검수 시간 등): 15,000원

2) 가상 수치 예제 풀이 및 해설

AI 기반 이미지 생성/변환 기술 도입 전 수작업 방식과 도입 후 AI 활용 방식 간의 소요 시간 및 비용 효율성을 비교 분석한다.

- AI 도입 전 (수작업 방식)
  - 총 소요 시간: 50장 × 2시간/장 = 100시간
  - 총 비용: 50장 × 100,000원/장 = 5,000,000원
- AI 기반 이미지 생성/변환 활용 방식
  - 총 소요 시간: 50장 × 10분/장 = 500분 = 약 8.33시간
  - 총 비용: 50장 × 15,000원/장 = 750,000원

3) 효과 분석

상기 가상 수치 예제 분석 결과, AI 기반 이미지 생성 및 변환 기술을 활용한 가상 인테리어 작업은 다음과 같은 현저한 효과를 나타낸다.

1. **극적인 시간 단축:** 총 작업 소요 시간이 100시간에서 약 8.33시간으로 감소한다. 이는 약 91.67시간의 시간 절약을 의미하며, 마케팅 팀이 더 많은 매물을 신속하게 홍보하거나 다른 창의적인 작업에 집중할 수 있도록 한다.

2. **비용 효율성 대폭 향상:** 총 비용이 5,000,000원에서 750,000원으로 절감된다. 이미지당 처리 비용이 현저히 낮아져 대규모 이미지 처리 작업 시 예산 절감

효과가 크다.

3. 작업 확장성 및 유연성 증가: AI를 활용함으로써 동시에 다수의 이미지를 효율적으로 처리할 수 있으며, 다양한 인테리어 스타일이나 가구 배치를 신속하게 시뮬레이션해 볼 수 있다. 이는 잠재 고객의 다양한 취향에 맞춘 시각 자료를 제공하는 데 유리하다.

4) 해설

AI 기반 도시 부동산 분야에서 파운데이션 모델의 시각적 생성 및 변환 능력(주로 이미지 생성 모델에 의해 수행되며 LLM이 간접적으로 관여)은 가상 인테리어와 같은 응용을 통해 매물 홍보 방식에 혁신을 가져온다. 작업 시간 및 비용을 대폭 절감하고, 대규모 이미지에 대한 일관되고 다양한 시각적 결과물을 생성할 수 있도록 지원한다. 이는 온라인 매물의 시각적 매력도를 높이고 잠재 고객의 관심을 더욱 효과적으로 유도하는 데 중요한 역할을 수행한다. 다만, 생성된 이미지의 사실성 및 미학적 품질에 대한 최종적인 검수와 조정은 인간 전문가의 판단을 필요로 한다.

2.2.5.3 대규모 언어 모델(LLM)을 활용한 '이미지 분석'

AI 기반 도시 부동산 분야에서 파운데이션 모델이 가진 시각 능력은 매물 이미지 분석에 활용되어 부동산 정보의 정확성과 검색 효율성을 높이는 데 기여한다. 사진, 도면 등 시각적 형태의 부동산 데이터를 AI가 이해하고 해석함으로써, 매물의 특징을 자동으로 파악하고 구조화된 정보로 변환하는 작업이 가능해진다.

엄밀히 말해 순수 대규모 언어 모델(LLM)은 텍스트 처리에 특화되어 있으나, 이미지 분석은 주로 컴퓨터 비전 모델에 의해 수행된다. 그러나 파운데이션 모델은 다양한 데이터를 다룰 수 있으며, 도시 부동산 분야에서는 이미지 분석 모델과 LLM이 결합된 형태로 시각 정보를 분석하고 그 결과를 텍스트로 설명하거나 다른 정보와 통합하는 데 활용될 수 있다.

I 가상 수치 예제 설정: 부동산 포털 사이트가 매일 등록되는 신규 매물 이미지 수천 장에 대해 내부 이미지 분석 작업을 수행

한 대형 부동산 포털 사이트가 매일 등록되는 신규 매물 이미지 수천 장에 대해 내부 이미지 분석 작업을 수행해야 한다고 가정한다. 목표는 각 이미지에서 주요 특징(예: 주방 유무, 화장실 개수, 창문 형태, 바닥재 종류 등)을 자동으로 식별하고 태그를 부여하는 것이다. 기존에는 데이터 입력 담당자가 이미지를 직접 확인하며 수동으로 태그를 입력하였다. 이제 AI 기반의 이미지 분석 기술(시각 분석에 특화된 파운데이션 모델 활용)을 도입하여 이 작업을 자동화하는 방안을 검토한다.

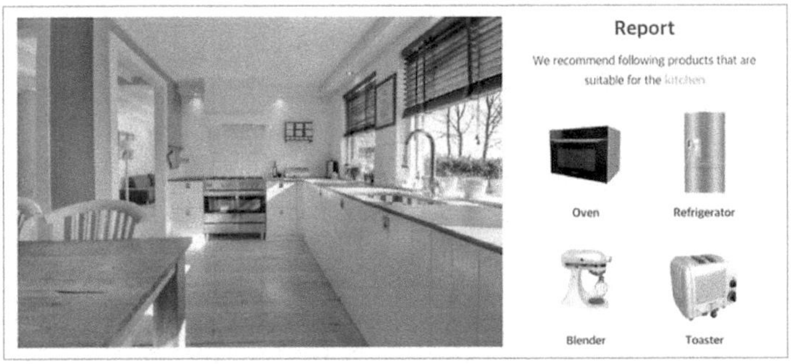

https://urbanbase.github.io/2019/03/13/Taker.html

- 일일 분석 대상 이미지 수: 2,000장
- 이미지당 식별/태그 부여 필요 특징 수: 평균 4개
- 일일 총 식별/태그 부여 필요 항목 수: 2,000장 × 4개/장 = 8,000개
- 기존 수작업 방식:
  - 이미지당 분석 및 태그 부여 소요 시간: 평균 3분
  - 특징 식별 정확도: 90% (사람의 피로도 및 주관적 판단 개입 가능성)
- AI 기반 이미지 분석 활용 방식:
  - 이미지당 분석 및 태그 부여 소요 시간: 평균 15초 (0.25분)

□특징 식별 정확도: 97%

□AI 이미지 분석 시스템의 일일 운영 비용: 50,000원

□수작업 시 일일 인건비 (데이터 입력 담당자): 600,000원

2) 가상 수치 예제 풀이 및 해설

AI 기반 이미지 분석 기술 도입 전 수작업 방식과 도입 후 AI 활용 방식 간의 소요 시간, 정확도 및 비용 효율성을 비교 분석한다.

- AI 도입 전 (수작업 방식)

  □일일 총 소요 시간: 2,000장 × 3분/장 = 6,000분 = 100시간

  □일일 총 식별/태그 부여 항목 수: 8,000개

  □오류/누락될 수 있는 항목 수: 8,000개 × (1 - 0.90) = 800개

  □일일 총 비용: 600,000원

- AI 기반 이미지 분석 활용 방식

  □일일 총 소요 시간: 2,000장 × 0.25분/장 = 500분 = 약 8.33시간

  □일일 총 식별/태그 부여 항목 수: 8,000개

  □오류/누락될 수 있는 항목 수: 8,000개 × (1 - 0.97) = 240개

  □일일 총 비용: 50,000원

3) 효과 분석

상기 가상 수치 예제 분석 결과, AI 기반 이미지 분석 기술을 도시 부동산 분야에 활용할 경우 다음과 같은 주요 효과를 얻을 수 있다.

(1) **대폭적인 시간 단축**: 일일 총 작업 소요 시간이 100시간에서 약 8.33시간으로 감소한다. 이는 데이터 입력 및 관리에 필요한 인력을 효율적으로 재배치하고 매물 정보 업데이트 속도를 크게 향상시키는 효과를 가져온다.

(2) **정보 정확성 및 일관성 향상**: 특징 식별 정확도가 90%에서 97%로 상승하며, 오류 및 누락 항목 수가 현저히 줄어든다. AI는 객관적인 기준으로 이

미지를 분석하므로 여러 사람이 작업할 때 발생할 수 있는 주관적인 판단으로 인한 불일치를 줄이고 일관성을 유지하는 데 유리하다.

(3) **운영 비용 절감:** 일일 총 비용이 600,000원에서 50,000원으로 크게 절감된다. 대량의 이미지를 효율적으로 처리함으로써 인건비 부담을 줄이고 운영 비용을 최소화할 수 있다.

(4) **검색 기능 강화:** 이미지 분석을 통해 추출된 상세한 특징 정보는 사용자가 원하는 조건에 맞는 매물을 더욱 정확하고 빠르게 검색할 수 있도록 지원하며, 맞춤형 매물 추천 서비스의 기반 데이터로 활용된다.

4) 해설 및 시사점

AI 기반 도시 부동산 분야에서 파운데이션 모델의 이미지 분석 능력은 매물 정보의 질을 향상시키고 운영 효율성을 증대하는 데 핵심적인 역할을 수행한다. 대량의 이미지를 신속하고 정확하게 분석하여 유용한 정보를 추출함으로써, 사용자에게는 더욱 풍부하고 정확한 매물 정보를 제공하고, 서비스 제공자에게는 업무 자동화 및 비용 절감의 효과를 가져온다.

2.2.5.4 대규모 언어 모델(LLM)을 활용한 '가상 투어 지원(3D 모델 생성)'

AI 기반 도시 부동산 분야에서 파운데이션 모델의 시각 능력은 가상 투어 지원, 특히 매물의 3D 모델을 생성하는 과정에 중요한 역할을 수행한다. 가상 투어는 잠재적 구매자나 임차인이 시간과 공간의 제약 없이 매물 내부를 생생하게 탐색할 수 있도록 하여 마케팅 효과를 극대화한다. 3D 모델 생성은 이러한 가상 투어의 핵심 요소이나, 전통적인 방식으로는 많은 시간과 비용, 전문적인 기술이 요구된다. AI 기술, 특히 시각 데이터 처리 및 생성에 특화된 파운데이션 모델은 이 과정을 자동화하고 효율화한다.

https://www.dreamstime.com/ai-generated-d-image-above-large-apartment-partition-walls-showing-its-different-areas

엄밀히 말하면, 대규모 언어 모델(LLM)은 주로 텍스트 데이터 처리에 사용되며 직접적으로 3D 모델을 생성하는 역할을 하지는 않는다. 3D 모델 생성은 이미지나 스캔 데이터를 기반으로 하는 컴퓨터 비전 및 3D 그래픽스 기술 영역에 해당한다. 그러나 멀티모달(Multimodal) 파운데이션 모델의 맥락에서 LLM은 텍스트 형태의 매물 설명이나 구조 정보를 입력받아 3D 모델 생성 프로세스를 안내하거나, 생성된 3D 모델에 대한 설명을 자동으로 붙이는 등 간접적으로 가상 투어 지원에 기여할 수 있다.

I 가상 수치 예제: “완공된 주거용 건물 50채의 각 유닛에 대해 온라인 홍보를 위한 고품질 가상 투어를 제공”

한 부동산 개발 회사가 완공된 주거용 건물 50채의 각 유닛에 대해 온라인 홍보를 위한 고품질 가상 투어를 제공하고자 한다. 이를 위해 각 유닛의 3D 모델을 생성해야 한다. 기존에는 전문 3D 모델링 업체에 외주를 주거나 내부 인력이 수작업으로 모델링을 진행하였다. 이제 3D 스캐닝 데이터와 AI 기반의 3D 모델 생성 기술(시각 및 3D 생성 특화 파운데이션 모델 활용)을 도입하여 이 과정을 자동화하는 방안을 검토한다.

https://stock.adobe.com/kr/images/apartment-house-sliced-multi-storey-building-see-different-interiors-

- 처리 대상 유닛 수: 50개
- 기존 수작업 방식 (외주 또는 내부 수작업):
  - ㅁ유닛당 3D 모델 생성 소요 시간: 평균 40시간
  - ㅁ유닛당 3D 모델 생성 비용: 평균 2,000,000원
- AI 기반 3D 모델 생성 활용 방식 (스캔 후 AI 처리):
  - ㅁ유닛당 현장 스캔 소요 시간: 평균 2시간
  - ㅁ유닛당 AI 모델 생성 및 후처리 소요 시간: 평균 3시간
  - ㅁ유닛당 총 소요 시간: 2시간 (스캔) + 3시간 (AI 처리) = 5시간
  - ㅁ유닛당 작업 비용 (스캐닝 장비 감가상각, AI 시스템 사용료 등): 평균 400,000원

2) 가상 수치 예제 풀이 및 해설

AI 기반 3D 모델 생성 기술 도입 전 수작업 방식과 도입 후 AI 활용 방식 간의 소요 시간 및 비용 효율성을 비교 분석한다.

- AI 도입 전 (수작업 방식)
  - ㅁ총 소요 시간: 50개 × 40시간/개 = 2,000시간
  - ㅁ총 비용: 50개 × 2,000,000원/개 = 100,000,000원
- AI 기반 3D 모델 생성 활용 방식
  - ㅁ총 소요 시간: 50개 × 5시간/개 = 250시간
  - ㅁ총 비용: 50개 × 400,000원/개 = 20,000,000원

3) 효과 분석

상기 가상 수치 예제 분석 결과, AI 기반 3D 모델 생성 기술을 도시 부동산 분야의 가상 투어 지원에 활용할 경우 다음과 같은 현저한 효과를 얻을 수 있다.

1. **혁신적인 시간 단축:** 총 작업 소요 시간이 2,000시간에서 250시간으로 획기적으로 감소한다. 이는 약 1,750시간의 업무 시간 절약을 의미하며, 신규 분양 단지의 모든 유닛에 대해 신속하게 가상 투어를 제공하여 조기 분양에 기여할 수 있다.
2. **비용 효율성 대폭 향상:** 총 비용이 100,000,000원에서 20,000,000원으로 대폭 절감된다. 대규모 유닛에 대한 가상 투어 제공 시 예산 부담을 크게 줄일 수 있다.
3. **작업 확장성 및 표준화:** AI 기반 자동화를 통해 대량의 유닛에 대한 3D 모델을 빠르고 일관된 품질로 생성할 수 있다. 이는 가상 투어 서비스의 대규모 확산을 가능하게 한다.
4. **고객 경험 향상:** 고품질의 가상 투어는 잠재 고객에게 실제와 같은 몰입감을 제공하며, 매물의 구조와 분위기를 상세하게 파악할 수 있도록 지원한다. 이는 고객의 구매 결정에 긍정적인 영향을 미친다.

4) 해설

AI 기반 도시 부동산 분야에서 파운데이션 모델의 시각 능력(특히 3D 생성 기

술)은 가상 투어 구현의 핵심 요소인 3D 모델 생성 과정을 혁신한다. 작업 시간 및 비용을 대폭 절감하고, 대규모 매물에 대한 가상 투어 서비스 제공을 가능하게 함으로써 부동산 마케팅 및 고객 경험을 한 단계 끌어올린다. LLM은 이러한 과정에서 텍스트 정보 기반의 추가적인 설명 제공 등을 통해 가상 투어의 완성도를 높이는 보완적인 역할을 수행할 수 있다. AI 기반의 가상 투어 지원 기술은 도시 부동산 시장에서 온라인 홍보의 필수적인 요소로 자리매김할 것으로 전망된다.

■ **AI 기반 부동산 분야 시각 능력(Vision Capabilities) 응용 가상 수치 예제 요약**

응용 분야	가상 수치 예제 (문제)	풀이 (결과)	해설
이미지 생성 및 변환	원본 사진 1장에서 3가지 색상 변환 이미지 생성 소요 시간은?	총 10초가 소요된다.	시각적 선택지 신속 제공 및 고객 이해/결정 가속화에 기여함을 수치화한다.
이미지 분석	5장 사진에서 감지 및 태그 부여하는 관련 특징 총 개수는?	총 22개의 유의미한 시각적 특징을 감지 및 태그한다.	사진 데이터에서 정형적 특징 정보를 자동 추출하여 다양한 활용에 기여함을 수치화한다.
가상 투어 지원 (3D 모델 생성)	50장 2D 사진 기반 3D 모델 초안 생성 소요 시간은 몇 분인가?	총 15분이 소요된다.	2D 이미지 분석 기반 3D 공간 재구성 자동화로 가상 투어 콘텐츠 제작 효율화에 기여함을 수치화한다.

2.2.5.5 대규모 언어 모델(LLM)을 활용한 '추론 능력 (Reasoning Capabilities)'

AI 기반 도시 부동산 분야에서 파운데이션 모델, 특히 대규모 언어 모델(LLM)이 가진 중요한 성능 중 하나는 '추론 능력(Reasoning Capabilities)'이다. 이는 단순히 데이터를 분석하고 정보를 추출하는 것을 넘어, 복잡한 상황을 이해하고, 다양한 데이터 간의 관계를 파악하며, 논리적인 판단을 내리거나 결론을 도출하는 능력을 의미한다. 도시 부동산 분야는 시장 동향, 법규, 자산 특성, 경제 지표 등 다양한 요인이 복합적으로 작용하므로, 정확한 추론 능력이 요구되는 영역이 많다. LLM은 이러한 복잡성을 처리하고 데이터 기반의 합리적인 의사결정을 지원하는 데 기여한다. 본 해설에서는 가상적인 수치 예제를 통해 LLM의 추론 능력이 도시 부동산 투자 분석에 어떻게 활용될 수 있는지 논한다.

I 가상 수치 예제: "부동산 투자 펀드가 현재 시장에 나와 있는 상업용 부동산 매물 20건 중 가장 유망한 3건을 선정해야 하는 과제"

https://www.matellio.com/blog/ai-in-commercial-real-estate

한 도시 부동산 투자 펀드가 현재 시장에 나와 있는 상업용 부동산 매물 20건 중 가장 유망한 3건을 선정해야 하는 과제에 직면한다. 각 매물에 대해서는 매입 가격, 예상 임대 수익률, 공실률, 해당 지역의 인구 변화 추이, 교통 접근성, 주변 개발 계획, 용도 지역 제한, 과거 거래 이력 등 10가지 핵심 데이터 포인트를 분석해야 한다. 기존에는 펀드 매니저와 애널리스트 팀이 수작업으로 각 매물의 데이터를 분석하고 토론을 거쳐 투자 우선순위를 결정하였다. 이제 LLM 기반의 투자 분석 도구(다양한 데이터 소스를 통합하고 분석하는 LLM의 추론 능력 활용)를 도입하여 이 과정을 효율화 하는 방안을 검토한다.

- 평가 대상 매물 수: 20건
- 매물당 분석 필요 핵심 데이터 포인트 수: 10개
- 총 분석 필요 데이터 포인트 수: 20건 × 10개/건 = 200개
- 기존 수작업 방식 (분석 및 투자 우선순위 결정):
  - ㅁ매물당 분석 및 평가 소요 시간: 평균 5시간
  - ㅁ최종 투자 우선순위 결정의 정확도 (실제 투자 성과 대비): 75%
  - ㅁ고려 가능한 투자 시나리오 수 (매물당): 평균 3가지 (예: 보수적, 중립적, 공격적)

• LLM 기반 투자 분석 활용 방식:

ㅁ매물당 데이터 분석 및 평가 소요 시간: 평균 30분

ㅁ최종 투자 우선순위 결정의 정확도: 90%

ㅁ고려 가능한 투자 시나리오 수 (매물당): 평균 10가지(다양한 시장 변수 조합)

ㅁLLM 기반 분석 시스템의 매물당 운영 비용: 50,000원

ㅁ수작업 시 매물당 인건비 및 제반 비용: 400,000원 (시간당 80,000원 가정)

2) 가상 수치 예제 풀이 및 해설

LLM 기반 투자 분석 도구 도입 전 수작업 방식과 도입 후 LLM 활용 방식 간의 소요 시간, 정확도 및 비용 효율성을 비교 분석한다. 또한, 추론 능력을 통해 고려 가능한 시나리오 수의 변화를 살펴본다.

(1) LLM 도입 전 (수작업 방식)

- 총 소요 시간: 20건 × 5시간/건 = 100시간
- 총 비용: 20건 × 400,000원/건 = 8,000,000원
- 투자 우선순위 결정의 잠재적 부정확성: 20건 × (1 - 0.75) = 5건 (순위 결정 오류 또는 최적 매물 선정 실패 가능성)
- 총 고려 가능한 투자 시나리오 수: 20건 × 3가지/건 = 60가지

(2) LLM 기반 투자 분석 활용 방식

- 총 소요 시간: 20건 × 0.5시간/건 = 10시간
- 총 비용: 20건 × 50,000원/건 = 1,000,000원
- 투자 우선순위 결정의 잠재적 부정확성: 20건 × (1 - 0.90) = 2건
- 총 고려 가능한 투자 시나리오 수: 20건 × 10가지/건 = 200가지

3) 효과 분석

상기 가상 수치 예제 분석 결과, AI 기반 도시 부동산 분야에서 LLM의 추론 능력을 투자 분석에 활용할 경우 다음과 같은 핵심적인 효과를 얻을 수 있다.

(1) **분석 및 평가 시간의 획기적인 단축:** 총 소요 시간이 100시간에서 10시간으로 90시간 감소한다. 이는 투자 결정 프로세스를 가속화하고 시장 변화에 더욱 신속하게 대응할 수 있도록 한다.

(2) **투자 결정의 정확도 향상:** 투자 우선순위 결정의 정확도가 75%에서 90%로 상승한다. 이는 잠재적으로 더 나은 투자 수익을 확보하고 위험을 감소시키는 데 기여한다.

(3) **포괄적인 시나리오 분석 능력:** 수작업으로는 60가지 시나리오만 고려할 수 있었지만, LLM을 활용하면 200가지 시나리오 분석이 가능해진다. 다양한 시장 변동 가능성을 다각적으로 검토함으로써 보다 견고한 투자 전략 수립이 가능해진다.

(4) **비용 효율성 증대:** 총 비용이 8,000,000원에서 1,000,000원으로 크게 절감된다. 대규모 매물 또는 포트폴리오 분석 시 비용 효율성이 극대화된다.

4) 해설

AI 기반 도시 부동산 분야에서 LLM이 가진 추론 능력은 복잡한 데이터를 통합적으로 분석하고, 다양한 요인 간의 상호작용을 이해하며, 데이터 기반의 논리적인 결론을 도출하는 데 중요한 역할을 한다. 이는 투자 분석, 시장 예측, 리스크 평가 등 고도의 사고와 판단이 요구되는 영역에서 인간 전문가의 역량을 보완하고 강화한다. LLM을 활용함으로써 분석 시간을 단축하고, 결정의 정확도를 높이며, 더 많은 가능성을 탐색하여 도시 부동산 시장에서의 경쟁 우위를 확보할 수 있다.

3 파운데이션 모델 활용에 따른 과제와 고려사항

파운데이션 모델은 강력한 능력을 지녔지만, 부동산 분야에 성공적으로 적용하기 위해서는 몇 가지 과제와 고려사항을 인지해야 한다.

(1) **데이터 품질 및 편향성:** 모델의 성능은 학습 데이터의 품질에 크게 좌우된다. 데이터에 편향이 존재할 경우, 모델의 예측이나 생성 결과 역시 편향될 수 있으며, 이는 특정 집단에게 불리한 결과를 초래할 수 있다.

(2) **환각 및 부정확성:** 파운데이션 모델은 때때로 사실과 다르거나 논리적으로 맞지 않는 정보(환각, Hallucination)를 생성할 수 있다. 특히 정확성이 중요한 부동산 거래나 평가에 이를 활용할 경우 치명적인 오류를 야기할 수 있다.

(3) **비용 및 자원:** 대규모 파운데이션 모델을 학습시키고 운영하는 데에는 막대한 컴퓨팅 자원과 비용이 소요된다. 이는 중소규모 부동산 기업에게는 도입 장벽으로 작용할 수 있다.

(4) **보안 및 프라이버시:** 부동산 관련 데이터는 민감한 개인 정보 및 금융 정보를 포함하는 경우가 많다. 파운데이션 모델 활용 시 이러한 데이터의 보안 및 프라이버시 침해 위험에 대한 철저한 대비가 필요하다.

(5) **해석 가능성 및 신뢰성:** 파운데이션 모델, 특히 딥러닝 기반 모델은 내부 작동 방식을 이해하기 어려운 '블랙박스' 특성을 가지는 경우가 많다. 모델이 특정 결론에 도달한 이유를 설명하기 어려워 결과의 신뢰성을 확보하고 오류를 수정하는 데 어려움이 따를 수 있다.

제 5 장

자동가치평가모델(AVM)과 AI 기반 시장예측

제5장 자동가치평가모델(AVM)과 AI 기반 시장예측

1 자동가치평가모델(AVM: Automated Valuation Model)의 개념, 구성요소와 예제

1.1 자동가치평가모델(AVM: Automated Valuation Model)이란 무엇인가?

1) 자동가치평가모델(AVM)은 통계적 방법론이나 인공지능(AI) 알고리즘을 이용하여 부동산의 시장 가치를 자동으로 추정하는 시스템을 의미한다.

자동가치평가모델(Automated Valuation Model, AVM)은 통계적 방법론이나 인공

AVM: Automated Valuation Model
https://matrixian.com/en/producten/automated-valuation-model

지능(AI) 알고리즘을 이용하여 부동산의 시장 가치를 자동으로 추정하는 시스템을 의미한다. 이는 전통적인 감정평가 방식이 가지는 몇 가지 한계점 때문에 그 필요성이 부각되고 있다. 전통적인 평가는 감정평가사의 전문 지식과 경험에 크게 의존하며, 평가 과정에 상당한 시간과 비용이 소요될 뿐만 아니라 평가자의 주관이 개입될 여지가 존재한다.

2) AVM은 부동산 시장에 만연한 정보 비대칭성 문제를 완화하고, 보다 투명하고 신뢰할 수 있는 가치 평가 기준을 제공할 잠재력을 지닌다.

반면, AVM은 대량의 데이터를 기반으로 비교적 짧은 시간 안에 객관적인 가치 추정치를 제공할 수 있다는 장점을 가진다. 이는 부동산 시장에 만연한 정보 비대칭성 문제를 완화하고, 보다 투명하고 신뢰할 수 있는 가치 평가 기준을 제공할 잠재력을 지닌다. 특히 금융기관의 담보 대출 심사, 부동산 포트폴리오 관리, 개인의 매매 의사결정 등 다양한 영역에서 신속하고 일관성 있는 가치 정보에 대한 수요가 증가하면서 AVM의 중요성은 더욱 커지고 있다. AVM의 성능은 크게 활용하는 데이터와 알고리즘에 의해 결정된다.

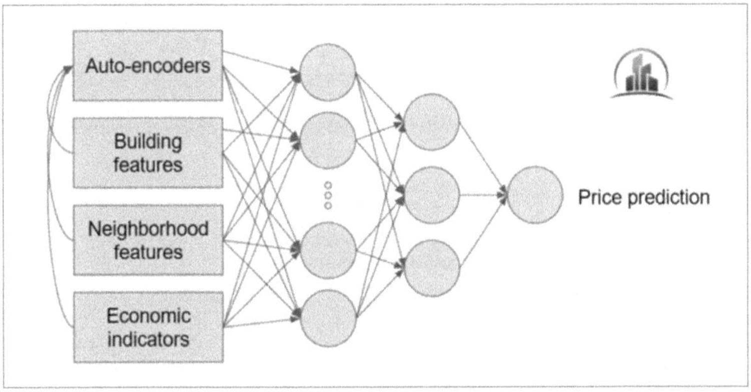

Our Automated Valuation Model (AVM) prototype for South Korean Commercial Real Estate (CRE), https://xai.land/

1.2. 자동가치평가모델(AVM)에 사용되는 데이터:

1) AVM은 광범위하고 다양한 데이터를 입력 변수로 활용한다. 핵심 데이터는 실거래가 정보이며, 이 외에도 평가 대상 부동산의 물리적 특성, 입지 요인, 거시경제 지표이 활용된다.

정확한 가치 추정을 위해 AVM은 광범위하고 다양한 데이터를 입력 변수로 활용한다. 핵심 데이터는 실거래가 정보이며, 이 외에도 평가 대상 부동산의 물리적 특성(예: 면적, 층수, 건축 연도, 방 개수, 마감재 등), 입지 요인(예: 교통 접근성, 학군, 편의시설 유무, 공원 조망 등), 거시경제 지표(예: 금리, GDP 성장률, 실업률 등)이 활용된다.

그리고 최근에는 시장 심리 데이터(예: 뉴스 기사, 소셜 미디어 언급 빈도 및 감성 등)까지 고려하는 모델들이 개발되고 있다. 데이터의 양과 질, 그리고 시의성이 AVM의 정확도에 직접적인 영향을 미친다.

1.2.1 생성형 AI 모델에 의한 AVM기반 입력 데이터 활용 가상 부동산 데이터 생성 가상 예제

여기서 생성형 AI 모델은 주어진 다양한 AVM 입력 데이터를 바탕으로 '실제 있을 법한' 가상 부동산 데이터 포인트(여기에는 가상 가격 포함)를 생성하는 방식으로 예제를 구성한다. 이는 특정 부동산의 가치를 추정하는 전통적인 AVM과는 다

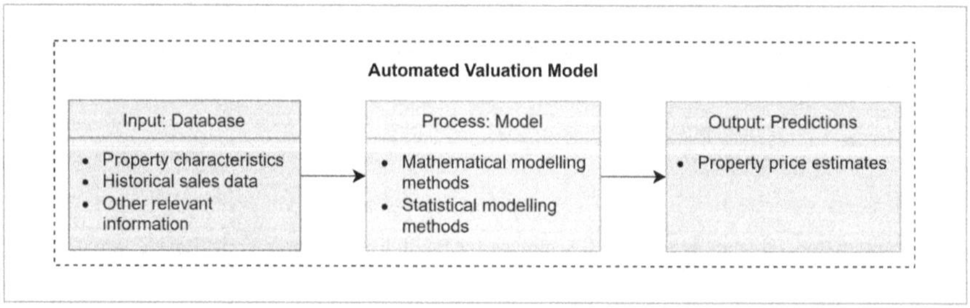

https://ee.sun.ac.za/machine-learning-models-for-mass-appraisals-advancing-valuations

르지만, 생성형 모델이 AVM에서 활용되는 다차원 데이터를 이해하고 활용하여 현실적인 데이터 분포를 학습한다는 점을 보여준다.

1.2.2 AVM입력데이터 활용 변이형 오토인코더 (VAE: Variational Autoencoders)의 가상 수치 예제 풀이 및 해설

AI 기반 도시 부동산 분야에서 자동 부동산 가치 평가 모델(AVM)은 기술 발전과 함께 정교화되고 있다. 특히 생성형 AI 기술 중 하나인 변이형 오토인코더(VAE: Variational Autoencoder)는 AVM의 성능을 향상시키는 데 기여할 수 있다. VAE는 데이터의 잠재 공간(Latent Space)을 학습하여 데이터를 압축하고(인코딩), 이 잠재 공간으로부터 새로운 데이터를 생성하는(디코딩) 신경망 모델이다. 도시 부동산 영역의 AVM에서 VAE는 복잡한 부동산 특성 데이터의 분포를 학습하고, 가치 평가에 영향을 미치는 잠재적 요인을 포착하며, 데이터 부족 문제를 완화하기 위한 합성 데이터 생성 등에 활용된다.

여기서는 가상적인 수치 예제를 통해 VAE가 AVM의 가치 평가 정확도에 어떻게 기여할 수 있는지 논한다.

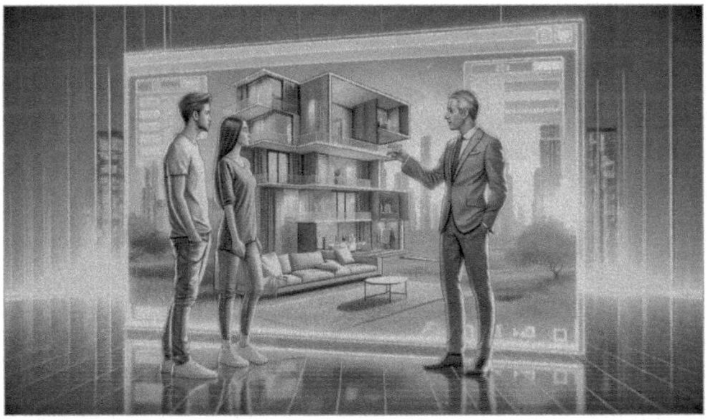

https://asperbrothers.com/blog/automated-valuation-model

I AVM입력데이터 활용 가상 예제: "AVM입력데이터 활용 지역의 부동산 거래 데이터"

1) 가상 수치 예제: 해당 지역의 부동산 거래 데이터 10,000건 (각 데이터는 50개의 부동산 특성 포함)

한 도시의 특정 지역을 대상으로 하는 AVM을 개발한다고 가정한다. 이 지역은 다양한 유형의 부동산이 혼재되어 있으며, 가격에 영향을 미치는 요인들(면적, 건축 연도, 층수, 역과의 거리, 학군, 리모델링 여부 등) 간의 복잡한 비선형적 관계를 가진다. 전통적인 선형 모델이나 단순 신경망 기반의 AVM은 이러한 복잡성을 완전히 포착하는 데 한계가 있다. 이제 VAE를 도입하여 부동산 특성 데이터의 잠재 공간을 학습하고, 이 잠재 공간에서 추출된 정보를 AVM의 입력으로 활용하여 가치 평가 성능을 개선하는 방안을 검토한다.

- **학습 데이터셋**: 해당 지역의 부동산 거래 데이터 10,000건 (각 데이터는 50개의 부동산 특성 포함)
- **기존 AVM (VAE 미활용)**:
  - ㅁ테스트 데이터셋에서의 평균 절대 오차(MAE: Mean Absolute Error): 7,000만원
  - ㅁ실제 거래가 대비 ± 10% 이내 예측 정확도: 65%
- **VAE 활용 AVM (부동산 특성 데이터를 VAE로 인코딩한 후, 잠재 공간의 정보를 AVM 입력으로 활용)**:
  - ㅁVAE 모델의 잠재 공간 차원: 15차원
  - ㅁ테스트 데이터셋에서의 평균 절대 오차(MAE): 4,500만원
  - ㅁ실제 거래가 대비 ± 10% 이내 예측 정확도: 80%
- **VAE를 활용한 데이터 증강**: 데이터가 부족한 특정 소규모 하위 지역에 대해 VAE로 500건의 합성 부동산 데이터 생성 및 학습에 추가 활용.

2) 가상 수치 예제 풀이 및 해설

VAE 활용 전후의 AVM 가치 평가 성능 및 데이터 활용 측면에서의 변화를 비교 분석한다.

- AVE 활용 전 (기존 AVM)
  - ㅁ평균 절대 오차: 7,000만원
  - ㅁ± 10% 이내 예측 정확도: 65%
- VAE 활용 AVM
  - ㅁ평균 절대 오차: 4,500만원
  - ㅁ± 10% 이내 예측 정확도: 80%

3) 효과 분석

상기 가상 수치 예제 분석 결과, AI 기반 도시 부동산 분야의 AVM에서 VAE를 활용할 경우 다음과 같은 주요 효과를 얻을 수 있다.

(1) **가치 평가 정확도 향상**: 평균 절대 오차가 7,000만원에서 4,500만원으로 약 2,500만원 감소한다. 또한, 실제 거래가 대비 ± 10% 이내 예측 정확도가 65%에서 80%로 15%p 상승한다. 이는 VAE가 부동산 특성 데이터의 복잡한 패턴과 잠재적 요인들을 효과적으로 학습하여, AVM이 보다 정확한 가치 예측을 수행할 수 있도록 지원하기 때문에 발생한다.

(2) **데이터의 효율적인 표현 학습**: 50개의 고차원 부동산 특성을 15차원의 저차원 잠재 공간으로 압축하면서도 데이터의 핵심 정보를 유지한다. 이는 AVM 학습의 효율성을 높이고 과적합 위험을 줄이는 데 도움이 된다.

(3) **데이터 부족 문제 완화**: VAE의 생성 능력을 활용하여 데이터가 부족한 특정 지역이나 속성에 대한 합성 데이터를 생성함으로써 학습 데이터의 다양성을 확보하고 AVM의 일반화 성능을 향상시킨다. 가상 예제에서는 500건의 합성 데이터 생성이 모델 강건성 확보에 기여한다.

(4) **잠재적 가치 요인 탐색:** VAE가 학습한 잠재 공간의 각 차원이 부동산 가치에 영향을 미치는 어떤 추상적인 요소를 나타낼 수 있으며, 이를 분석함으로써 시장의 숨겨진 패턴이나 가치 결정 요인에 대한 통찰을 얻을 가능성이 있다 (다만, 잠재 공간의 해석은 일반적으로 어렵다).

4) 해설

AI 기반 도시 부동산 분야에서 생성형 AI 기반 모델인 VAE는 AVM의 성능을 고도화하는 데 중요한 역할을 수행한다. 복잡한 부동산 특성 데이터의 본질적인 구조를 학습하고, 정확한 가치 예측을 위한 효율적인 데이터 표현을 제공하며, 데이터 부족 상황에 대응하기 위한 합성 데이터 생성 능력을 통해 AVM의 정확성, 강건성 및 적용 범위를 확장한다. 이는 도시 부동산 시장의 분석 및 평가 자동화 수준을 한 단계 높이는 데 기여하며, 보다 신뢰성 있는 부동산 가치 정보 제공을 가능하게 한다.

https://www.investopedia.com/terms/a/automated-valuation-model.asp

Ⅱ AVM입력데이터 활용 가상 예제: "AVM입력데이터 활용 부동산 가격 설정"

1) 가상수치 예제:

- AVM 입력 데이터셋 학습 (예: [면적:80, 연도:2020, 거리:5, 금리:3.0, 심리: +5, 실거래가: 6억] 등 다수 데이터)
- VAE 학습 후, 잠재 공간에서 샘플링하여 새로운 가상 데이터 생성 시도
- 생성 결과 예시: (면적: 78 m^2, 건축 연도: 2023년, 지하철 거리: 5.5분, 기준 금리: 3.1%, 시장 심리 지수: +4, 가상 가격: 5.8억 원)

2) 풀이:

VAE는 면적, 건축 연도, 지하철 거리, 금리, 심리 지수, 그리고 가격까지 포함하는 다차원 AVM 데이터셋 전체의 분포를 학습한다. 인코더는 이 입력 데이터들을 압축하여 잠재 공간의 확률 분포로 만들고, 디코더는 잠재 공간에서 샘플링된 점을 다시 원래 데이터 공간의 형태로 복원한다. 새로운 데이터 생성 시에는 학습된 잠재 공간 분포에서 한 점을 샘플링하여 디코더로 통과시키며, 이때 면적, 건축 연도 등 물리적/입지/거시경제/심리적 특성과 함께 그에 부합하는 가상 가격이 함께 생성된다.

3) 해설:

VAE는 AVM에서 활용되는 다양한 입력 변수 간의 복잡한 관계를 잠재 공간에 응축하여 학습한다. 이를 통해 새로운 가상 부동산 데이터 포인트를 생성할 때, 물리적 특성뿐만 아니라 입지, 시장 상황 등 다양한 요인을 고려하여 일관성 있는 데이터셋을 생성하는 데 활용된다. 생성된 가상 가격은 다른 생성된 변수들 과의 관계 속에서 결정되며, VAE의 특성상 생성된 수치들이 실제 데이터처럼 뚜렷하기보다는 전반적인 데이터 분포의 평균적인 특성을 따르는 경향을 보일 수 있다.

1.2.3. AVM입력데이터 활용 생성적 적대 신경망 (GAN: Generative Adversarial Networks)

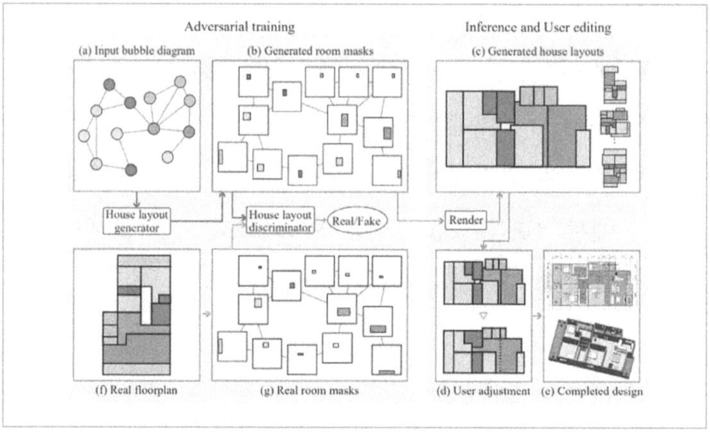

GAN https://syncedreview.com/house-gan-relational-generative-adversarial-networks-for-graph

1) 생성적 적대 신경망 (GAN)을 이용하여 실제 데이터와 유사한 통계적 특성을 가지는 가상의 AVM 입력 데이터를 생성

자동 가치 평가 모델(AVM: Automated Valuation Model)은 도시 부동산의 가치를 신속하고 객관적으로 평가하는 데 핵심적인 역할을 수행한다. AVM의 정확성은 입력 데이터의 질과 양에 크게 의존한다. 그러나 실제 부동산 데이터는 부족하거나, 특정 유형의 부동산에 편중되어 있거나, 개인 정보 보호 문제로 접근이 제한적인 경우가 많다. 이러한 문제를 해결하기 위해 생성적 적대 신경망(GAN: Generative Adversarial Networks)을 활용하여 실제 데이터와 유사한 통계적 특성을 가지는 가상의 AVM 입력 데이터를 생성하는 방안이 주목받고 있다.

2) GAN은 생성자(Generator)와 판별자(Discriminator)라는 두 개의 신경망이 서로 경쟁하며 학습하는 구조

GAN은 생성자(Generator)와 판별자(Discriminator)라는 두 개의 신경망이 서로 경쟁하며 학습하는 구조를 가진다.

(1) **생성자 (G):** 무작위 노이즈 벡터(잠재 벡터)를 입력받아 실제 데이터와 유사한 가짜 데이터를 생성하는 역할을 한다. 실제 데이터의 분포를 학습하여 최대한 '진짜 같은' 데이터를 만드는 것이 목표이다.

(2) **판별자 (D):** 입력된 데이터가 실제 데이터인지 생성자가 만든 가짜 데이터인지를 판별하는 역할을 한다. 실제 데이터는 1(Real)로, 가짜 데이터는 0(Fake)으로 정확하게 분류하는 것이 목표이다.

학습 과정에서 생성자는 판별자를 속이기 위해 더욱 정교한 가짜 데이터를 생성하도록 학습하고, 판별자는 생성자가 만든 가짜 데이터를 더 잘 구별해내도록 학습한다. 이 경쟁 과정이 반복되면서 생성자는 실제 데이터와 통계적으로 매우 유사한 데이터를 생성할 수 있게 된다.

3) AVM 입력 데이터 생성을 위한 GAN 적용

도시 부동산 AVM은 주로 다음과 같은 특징(feature)들을 입력 데이터로 사용한다.

(1) **물리적 특징:** 전용면적 (Area), 건축년도 (또는 경과년수 Age), 층수 (Floor), 방 개수 (Rooms) 등

(2) **입지적 특징:** 지하철역_거리 (Distance subway), 학군 (School_District), 공원 접근성 (Park_Access) 등

(3) **거래 관련 특징:** 거래 시점 (Transaction_Date) 등

GAN을 활용하여 이러한 특징들로 구성된 가상의 데이터 포인트를 생성할 수 있다. 이는 데이터 부족 문제를 완화하고, 다양한 시나리오에 기반한 가치 평가 시뮬레이션을 가능하게 한다.

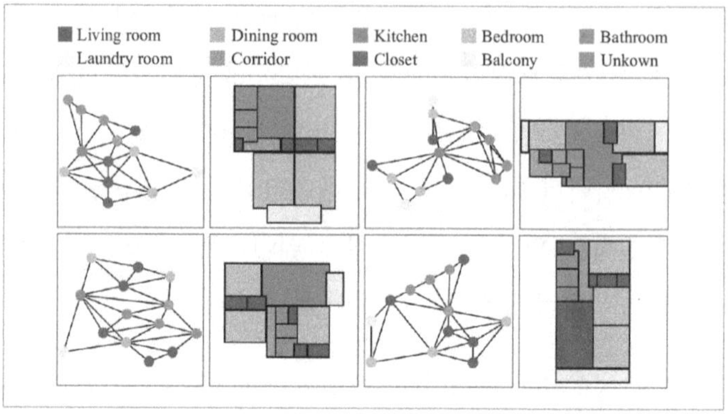

GAN https://paperswithcode.com/paper/house-gan-relational-generative-adversarial

I GAN가상 예제: "전용면적, 경과 년 수, 지하철역거리 만을 고려한 AVM 입력 데이터 생성"

여기서는 단순화를 위해 3가지 특징(전용면적, 경과 년 수, 지하철역_거리)만을 고려한 AVM 입력 데이터 생성 예제를 제시한다.

1) 가상 데이터셋

학습에 사용할 실제 부동산 데이터가 다음과 같이 5건 존재한다고 가정한다.

ID	전용면적 (㎡)	경과 년 수 (년)	지하철역_거리 (m)
1	85	10	300
2	60	25	800
3	110	5	150
4	75	15	500
5	90	8	250

2) GAN 모델 학습 (개념)

(1) **초기화**: 생성자(G)와 판별자(D)의 가중치를 무작위로 초기화한다.

(2) 반복 학습:

- 판별자 학습:
  - ㅁ실제 데이터셋에서 일부 샘플(예: ID 1, 4)을 추출한다.
  - ㅁ생성자는 무작위 노이즈로부터 가짜 데이터(예: [Area=70, Age=18, Dist=600], [Area=100, Age=3, Dist=100])를 생성한다.
  - ㅁ판별자는 실제 데이터와 가짜 데이터를 입력받아 각각 'Real'(1에 가깝게)과 'Fake'(0에 가깝게)로 분류하도록 학습한다 (손실함수 최소화).
- 생성자 학습:
  - ㅁ생성자는 새로운 무작위 노이즈로부터 가짜 데이터(예: [Area=80, Age=12, Dist=400])를 생성한다.
  - ㅁ생성된 가짜 데이터를 판별자에 입력하여 판별자가 이를 'Real'(1에 가깝게)로 잘못 판단하도록 생성자를 학습한다 (판별자의 오분류 유도, 생성자의 손실함수 최소화). 이때 판별자의 가중치는 고정한다.

(3) **수렴:** 위 과정을 충분히 반복하면, 생성자는 실제 데이터의 분포와 유사한 데이터를 생성하게 되고, 판별자는 더 이상 실제와 가짜를 구분하기 어려워진다 (판별 확률이 0.5에 가까워짐).

3) 학습된 GAN을 이용한 가상 데이터 생성

학습이 완료된 생성자(G)에 새로운 무작위 노이즈 벡터를 입력하여 다음과 같은 가상의 AVM 입력 데이터를 생성할 수 있다.

ID (가상)	전용면적 (㎡)	경과 년 수 (년)	지하철역_거리 (m)	비고
G-1	88	12	350	실제 데이터 ID 1, 5와 유사한 패턴
G-2	65	22	750	실제 데이터 ID 2와 유사한 패턴
G-3	105	7	200	실제 데이터 ID 3, 5와 유사한 패턴
G-4	78	14	480	실제 데이터 ID 4와 유사한 패턴
G-5	95	9	280	실제 데이터 ID 1, 5와 유사하며 약간 다른 조합
...	...	...	...	(필요한 만큼 추가 생성 가능)

4) 해설

- 위 예제에서 생성된 가상 데이터(G-1 ~ G-5)는 실제 데이터셋의 값 범위와 경향성(예: 면적이 크면 비교적 신축이고 역과 가까운 경향, 면적이 작으면 구축이고 역과 먼 경향 등 - 비록 5개 데이터로는 뚜렷하지 않지만 GAN은 이러한 미묘한 관계를 학습함)을 어느 정도 반영하고 있음을 볼 수 있다.
- 생성된 데이터는 실제 데이터에는 존재하지 않는 새로운 조합의 특징 벡터이다. 예를 들어 G-1은 전용면적 88m^2, 경과년수 12년, 지하철역_거리 350m 라는, 실제 데이터셋에는 없지만 충분히 현실에서 존재할 법한 부동산 특징을 나타낸다.
- GAN은 단순히 기존 데이터를 복제하는 것이 아니라, 학습된 데이터의 분포를 기반으로 새로운 샘플을 생성한다. 따라서 데이터 증강(Data Augmentation) 효과를 얻을 수 있다.

Ⅱ GAN가상수치 예제: GAN을 활용한 면적, 연도, 거리, 금리, 심리, 가격으로 구성된 가상AVM 데이터 생성

1) 가상 예제

- 생성자는 무작위 입력에서 (면적, 연도, 거리, 금리, 심리, 가격)으로 구성된 가상 AVM 데이터 생성 시도.
- 판별자는 실제 AVM 데이터와 생성자가 만든 가짜 데이터를 구별하는 학습 수행.
- 학습 반복 후:
  - ㅁ실제 AVM 데이터 예시: (면적: 85, 연도:2015, 거리:3, 금리:2.5, 심리:+8, 가격:9.5억) - 판별자는 '진짜' 판단
  - ㅁ생성 결과 예시: (면적: 86 m^2, 건축 연도: 2014년, 지하철 거리: 3.2분, 기준 금리: 2.6%, 시장 심리 지수: +7, 가상 가격: 9.7억 원) - 판별자는 '진짜 같음' 판단 (목표)

2) 풀이:

GAN의 생성자는 AVM에서 활용되는 다양한 입력 변수 조합과 그에 따른 가격 데이터의 분포를 모방하는 것을 목표로 한다. 판별자는 실제 존재하는 AVM 데이터 튜플(변수 조합 + 실제 가격)과 생성자가 만들어낸 가짜 튜플(변수 조합 + 생성된 가격)을 구별한다. 생성자는 판별자를 속이기 위해 AVM 입력 변수들 간의 상호작용 및 이들이 가격에 미치는 영향을 현실적으로 반영하는 데이터를 생성하게 된다.

3) 해설:

GAN은 AVM 데이터가 갖는 복잡한 상관관계(예: 면적이 크고 지하철이 가까우며 금리가 낮고 심리가 좋을수록 가격이 높다 등)를 학습하여, 이러한 관계가 일관되게 나타나는 매우 사실적인 가상 부동산 데이터 포인트를 생성하는 데 강점을 보인다. 생성된 가상 가격은 다른 물리적, 입지, 시장 변수들과 함께 생성되며, 판별자의 피드백을 통해 실제 가격 분포와 매우 유사하게 만들어진다. 이는 GAN이 AVM 입력 데이터를 활용하여 현실적인 데이터 조합을 생성하고, 그 과정에서 데이터가 갖는 내재적 가치 구조를 학습함을 보여준다.

생성적 적대 신경망(GAN)은 도시 부동산 분야에서 AVM의 정확성과 활용성을 높이는 데 기여할 수 있는 강력한 도구이다. GAN을 통해 생성된 가상의 AVM 입력 데이터는 데이터 부족 문제를 해결하고, 모델 성능을 개선하며, 다양한 시뮬레이션을 가능하게 한다.

Ⅲ AVM 입력 데이터 기반의 자기회귀 모델 (Autoregressive Models)

1) AR 모델은 시계열 데이터 분석에 주로 사용되며, 특정 변수의 미래 값을 예측하기 위해 해당 변수의 과거 관측값을 활용한다.

최근 AI 기술, 특히 생성형 AI(Generative AI)의 발전은 자동화된 가치평가모델

(AVM, Automated Valuation Model)의 정확도와 효율성을 높이는 데 기여하고 있다. 생성형 AI는 부족한 데이터를 보강하거나, 비정형 데이터로부터 새로운 특징(feature)을 추출하여 AVM의 입력 데이터 품질을 향상시킬 수 있다.

이러한 고품질 입력 데이터를 활용하는 모델 중 하나로 자기회귀 모델(Autoregressive Models, AR)이 있다. AR 모델은 시계열 데이터 분석에 주로 사용되며, 특정 변수의 미래 값을 예측하기 위해 해당 변수의 과거 관측값을 활용한다. 부동산 시장 역시 시간의 흐름에 따라 가격 변동 추세를 보이므로, AR 모델을 통해 시장의 동태적 특성을 포착하고 예측 정확도를 높일 수 있다.

Ⅲ-1 생성형 AI를 통해 강화된 AVM 입력 데이터를 가정하고, 이를 활용한 자기회귀 모델의 가상 수치 예제를 제시하며 그 풀이 과정과 의미 설명

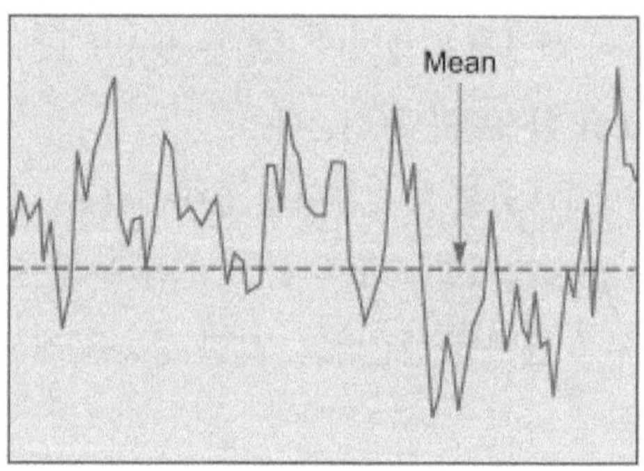

https://www.sciencedirect.com/topics/mathematics/autoregressive-integrated-moving-average

1) 자기회귀 모델(AR) 개요

자기회귀 모델은 시계열 Yt의 현재 값이 과거 p 시점까지의 값들에 선형적으로 의존한다고 가정하는 모델이다. AR(p) 모델의 일반적인 형태는 다음과 같다.

$$Y_t=c+\Phi_1 Y_{t-1}+\Phi_2 Y_{t-2}+\cdots+\Phi_p Y_{t-p}+\varepsilon_t$$

여기서,

- Yt: 시점 t에서의 값
- c: 상수항 (절편)
- Φ1, Φ2….Φp : 자기회귀 계수 (과거 값들의 영향력)
- p: 모델의 차수 (얼마나 과거 시점까지 고려할 것인가)
- Y t-1,….,Y t-p: 과거 시점의 값들
- εt: 시점 t에서의 오차항 (백색 잡음, white noise)

부동산 AVM 맥락에서 Yt는 특정 지역의 평균 주택 가격 지수, 특정 유형 부동산의 평균 임대료 지수 등이 될 수 있다. 이러한 지수는 생성형 AI가 생성하거나 보강한 미시적 부동산 데이터(개별 거래 가격, 속성 정보, 주변 환경 데이터 등)를 기반으로 더욱 정교하게 산출될 수 있다.

2) 가상 수치 예제

(1) 시나리오:

서울시 특정 자치구('A구')의 분기별 아파트 평균 매매가격 지수(Pt)를 예측한다고 가정한다. 이 지수는 생성형 AI가 처리한 다양한 부동산 속성 데이터, 거래 데이터, 소셜 미디어의 지역 평판 데이터 등을 종합하여 산출된 고품질 지수라고 가정한다. 우리는 과거 데이터를 바탕으로 가장 단순한 형태인 AR(1) 모델을 구축하여 다음 분기(t+1)의 가격 지수를 예측하고자 한다.

(2) 가상 데이터:

시점(분기)	A구 아파트 평균 매매가격 지수 (Pt)
t-4	105.0
t-3	107.5
t-2	109.0
t-1	111.0
t(현재)	113.5

(3) **모델 설정:**

AR(1) 모델을 사용하기로 결정한다. 모델 식은 다음과 같다. Pt=c+Φ1Pt-1+εt

(4) **파라미터 추정 (가정):**

과거 시계열 데이터를 이용하여 통계적 방법(예: 최소제곱법)으로 모델 파라미터를 추정한 결과, 다음과 같은 값을 얻었다고 가정한다.

- 상수항 (c): 5.0
- 자기회귀 계수 (Φ1): 0.95

따라서, 추정된 AR(1) 모델은 다음과 같다. P^t=5.0+0.95Pt-1 (P^t는 시점 t에서의 예측값을 의미한다.)

(5) **다음 분기 예측 (t+1):**

현재 시점 t의 가격 지수 Pt=113.5를 이용하여 다음 분기(t+1)의 가격 지수 P^t+1를 예측한다.

P^t+1=c+Φ1Pt P^t+1=5.0+0.95×Pt P^t+1=5.0+0.95×113.5 P^t+1=5.0+107.825 P^t+1=112.825

(6) **결과:**

추정된 AR(1) 모델에 따르면, A구의 다음 분기 아파트 평균 매매가격 지수는 112.825로 예측된다.

3) 해설

(1) **모델의 의미:** AR(1) 모델은 특정 시점의 가격 지수가 바로 직전 시점의 가격 지수에 선형적으로 의존한다는 것을 의미한다. Φ1=0.95는 이전 분기 지수가 현재 분기 지수에 매우 큰 양의 영향을 미친다는 것을 나타낸다. 즉, 가격의 관성(momentum)이 상당히 크다는 것을 시사한다. 상수항 c=5.0은 이전 시점의 영향 외에도 기본적인 증가 요인이 존재함을 의미할 수 있다.

(2) **생성형 AI와 입력 데이터:** 본 예제에서 사용된 가격 지수 Pt는 생성형 AI에 의해 품질이 향상된 데이터를 기반으로 산출되었다고 가정하였다. 예를 들어, 생성형 AI는 다음과 같은 역할을 수행할 수 있다.

- 데이터 증강: 거래가 드문 지역이나 부동산 유형에 대해 현실적인 가상 거래 데이터 생성하여 지수 산출의 강건성(robustness) 확보한다.
- 특징 추출: 위성 이미지, 건축 도면, 온라인 부동산 설명 텍스트 등 비정형 데이터로부터 가격에 영향을 미치는 잠재적 특징(예: 일조량 변화 예측, 리모델링 품질 추정, 지역 개발 계획 관련 텍스트 분석)을 추출하여 지수 계산에 반영한다.
- 데이터 정제/보완: 누락되거나 오류가 있는 데이터를 추정하여 채워 넣음으로써 입력 데이터의 완전성을 높인다. 이처럼 생성형 AI는 AR 모델의 입력이 되는 시계열 데이터(Pt) 자체의 정확성과 정보 함량을 높여 모델 예측 성능의 기반을 강화한다.

(3) **예측 결과 해석:** 예측된 P^t+1=112.825는 현재 지수 Pt=113.5보다 약간 낮은 값이다. 이는 모델의 파라미터(c=5.0, Φ1=0.95)와 현재 값(113.5)에 기반한 예측 결과이다. Φ1〈1 이기 때문에, 만약 Pt가 어떤 평형 수준보다 높다면 다음 시점에는 그 수준으로 약간 회귀하려는 경향을 보일 수 있다. (물론, 이 예제에서는 상수항 c가 양수이므로 장기적인 추세는 다를 수 있다). 이는 과거 데이터로부터 학습된 평균적인 패턴을 반영한 결과이며, 실제 다음 분기의 가격은 예측치와 다를 수 있는 εt+1 오차항을 포함한다.

(4) **모델의 한계 및 확장:**

- AR(1) 모델은 매우 단순하며, 더 먼 과거의 정보나 다른 외부 변수(금리, 정책 변화, 공급량 등)의 영향을 직접적으로 고려하지 않는다.
- 실제 분석에서는 모델 차수 p를 결정하기 위해 정보 기준(AIC, BIC 등)을 사용하거나, 계절성(seasonality)을 반영하는 SARIMA 모델, 외부 변수를 포함하는 ARX 또는 VAR(Vector Autoregression) 모델 등을 고려할 수 있다.

- 부동산 가격 시계열은 비정상성(non-stationarity)을 보이는 경우가 많으므로, 실제 적용 시 차분(differencing)을 통해 시계열을 안정화 시킨 후 모델링하는 과정이 필요할 수 있다.
- AR 모델은 기본적으로 선형 관계를 가정하지만, 부동산 시장의 복잡한 비선형 동특성을 포착하기 위해 딥러닝 기반의 시계열 모델(RNN, LSTM 등)과 결합될 수도 있다.

Ⅳ AVM 입력 데이터 기반의 확산모델 (Diffusion Models)

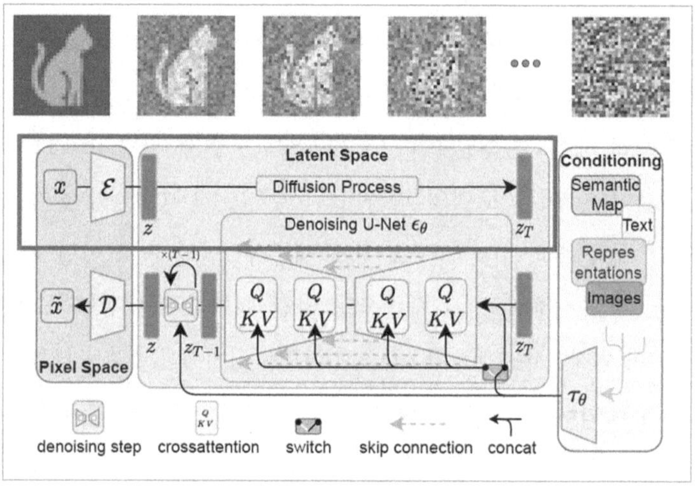

https://pub.towardsai.net/introductory-notes-on-stable-diffusion

(1) 확산 모델(Diffusion Models)은 특히 이미지 생성 분야에서 놀라운 성능을 보여주고 있다.

AI 분야에서 주목받는 생성형 AI 모델 중 하나인 확산 모델(Diffusion Models)은 특히 이미지 생성 분야에서 놀라운 성능을 보여주고 있다. 이러한 확산 모델의 원리는 도시 부동산 분야의 자동화된 가치 평가 모델(AVM, Automated Valuation

Model)에도 잠재적으로 응용될 수 있다. AVM의 정확성은 입력 데이터의 질과 양에 크게 의존하며, 생성형 AI는 이러한 입력 데이터를 강화하는 데 중요한 역할을 할 수 있다.

(2) 확산 모델을 통해 생성된 현실적인 합성 데이터(수치, 이미지 등)는 학습 데이터 증강, 결측치 처리, 시나리오 시뮬레이션 등 다양한 방식으로 활용되어 AVM의 정확도, 강건성 및 적용 범위를 확장하는 데 크게 기여할 수 있다.

확산 모델은 AI 기반 도시 부동산 AVM 분야에서 직접적인 가격 예측보다는, AVM의 성능을 좌우하는 핵심 요소인 '입력 데이터'의 질과 양을 혁신적으로 개선할 수 있는 강력한 생성형 AI 도구이다. 확산 모델을 통해 생성된 현실적인 합성 데이터(수치, 이미지 등)는 학습 데이터 증강, 결측치 처리, 시나리오 시뮬레이션 등 다양한 방식으로 활용되어 AVM의 정확도, 강건성 및 적용 범위를 확장하는 데 크게 기여할 수 있다. 다만, 높은 계산 비용과 데이터 요구사항 등을 고려한 효율적인 적용 전략이 필요하다.

확산 모델은 복잡한 데이터 분포를 학습하여 현실과 유사한 데이터를 생성하는 능력이 뛰어나다. 도시 부동산 데이터는 매우 다양하고 복잡한 특성을 지니므로, 확산 모델을 활용하여 현실적인 가상의 부동산 매물 데이터(속성, 이미지 등)를 생성하거나, 불완전한 데이터를 보강하는 방식으로 AVM의 성능을 개선할 수 있다.

1) 확산 모델(Diffusion Models) 개요

확산 모델은 데이터 생성 과정을 두 단계로 나누어 수행한다.

Diffusion model은 위에서도 언급한 것처럼, data에 noise를 조금씩 더해가거나 noise로부터 조금씩 복원해가는 과정을 통해 data를 generate하는 모델이다. 이를 한 눈에 표현하면 아래 그림과 같다. 아래 그림에서 x0는 실제 데이터, xt는 최종 noise, 그리고 그 사이의 xt는 데이터에 noise가 더해진 상태의 latent variable을 의미한다.

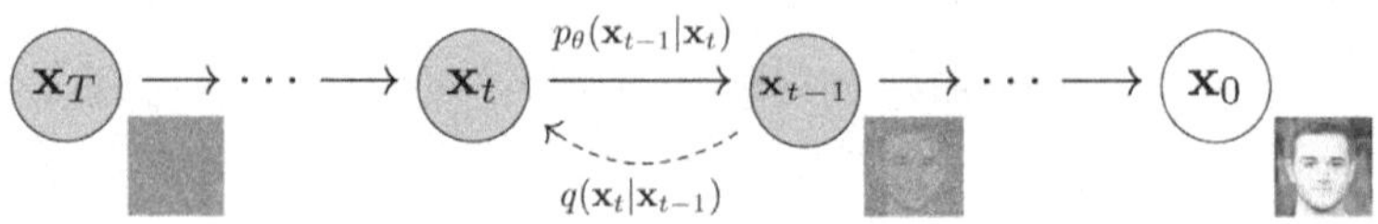

우선, 위 그림의 오른쪽에서 왼쪽 방향으로 noise를 점점 더해가는 forward process q를 진행한다. 그리고 이 forward process를 반대로 추정하는 reverse process pp를 학습함으로써 noise(xT)로부터 data(x0)를 복원하는 과정을 학습한다. 그리고 이 reverse process를 활용해서 random noise로부터 우리가 원하는 image, text, graph 등을 generate할 수 있는 모델을 만들어내는 것이다. 그리고 이를 통해 결국, 우리는 실제 data의 분포인 p(x0)를 찾아내는 것을 목적으로 한다.

(1) **순방향 과정** (Forward Process, Diffusion Process): 원본 데이터(x0)에 점진적으로 작은 양의 가우시안 노이즈(Gaussian noise)를 반복적으로 추가하여, 최종적으로는 완전한 노이즈(xT, 예를 들어 표준 정규 분포를 따르는 노이즈) 상태로 만드는 과정이다.

(2) **역방향 과정** (Reverse Process, Denoising Process): 순방향 과정의 반대 방향으로, 완전한 노이즈(xT)에서 시작하여 점진적으로 노이즈를 제거하면서 원본 데이터(x0)와 유사한 데이터를 생성하는 과정이다. 이 역방향 과정을 통해 노이즈로부터 시작하여 점차 구조를 갖춘, 학습 데이터의 분포를 따르는 새로운 데이터를 생성할 수 있다.

2) 가상 수치(개념적) 예제

(1) 시나리오:

서울시 'B구' 지역 아파트들의 특성 데이터(전용면적, 건축년도, 층수, 방 개수 등) 분포를 학습한 확산 모델이 있다고 가정한다. 이 모델을 사용하여 B구에 존재할 법한 현실적인 아파트 속성 데이터 벡터를 새로 생성하고자 한다. 이 생성된 데이터는 AVM 모델의 학습 데이터 증강(augmentation)이나, 특정 조건 하의 가상 매물 생성 등에 활용될 수 있다.

(2) **생성 과정** (개념적 예시):

확산 모델의 역방향 과정은 여러 스텝(예: T=1000)에 걸쳐 반복적으로 노이즈를 제거하며 데이터를 구체화한다. 전체 스텝을 수치적으로 보이는 것은 복잡하므로, 초기 노이즈 상태, 중간 단계, 최종 생성 단계를 개념적으로 예시한다. 생성하려는 속성 벡터는 [전용면적(m²), 건축년도, 층수, 방 개수] 라고 가정한다.

- **Step T (초기 상태 - 완전한 노이즈)**: 표준 정규 분포 등에서 무작위로 샘플링된 값들로 시작한다. 이 값들은 아직 아무런 부동산 속성 정보를 담고 있지 않다.
  - ㅁ벡터 = [노이즈_1, 노이즈_2, 노이즈_3, 노이즈_4] (예: [0.8, -1.2, 0.1, -0.5], 실제로는 정규화된 데이터 스케일의 노이즈)
- **Step T/2 (중간 단계 - 부분적 노이즈 제거)**: 모델이 역방향 과정을 절반 정도 진행한 상태이다. 노이즈가 상당히 제거되었고, B구 아파트 데이터의 대략적인 분포 특성이 나타나기 시작한다. 값들이 점차 현실적인 범위로 수렴하지만, 아직은 구체적이지 않다.
  - ㅁ벡터 ≈ [~70, ~1998, ~8, ~2.8] (개념적 표현: 면적 70 근처, 1998년 근처, 8층 근처, 방 2.8개 근처의 값을 가질 확률이 높다는 의미)
- **Step 0 (최종 단계 - 데이터 생성 완료)**: 역방향 과정을 모두 마치면, 최종적으로 노이즈가 거의 제거되고 학습된 데이터 분포를 따르는 구체적이고 현실적인 속성 벡터가 생성된다.
  - ㅁ생성된 벡터 = [72.5, 1995, 7, 3]

3) **결과**:

확산 모델은 순수 노이즈로부터 시작하여 점진적 노이즈 제거 과정을 통해 [전용면적 72.5 m², 건축년도 1995년, 7층, 방 3개]라는 B구에 존재할 법한 구체적인 아파트 속성 벡터 하나를 성공적으로 생성하였다.

4) 해설

(1) **모델의 역할 - 데이터 생성:** 예제에서 확산 모델은 직접적으로 부동산 가치를 예측하는 회귀 모델이 아니라, AVM 모델의 성능 향상을 위해 필요한 '현실적인 입력 데이터'를 생성하는 역할을 수행한다. 생성된 [72.5, 1995, 7, 3] 벡터는 다음과 같이 활용될 수 있다.

- **학습 데이터 증강:** 실제 데이터가 부족한 경우, 이렇게 생성된 다수의 가상 데이터를 실제 데이터와 함께 AVM 학습에 사용하여 모델의 일반화 성능과 강건성을 높인다.
- **조건부 생성:** 특정 조건(예: '전용면적 85m² 이상', '신축(5년 이내)')을 만족하는 속성 벡터를 생성하도록 모델을 구성할 수도 있다(Conditional Diffusion Model). 이를 통해 특정 세그먼트의 부동산 데이터 시뮬레이션이 가능하다.
- **결측치 대체:** 데이터셋 내 일부 속성 정보가 누락된 경우, 다른 속성 정보를 조건으로 하여 누락된 값을 현실적으로 생성(imputation)하는 데 응용할 수 있다.

(2) **생성형 AI로서의 확산 모델:** 확산 모델은 그 자체로 강력한 생성형 AI 기술이다. 도시 부동산 분야에서는 다음과 같은 방식으로 가치를 창출할 수 있다.

- **고품질 합성 데이터:** 복잡한 속성 간의 상관관계를 잘 포착하여 실제와 구분하기 어려운 수준의 합성 데이터를 생성한다. 이는 데이터 프라이버시 문제 없이 모델을 개발하거나 공유해야 할 때 유용하다.
- **다양한 데이터 타입 생성:** 본 예제는 수치형 속성 벡터를 다루었지만, 확산 모델은 부동산 이미지(내/외부 전경, 평면도 등) 생성에도 뛰어난 성능을 보인다. 생성된 이미지는 시각적 특징을 추출하여 AVM 입력으로 활용될 수 있다.
- **시나리오 기반 시뮬레이션:** 특정 정책 변화(예: 용적률 상향)나 인프라 구축(예: 신규 지하철역) 효과를 시뮬레이션하기 위해, 변화된 조건 하에서의 가상 부동산 데이터를 생성하고 이를 AVM에 입력하여 가격 변동을 예측하는 데 활용될 수 있다.

■ 생성형 AI 기반 모델의 AVM 입력 데이터 활용 가상 데이터 생성 예시

모델 아키텍처	예제 생성 데이터 (AVM 입력 변수 기반)	AVM 데이터 활용 방식 및 생성 메커니즘
변이형 오토인코더 (VAEs)	(면적: 78, 연도:2003, 거리:5.5, 금리:3.1, 심리: +4, 가상 가격: 5.8억)	물리, 입지, 거시, 심리 요인 및 가격 포함 전체 AVM 데이터셋의 잠재 공간 분포 학습 후, 샘플링하여 복원 생성한다.
생성적 적대 신경망 (GANs)	(면적: 86, 연도:2014, 거리:3.2, 금리:2.6, 심리: +7, 가상 가격: 9.7억)	생성자가 다양한 AVM 입력 변수 조합 및 가격 데이터를 생성하고, 판별자와 경쟁하며 실제 같은 데이터 생성을 학습한다.
자기회귀 모델 (Autoregressive Models)	(금리:3.5, 심리: -3, 면적:65, 연도:1995, 거리:12, 가상 가격: 4.2억)	AVM 입력 변수 및 가격을 순차적으로 배열하고, 이전 변수 생성 결과를 기반으로 다음 변수(포함 가격)를 생성한다.
확산 모델 (Diffusion Models)	(면적: 98, 연도:2018, 거리:4, 금리:2.8, 심리: +6, 가상 가격: 10.5억)	AVM 입력 변수 및 가격 데이터에 노이즈를 추가/제거하는 과정을 학습하여, 노이즈에서 실제 같은 데이터로 복원 생성한다.

위 예제들은 생성형 AI 모델이 AVM에서 활용되는 다양한 종류의 데이터(물리적, 입지, 거시경제, 시장 심리)를 어떻게 입력으로 받아 학습하고, 그로부터 현실적인 가상 부동산 데이터 포인트(가상 가격 포함)를 생성할 수 있는지를 보여주는 간략한 개념 설명이다. 실제 모델의 구현 및 학습 과정은 훨씬 복잡하며, 여기 제시된 수치들은 설명을 위한 가상 값이다.

2 AVM에 활용되는 딥 러닝(Deep Learning Model) 모델의 유형 및 특성 분석과 예제

인공지능(AI) 기술의 발전은 도시 부동산 분야의 자동화된 가치 평가 모델(AVM, Automated Valuation Model) 개발에 혁신을 가져오고 있다. 특히 딥러닝(Deep Learning)은 복잡하고 비선형적인 데이터 패턴을 학습하는 데 탁월한 능력을 보여주며, 다차원적이고 이질적인(heterogeneous) 도시 부동산 데이터 분석에 효과적으

로 활용된다. AVM의 목표는 다양한 속성 정보를 바탕으로 부동산의 시장 가치를 정확하고 신속하게 추정하는 것이며, 딥러닝 모델들은 이러한 목표 달성을 위한 강력한 도구를 제공한다.

The Strategic Impact of AI on Decision-Making, Linkedin

2.1 AVM 활용 딥러닝 모델유형 및 설명

딥러닝 모델들은 AI 기반 도시 부동산 AVM의 정확성과 신뢰성을 높이는 데 핵심적인 역할을 수행한다. 다층 퍼셉트론부터 합성곱 신경망, 순환 신경망, 그래프 신경망, 트랜스포머, 오토인코더에 이르기까지 다양한 모델들이 부동산 데이터의 각기 다른 특성(정형, 이미지, 시계열, 텍스트, 관계)을 분석하는 데 활용된다. 특히, 도시 부동산 데이터의 복잡성과 다중 모드 특성을 고려할 때, 각 데이터 유형에 최적화된 모델을 결합하는 하이브리드 접근 방식이 더욱 정교하고 정확한 AVM 개발에 중요하게 기여할 것으로 기대된다. 딥러닝 기술의 지속적인 발전은 향후 더욱 고도화된 AVM 모델의 등장을 촉진할 것이다.

2.1.1 다층 퍼셉트론 (MLP, Multi-Layer Perceptron) 및 피드포워드 신경망 (FNN, Feedforward Neural Network):

(1) **설명**: 가장 기본적인 딥러닝 모델 형태로, 입력층, 하나 이상의 은닉층, 출력층으로 구성된다. 각 층의 노드(뉴런)는 다음 층의 노드와 완전 연결(fully connected)되어 있으며, 활성화 함수(activation function)를 통해 비선형성을 도입한다. 주로 정형 데이터(tabular data) 처리에 사용된다.

(2) **AVM 활용**: 부동산의 면적, 방 개수, 건축 연도, 위경도 좌표 등 수치 및 범주형 속성 데이터를 입력받아 가치를 예측하는 기본적인 회귀(regression) 문제 해결에 활용될 수 있다. 복잡한 속성 간의 비선형 관계를 학습하는 데 사용된다.

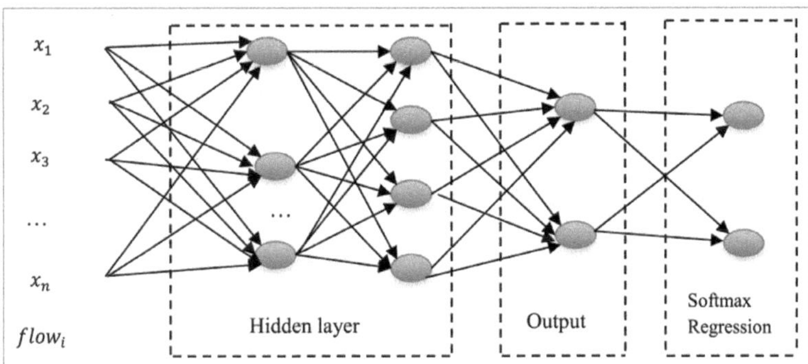

https://www.researchgate.net/figure/The-architecture-of-MLP-deep-learning-model_

2.1.2 합성곱 신경망(CNN, Convolutional Neural Network):

(1) **설명**: 주로 이미지나 그리드(grid) 형태의 데이터 분석에 뛰어난 성능을 보인다. 데이터의 공간적 계층 구조(spatial hierarchy)를 효과적으로 학습하기 위해 합성곱 필터(convolutional filter)와 풀링(pooling) 계층을 사용한다. 필터를 통해 지역적 특징(local feature)을 추출하고, 이를 조합하여 더 복잡하고 추상적인 특징을 학습한다.

(2) **AVM 활용**: 위성/항공 이미지, 스트리트 뷰 이미지, 부동산 내부/외부 사진 등을 분석하여 가치에 영향을 미치는 시각적 특징(예: 건물 상태, 조망, 주변 환경의 녹지 비율, 도로 접근성 등)을 추출하는 데 활용된다. 추출된 시각적 특징은 다른 속성 데이터와 결합되어 가치 예측에 사용된다.

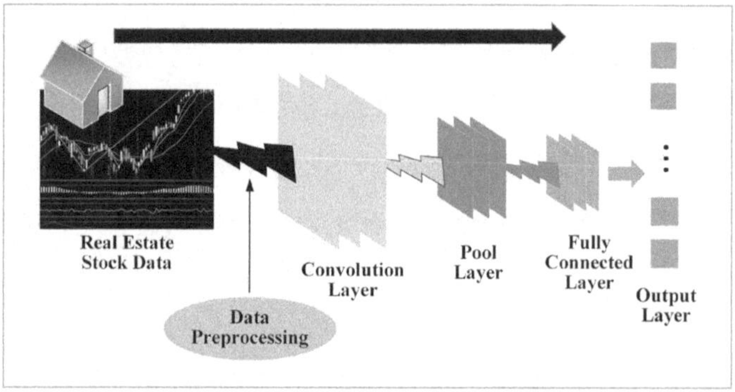

Visual recognition and prediction analysis of China's real estate index and stock trend based on CNN-LSTM algorithm optimized by neural networks, https://journals.plos.org/

2.1.3 순환 신경망 (RNN, Recurrent Neural Network) 및 변형 모델 (LSTM, GRU):

(1) **설명**: 시퀀스(sequence) 데이터 처리에 특화된 모델이다. 이전 스텝(time step)의 정보를 현재 스텝의 입력으로 재사용하는 순환적 구조를 통해 시간적 종속성이나 순서 정보를 학습한다. 장기 의존성 문제(long-term dependency problem)를 해결하기 위해 LSTM(Long Short-Term Memory)이나 GRU(Gated Recurrent Unit)와 같은 개선된 구조가 널리 사용된다.

(2) **AVM 활용**: 부동산 가격의 시계열적 변화 추세, 시장 주기 분석, 혹은 부동산 매물 설명 텍스트(text description)와 같이 순서가 중요한 데이터를 분석하는 데 활용된다. 과거 거래 이력이나 시장 동향을 학습하여 미래 가격 변동 예측 모델의 일부로 사용될 수 있다.

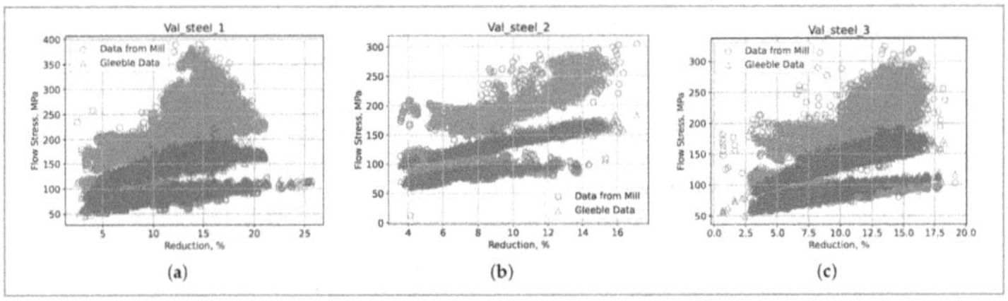

Recurrent Neural Network (RNN)-Based Approach, https://www.mdpi.com

2.1.4 그래프 신경망 (GNN: Graph Neural Network):

(1) **설명:** 객체 간의 관계를 그래프 구조로 표현하고 학습하는 데 특화된 모델이다. 노드(node)는 객체(예: 개별 부동산)를, 엣지(edge)는 객체 간의 관계(예: 인접성, 유사성, 교통 연결성)를 나타낸다. 주변 노드의 정보를 메시지 패싱(message passing) 방식으로 집계하여 노드의 표현(representation)을 업데이트한다.

(2) **AVM 활용:** 부동산 간의 공간적 인접성, 유사한 특성을 가진 부동산 그룹 간의 가격 연동성, 교통망이나 학군 등 인프라 네트워크가 부동산 가치에 미치는 영향 등 복잡한 관계 및 공간적 상호작용을 모델링하는 데 매우 유용하다. 가격이 공간적으로 어떻게 확산되는지(spatial price diffusion) 분석하는 데 활용될 수 있다.

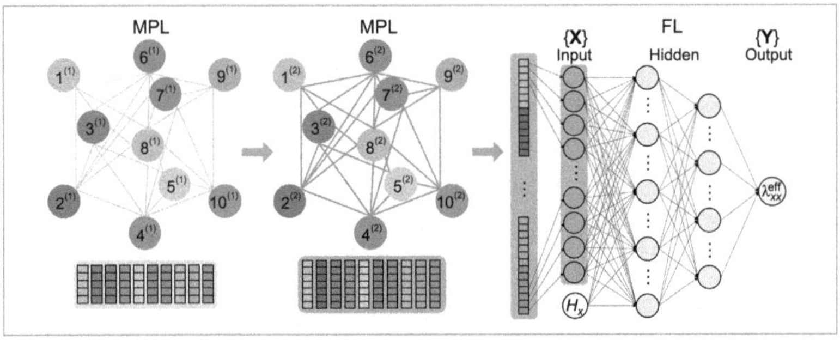

GNN: Graph Neural Network, https://www.nature.com

2.1.5 트랜스포머 (Transformer):

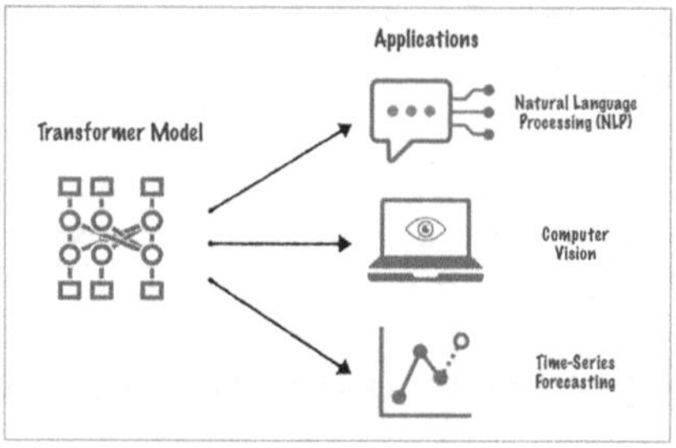

https://blogs.mathworks.com/deep-learning/2024/10/31/transformer-models

(1) **설명:** 주로 자연어 처리(NLP) 분야에서 혁신을 가져온 모델이지만, 다양한 유형의 데이터에 적용되고 있다. 핵심 기술인 자기 주의(self-attention) 메커니즘을 통해 시퀀스 내의 모든 요소 간의 관계 가중치를 학습하여 장거리 의존성을 효과적으로 포착한다.

(2) **AVM 활용:** 긴 부동산 설명 문구, 시장 분석 리포트, 뉴스 기사 등 텍스트 데이터로부터 가치 관련 정보를 추출하거나, 다양한 종류의 입력 특징(feature)들 간의 중요도나 상호작용을 파악하여 가치 예측 정확도를 높이는 데 활용될 수 있다. 특히, 여러 데이터 소스(multimodal data)를 통합 분석할 때 유용하다.

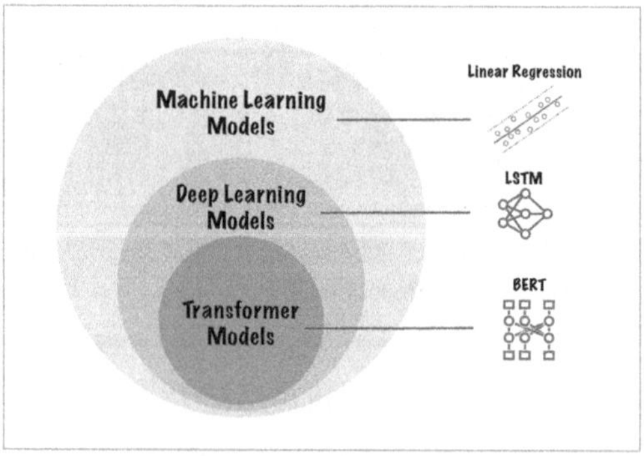

https://blogs.mathworks.com/deep-learning

2.1.6 오토인코더 (AE: Autoencoder):

(1) **설명**: 비지도 학습(unsupervised learning) 방식의 신경망 모델로, 입력 데이터를 압축된 잠재 표현(latent representation)으로 인코딩(encoding)하고, 다시 원본 데이터로 디코딩(decoding)하는 과정을 학습한다. 데이터의 중요한 특징을 추출하거나 차원 축소, 이상치 탐지 등에 활용된다. 변형 모델인 VAE(Variational Autoencoder)는 생성 모델 역할도 수행한다.

(2) **AVM 활용**: 고차원의 부동산 데이터를 저차원의 유의미한 특징 벡터(embedding)로 변환하여 다른 예측 모델의 입력으로 사용하거나, 비정상적인(anomalous) 매물 데이터를 탐지하는 데 활용될 수 있다. VAE를 사용하여 현실적인 가상 매물 데이터를 생성함으로써 데이터 부족 문제를 완화할 수도 있다.

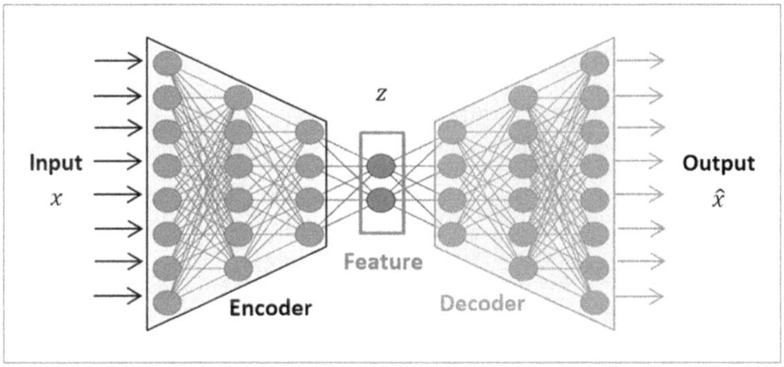

Deep Autoencoder-Based Integrated Model https://www.mdpi.com

2.1.7 하이브리드 모델 (Hybrid Models):

(1) **설명**: 특정 문제 해결을 위해 위에서 언급된 여러 딥러닝 아키텍처를 결합한 모델이다. 예를 들어, 이미지 데이터는 CNN으로 처리하고, 수치형 데이터는 MLP로 처리한 후, 그 결과들을 결합하여 최종 예측을 수행하는 방식이다.

(2) AVM 활용: 도시 부동산 데이터는 본질적으로 다중 모드(multimodal) 특성을 가지므로(예: 수치, 텍스트, 이미지, 시계열, 그래프 데이터), 각 데이터 유형에 최적화된 딥러닝 모듈을 결합한 하이브리드 모델이 AVM 성능 향상에 매우 효과적이다.

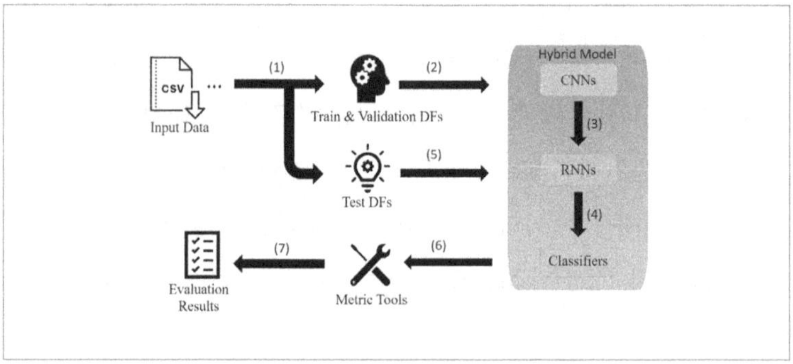

Hybrid of CNN and RNN, A Comparative Analysis of Hybrid Deep Learning Models for Human Activity Recognition, https://www.mdpi.com

■ **딥러닝 모델 별 목표, 기술, 역할. 장단점, 활용예시**

모델유형	주요 목표	핵심 기술	주요 역할 (AVM)	장점	단점	활용 예시
MLP / FNN	비선형 관계 학습 (회귀/분류)	완전 연결 계층, 활성화 함수	정형 데이터 기반 기본 가치 예측	구현 용이, 기본적인 비선형성 학습 가능	공간/시간 구조 무시, 특징 공학(feature engineering) 의존도 높음	면적, 층수, 연식 등 기본 속성 기반 가격 예측
CNN	공간적/지역적 특징 추출 (이미지 등)	합성곱/풀링 계층	위성/스트리트뷰/매물사진 분석, 지역 특성 추출	공간 계층 구조 학습, 이동 불변성 (translation invariance)	그리드 형태 데이터 요구, 정형 데이터 자체에는 비효율적	위성사진으로 녹지 비율 분석, 건물 외관 사진으로 상태 평가
RNN/ LSTM/ GRU	시퀀스 데이터 패턴 및 시간적 종속성 학습	순환 연결, 게이트 메커니즘(LSTM/ GRU)	시계열 가격 추세 분석, 텍스트 설명 분석	시계열/순서 데이터 처리, 시간적 의존성 포착	기울기 소실/폭주(RNN), 학습/계산 복잡도 높음	과거 가격 데이터 기반 미래 시장 동향 예측, 매물 설명 텍스트 감성 분석

GNN	그래프 구조 데이터의 관계 및 상호작용 학습	메시지 패싱, 그래프 합성곱	공간적 의존성 모델링, 네트워크 효과 분석	관계/연결성 명시적 모델링, 비유클리드 데이터 처리 가능	그래프 구조 정의 필요, 모델 복잡도 높음	인접 부동산 간 가격 영향 분석, 교통망 접근성 기반 가치 평가
Trans-former	자기 주의 기반 장거리 의존성 포착	자기 주의 (Self-Atten-tion) 메커니즘	긴 텍스트 분석, 다중 특징 통합, 시장 요인 분석	강력한 시퀀스/집합 처리 능력, 병렬 처리 용이	계산 비용 높음, 대규모 데이터 요구	장문 매물 상세 설명 핵심 요약/분석, 뉴스 데이터 기반 시장 심리 분석
Autoen-coder	비지도 특징 학습, 차원 축소, 이상치 탐지	인코더-디코더 구조	부동산 데이터 임베딩 생성, 이상 매물 탐지	비지도 학습 가능, 잠재 특징 추출	직접 예측 능력 부족 (주로 전처리/특징 추출용)	고차원 속성 데이터를 저차원 벡터로 압축, 가격이 비정상적인 매물 탐지
Hybrid Model	다양한 데이터 유형 통합 및 상호 보완적 활용	CNN, MLP, RNN 등 아키텍처 결합	다중 모드 (Multimod-al) 데이터 통합 가치 예측	다양한 입력 데이터 효과적 처리, 모델 성능 극대화 가능	모델 설계 및 튜닝 복잡	사진(CNN) + 속성(MLP) + 설명 (RNN/Trans-former) 결합 AVM 모델 구축

2.2 AVM 활용 딥러닝 모델 별 가상 예제 분석을 통한 이해하기

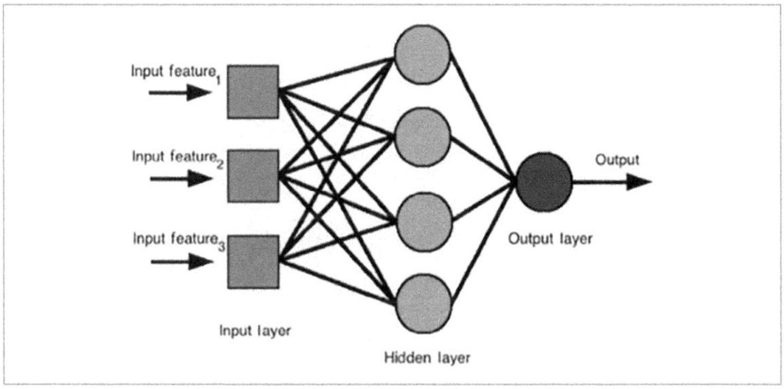

MLP(Multilayer Perceptron)
https://www.sciencedirect.com/topics/computer-science/multilayer-perceptron

2.2.1 AVM 활용 다층 퍼셉트론(MLP)가상 수치 예제 및 해설

(1) 다층 퍼셉트론(MLP)은 인공 신경망의 한 종류로서, 딥러닝(Deep Learning) 모델의 기본적인 구조 중 하나이다. MLP는 입력층(input layer), 하나 이상의 은닉층(hidden layer), 그리고 출력층(output layer)으로 구성된다.

다층 퍼셉트론(MLP)은 인공 신경망의 한 종류로서, 딥러닝(Deep Learning) 모델의 기본적인 구조 중 하나이다. MLP는 입력층(input layer), 하나 이상의 은닉층(hidden layer), 그리고 출력층(output layer)으로 구성되며, 각 층의 뉴런들은 다음 층의 모든 뉴런과 연결되는 완전 연결(fully connected) 형태를 가진다. 이러한 구조를 통해 MLP는 입력 특징(feature)들 간의 복잡하고 비선형적인 관계를 학습할 수 있다.

(2) MLP는 주로 정형 데이터(tabular data), 즉 표 형태로 정리된 부동산의 다양한 속성 정보(예: 면적, 층수, 건축 연도, 위치 좌표 등)를 입력 받아 해당 부동산의 가격을 예측하는 회귀(regression) 문제에 널리 활용

도시부동산 자동화 가치평가 모델(AVM) 분야에서 MLP는 주로 정형 데이터(tabular data), 즉 표 형태로 정리된 부동산의 다양한 속성 정보(예: 면적, 층수, 건축 연도, 위치 좌표 등)를 입력 받아 해당 부동산의 가격을 예측하는 회귀(regression) 문제에 널리 활용된다. (현재 날짜: 2025년 5월 기준)

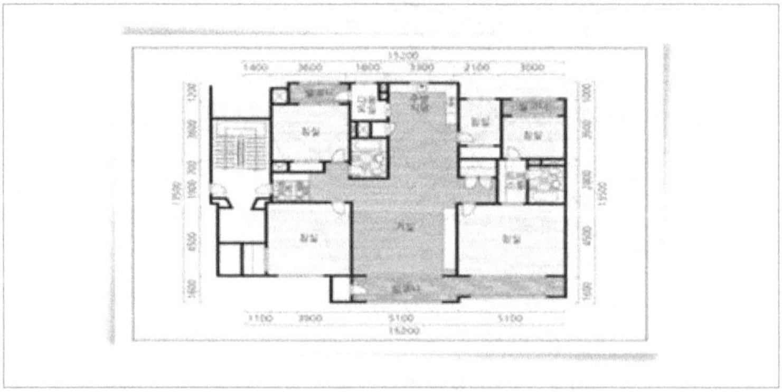

1) MLP가상 수치 예제

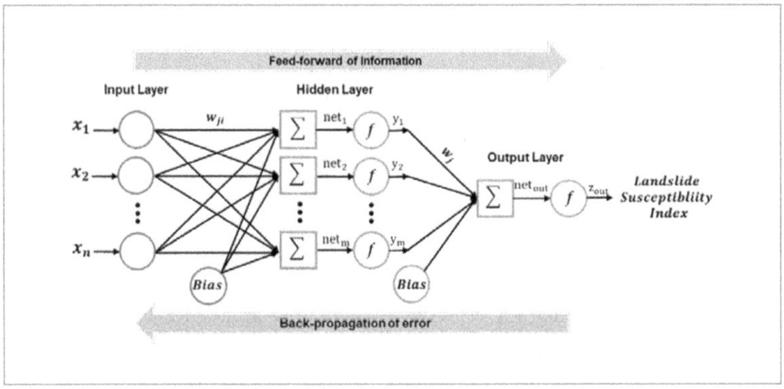

Architecture of the multi-layer perception (MLP) model, https://www.researchgate.net

(1) 시나리오:

서울시 '강남구' 소재의 특정 아파트 가격을 예측하는 MLP 기반 AVM을 가정한다. 이 MLP 모델은 사전에 대규모 부동산 거래 데이터를 통해 학습되어 가중치(weights)와 편향(biases)이 결정된 상태라고 가정한다. 모델은 다음 세 가지 주요 특징을 입력 받아 가격(단위: 억 원)을 예측한다.

- X1: 전용면적 (Area, 단위: m2)
- X2: 건물 연령 (Age, 단위: 년) = 현재 연도(2025) - 건축 연도
- X3: 가장 가까운 지하철역까지의 거리 (Distance to Subway, 단위: m)

(2) 모델 구조:

- 입력층: 3개 뉴런 (X1,X2,X3)
- 은닉층: 2개 뉴런 (활성화 함수: ReLU, ReLU(x)=max(0,x))
- 출력층: 1개 뉴런 (예측 가격 Y^, 활성화 함수: Linear(Identity))

(3) 가정된 파라미터 (학습 완료 상태):

- 입력층 → 은닉층 가중치 (W(1)) 및 편향 (b(1)): W(1)=(w11w12w21w22w31w32) =(0.10.05-0.2-0.1-0.010.005) b(1)=(b1b2)=(10.5)

• 은닉층 → 출력층 가중치 (W(2)) 및 편향 (b(2)): W(2) = (w1w2) = (2.01.5)

b(2) = (b) = (0.8)

(4) 예측 대상 아파트 속성:

• 전용면적 (X1): 85 m2

• 건축년도: 2010년 → 건물 연령 (X2): 2025-2010 = 15 년

• 지하철역 거리 (X3): 300 m

(5) 예측 과정:

1. 입력층 → 은닉층 계산:

• 은닉층 첫 번째 뉴런의 가중합 (Z1(1)): Z1(1) = (w11 × X1) + (w21 × 2) + (w31 × X3) + b1 Z1(1) = (0.1 × 85) + (-0.2 × 15) + (-0.01 × 300) + 1 = 8.5-3-3+1 = 3.5

• 은닉층 두 번째 뉴런의 가중합 (Z2(1)): Z2(1) = (w12 × X1) + (w22X2) + (w32 × X3) + b2 Z2(1) = (0.05 × 85) + (-0.1 × 15) + (0.005 × 300) + 0.5 = 4.25-1.5+1.5+0.5 = 4.75

• 은닉층 활성화 값 (A(1)): ReLU 함수 적용 A1(1) = ReLU(Z1(1)) = max(0,3.5) = 3.5 A2(1) = ReLU(Z2(1)) = max(0,4.75) = 4.75

2. 은닉층 → 출력층 계산:

• 출력층 뉴런의 가중합 (Z(2)): Z(2) = (w1 × A1(1)) + (w2 × A2(1)) + b(2) Z(2) = (2.0 × 3.5) + (1.5 × 4.75) + 0.8 = 7+7.125+0.8 = 14.925

• 최종 예측 값 (Y^): Linear 활성화 함수 적용 (즉, 가중합과 동일) Y^ = Z(2) = 14.925

2) 결과:

이 MLP 모델은 해당 아파트의 예측 가격을 14.925 (억 원)으로 추정한다.

3) 해설

(1) MLP의 작동 원리: 예제는 MLP가 입력된 부동산 속성 데이터(X1,X2,X3)를 어떻게 처리하여 최종 가격 예측(Y^)에 도달하는지를 단계별로 보여준다.

- **입력 특징**: 전용면적, 건물 연령, 지하철역과의 거리라는 세 가지 수치 정보가 모델에 입력된다.
- **은닉층의 역할**: 입력 특징들은 첫 번째 가중치(W(1))와 곱해지고 편향(b(1))이 더해진 후, 비선형 활성화 함수(ReLU)를 통과한다. 이 과정을 통해 원래의 특징들은 새로운, 더 추상적인 특징 표현(A1(1),A2(1))으로 변환된다. 예를 들어, 은닉층의 한 뉴런은 '넓고 새것이며 역에서 가까운 정도'를 종합적으로 나타내는 특징을 학습할 수 있다. ReLU 함수는 음수 값을 0으로 만들어 특정 조건(가중합이 양수)을 만족할 때만 뉴런이 활성화되도록 한다.
- **출력층의 역할**: 은닉층에서 변환된 특징 표현들은 다시 두 번째 가중치(W(2))와 곱해지고 편향(b(2))이 더해져 최종 예측 값에 도달한다. 가격 예측과 같은 회귀 문제에서는 출력층의 활성화 함수로 주로 Linear 함수(항등함수)를 사용하여 가중 합 결과가 바로 예측 값이 되도록 한다.
- **가중치와 편향**: 예제에서 사용된 가중치와 편향 값들은 모델이 과거의 수많은 부동산 거래 데이터를 학습하는 과정에서 최적화된 결과물이다. 각 가중치는 해당 특징이 (다음 층의) 뉴런 활성화 또는 최종 가격 예측에 얼마나, 그리고 어떤 방향(긍정/부정)으로 영향을 미치는지를 나타낸다. 예를 들어, 전용면적에 대한 가중치가 양수이면 면적이 클수록 가격이 높아지는 경향을, 건물 연령에 대한 가중치가 음수이면 오래될수록 가격이 낮아지는 경향을 반영한다.

(2) AVM에서의 MLP 활용 의미:

- **비선형 관계 학습**: 부동산 가격은 개별 특징에 단순 비례하지 않고 복합적인 비선형 관계를 가진다(예: 면적이 특정 수준 이상 커져도 가격 상승률은 둔화될 수 있음). MLP는 은닉층과 비선형 활성화 함수를 통해 이러한 복잡한 관계를 데이터로부터 직접 학습할 수 있다.
- **자동 특징 조합**: MLP는 은닉층에서 입력 특징들의 다양한 조합을 자동으로

학습한다. 이는 수동으로 상호작용 항(interaction term) 등을 만들어주어야 하는 전통적인 통계 모델보다 편리하고 강력할 수 있다.

- 유연성 및 확장성: MLP는 은닉층의 수나 뉴런 수를 조절하여 모델의 복잡도(capacity)를 유연하게 설정할 수 있으며, 다른 딥러닝 아키텍처(예: CNN, RNN)와 결합되어 하이브리드 모델의 일부로 활용될 수도 있다.

다층 퍼셉트론(MLP)은 도시 부동산 AVM에서 정형 데이터를 기반으로 부동산 가치를 예측하는 기본적인 딥러닝 모델이다. 입력 특징들 간의 비선형 관계와 복잡한 상호작용을 학습할 수 있는 능력을 통해 전통적인 선형 모델보다 높은 예측 정확도를 달성할 잠재력을 가진다. 본 가상 수치 예제는 MLP의 기본적인 정보 처리 흐름과 예측 과정을 보여주며, 실제 AVM 시스템 구축 시 기반 모델로서 혹은 더 복잡한 딥러닝 모델의 구성 요소로서 활용될 수 있음을 시사한다.

2.2.2 도시부동산 AVM에서 합성곱 신경망(CNN Convolutional Neural Network:) 가상 수치 예제 및 해설

(1) 딥 러닝 모델 중 합성곱 신경망(Convolutional Neural Network, CNN)은 이미지 처리 및 패턴 인식에 뛰어난 성능을 보여 도시부동산 분야에서 새로운 가능성을 제시한다.

다양한 딥 러닝 모델 중 합성곱 신경망(Convolutional Neural Network, CNN)은 이미지 처리 및 패턴 인식에 뛰어난 성능을 보여 도시부동산 분야에서 새로운 가능성을 제시한다.

(2) CNN은 위성사진, 거리 뷰 이미지, 또는 공간적으로 분포된 도시 데이터 등 비정형 데이터를 AVM에 통합하는 데 활용될 수 있다.

CNN은 주로 이미지 형태의 데이터에서 공간적 계층 구조(spatial hierarchy)를 효과적으로 학습할 수 있어, 위성사진, 거리뷰 이미지, 또는 공간적으로 분포된 도시 데이터 등 비정형 데이터를 AVM에 통합하는 데 활용될 수 있다.

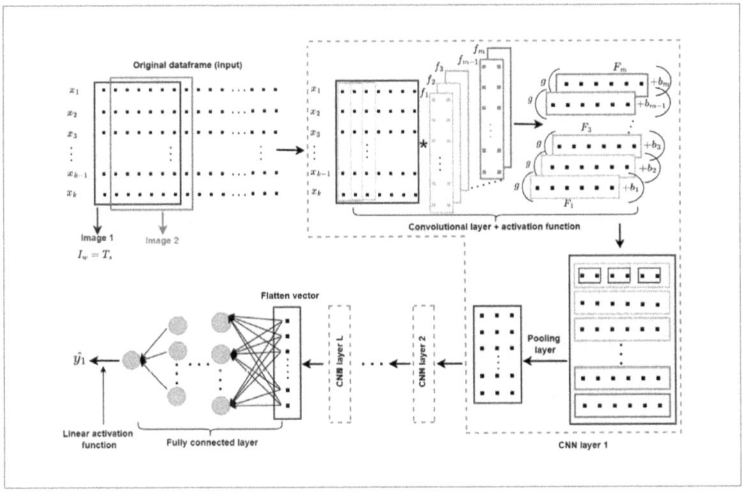

CNN https://link.springer.com

1) 합성곱 신경망(CNN)의 기본 원리

CNN은 주로 여러 개의 합성곱 계층(Convolutional Layer)과 풀링 계층(Pooling Layer)으로 구성되며, 마지막에는 완전 연결 계층(Fully Connected Layer)을 통해 최종 예측값을 출력한다.

- **합성곱 계층(Convolutional Layer)**: 입력 데이터(예: 이미지)에 필터(Filter 또는 Kernel)를 적용하여 특징 맵(Feature Map)을 생성한다. 필터는 특정 패턴(예: 엣지, 질감, 특정 형태)을 감지하도록 학습되며, 입력 데이터 위를 이동하면서(sliding) 합성곱 연산(element-wise 곱셈 후 합산)을 수행한다. 이를 통해 입력 데이터의 지역적 특징(local feature)을 추출한다.
- **풀링 계층(Pooling Layer)**: 합성곱 계층에서 추출된 특징 맵의 크기를 줄여 계산 효율성을 높이고, 주요 특징만 남겨 과적합(overfitting)을 방지하는 역할을 한다. 주로 최대 풀링(Max Pooling)이나 평균 풀링(Average Pooling) 방식이 사용된다. 최대 풀링은 특정 영역에서 가장 큰 값(가장 활성화된 특징)을 선택하고, 평균 풀링은 평균값을 사용한다.

이러한 계층들을 여러 겹 쌓아 올림으로써, 초기 계층에서는 단순한 특징(선, 모서리 등)을 학습하고 후반 계층으로 갈수록 이러한 단순 특징들이 조합된 복잡한 특징(객체, 장면 등)을 학습하게 된다.

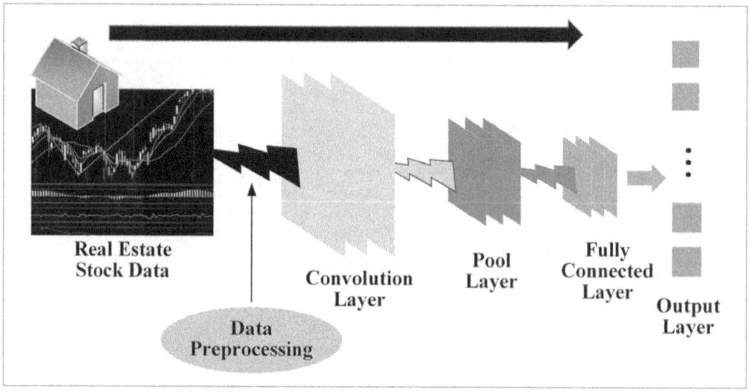

CCNN, Visual recognition and prediction analysis of China's real estate index and stock trend based on CNN-LSTM algorithm, https://journals.plos.org

2) 도시부동산 AVM에 CNN 적용 방안

도시부동산 가치는 단순히 면적, 층수, 건축 연도와 같은 정형 데이터뿐만 아니라, 건물의 외관 상태, 주변 환경, 접근성, 조망 등 시각적, 공간적 요인에도 크게 영향을 받는다. CNN은 이러한 비정형 데이터를 처리하여 가치 평가에 반영하는 데 강점을 가진다.

1. **위성 및 항공 이미지 분석:** 특정 부동산이 위치한 지역의 위성 또는 항공 이미지를 CNN에 입력하여 녹지 비율, 건물 밀도, 도로 접근성 등 거시적인 환경 요인을 특징으로 추출하고 가치 평가에 활용한다.
2. **거리뷰(Street View) 이미지 분석:** 부동산 주변의 거리뷰 이미지를 분석하여 건물의 외관 상태, 주변 거리의 청결도, 상업 시설 접근성, 보행 환경 등 미시적인 환경 요인을 정량화하여 반영한다.

3. **내부 이미지 분석:** (데이터 확보가 가능하다면) 부동산 내부 사진을 통해 인테리어 상태, 구조, 채광 등을 평가 요소로 활용한다.
4. **공간 데이터의 그리드(Grid)화:** 특정 지역을 일정한 크기의 셀(cell)로 나누고, 각 셀에 해당하는 정보(예: 평균 소득, 범죄율, 학교 평점, 공원 접근성 등)를 픽셀 값처럼 할당하여 2차원 '이미지' 데이터로 변환한다. CNN은 이 그리드 데이터를 분석하여 공간적 패턴(예: 특정 시설 인근 지역의 가치 상승 패턴)을 학습할 수 있다.

3) 합성곱 신경망(CNN)의 도시 부동산 분야 적용 개념

CNN은 합성곱(Convolution) 연산, 풀링(Pooling) 연산, 그리고 완전 연결(Fully Connected) 계층으로 구성된다. 도시 부동산 분야에 CNN을 적용할 때, 입력 데이터는 격자 형태의 공간 정보를 포함하는 형태로 구성될 수 있다. 예를 들어, 특정 지역을 격자로 나누고 각 격자 셀에 건물 밀도, 녹지 비율, 대중교통 접근성 등의 정보를 할당하는 방식을 고려할 수 있다.

합성곱 계층은 입력 데이터에 필터(Filter)라고 불리는 작은 크기의 가중치 행렬을 슬라이딩하며 적용하여 지역적인 특징을 추출한다. 풀링 계층은 추출된 특징 맵의 크기를 줄여 계산 효율성을 높이고, 중요한 특징을 더욱 부각시키는 역할을 한다. 이러한 합성곱 계층과 풀링 계층을 여러 번 반복적으로 쌓아 복잡하고 추상적인 공간적 특징을 학습할 수 있다. 최종적으로 완전 연결 계층은 학습된 특징들을 기반으로 부동산 가치를 예측하는 회귀 분석 또는 분류 작업을 수행한다.

I 가상 수치 예제: CNN을 이용한 공간특징 추출

편의를 위해 매우 단순화된 가상 시나리오를 설정하고 CNN의 적용 과정을 설명한다.

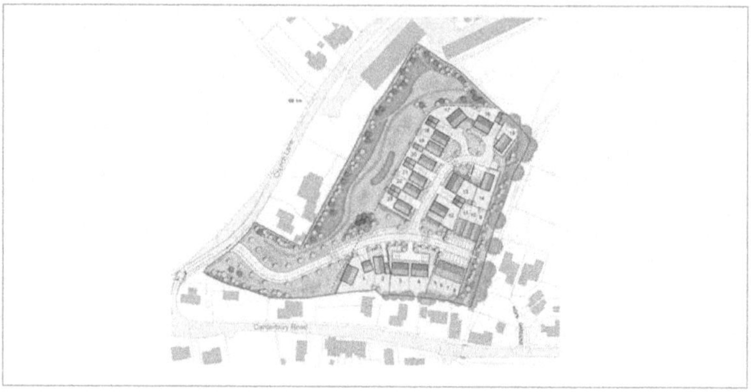

https://c-a.uk.com/securing-approval-for-lydden-development

1) 가정:

- 대상 지역은 3x3 격자로 구성된다.
- 각 격자 셀은 "녹지 비율(Greenery Ratio)"과 "대중교통 접근성 지수(Public Transportation Accessibility Index)"라는 두 가지 특징 값을 가진다. (각 특징 값은 0에서 1 사이의 값을 가짐)
- 목표 변수는 각 격자 셀에 위치한 가상 부동산의 "평당 가격(Price per Unit Area)"이다.

2) 입력 데이터 예시:

격자 셀 (i, j)	녹지 비율	대중교통 접근성 지수	평당 가격 (가상 값)
(0, 0)	0.8	0.9	1000
(0, 1)	0.5	0.7	800
(0, 2)	0.2	0.3	500
(1, 0)	0.7	0.8	900
(1, 1)	0.4	0.6	700
(1, 2)	0.1	0.2	400
(2, 0)	0.6	0.7	850
(2, 1)	0.3	0.5	650
(2, 2)	0.0	0.1	350

3) CNN 모델 구성 예시 (단순화):

1. **입력 계층:** 3x3x2 크기의 입력 데이터를 받는다 (3x3 격자, 2개의 특징).
2. **합성곱 계층 1:** 2x2 크기의 필터 1개를 사용하여 합성곱 연산을 수행한다. 활성화 함수로는 ReLU를 사용한다.
3. **풀링 계층 1:** 2x2 크기의 최대 풀링(Max Pooling)을 적용한다.
4. **완전 연결 계층:** 풀링 계층의 출력을 1개의 노드로 연결하여 평당 가격을 예측한다. 활성화 함수는 사용하지 않는다 (회귀 문제).

4) 가상 수치 연산 과정 (합성곱 계층 1):

입력 데이터의 좌측 상단 2x2 영역에 필터를 적용한다고 가정한다. 필터의 가중치를 다음과 같이 임의로 설정한다.

Filter= [0.20.10.30.4]

해당 영역의 녹지 비율과 대중교통 접근성 지수 값은 다음과 같다.

Input Area (Greenery)=[0.80.70.50.4], Input Area (Accessibility)=[0.90.80.70.6]

합성곱 연산은 각 특징 맵에 필터를 적용한 후 결과를 더하는 방식으로 이루어진다.

Convolution Result= (0.8×0.2+0.5×0.3+0.7×0.1+0.4×0.4) +(0.9×0.2+0.7×0.3+0.8×0.1+0.6×0.4)+Bias

여기서 Bias는 필터의 편향(Bias) 값으로, 설명을 위해 0으로 가정한다.

Convolution Result=(0.16+0.15+0.07+0.16) +(0.18+0.21+0.08+0.24) =0.54+0.71=1.25

실제 CNN에서는 여2러 개의 필터를 사용하여 다양한 지역적 특징을 추출하며, 활성화 함수를 통해 비선형성을 추가한다. 또한, 풀링 계층을 통해 특징 맵의 크기를 줄이고 중요한 정보를 압축한다. 최종적으로 완전 연결 계층에서 이러한 특징들을 종합하여 부동산 가치를 예측하게 된다.

5) 해설

가상 수치 예제는 CNN의 기본적인 작동 방식을 간략하게 보여준다. CNN은 입력 데이터의 인접한 정보들을 필터를 통해 추출하고, 풀링 과정을 거쳐 중요한 특징을 남긴다. 도시 부동산 분야에 적용할 경우, 녹지 비율이 높고 대중교통 접근성이 좋은 지역의 부동산 가격이 높게 형성되는 경향을 학습할 수 있다. 예를 들어, (0, 0) 셀은 녹지 비율과 대중교통 접근성 지수가 모두 높아 평당 가격이 1000으로 가장 높게 설정되어 있으며, (2, 2) 셀은 두 지표가 모두 낮아 평당 가격이 350으로 가장 낮게 설정되어 있다.

실제 도시 부동산 데이터는 더욱 복잡하고 다양한 특징을 포함하므로, CNN 모델은 더 깊고 복잡한 구조를 가지게 된다. 위성 이미지, 항공 사진, 지리 정보 시스템(GIS) 데이터 등 다양한 형태의 공간 정보를 CNN의 입력으로 활용하여 더욱 정확한 부동산 가치 평가를 수행할 수 있다. 또한, CNN과 순환 신경망(RNN)을 결합하여 시계열 적인 부동산 가격 변화 패턴을 학습하는 연구도 활발히 진행되고 있다.

합성곱 신경망(CNN)은 이미지나 공간 데이터를 처리하는 데 강점을 가지므로, 도시부동산 AVM 분야에서 기존의 정형 데이터 기반 모델이 포착하기 어려웠던 시각적, 공간적 특징을 효과적으로 분석하고 통합할 수 있는 잠재력을 지닌다. 위성사진, 거리 뷰 이미지, 또는 그리드화 된 공간 데이터를 CNN으로 분석함으로써 건물의 상태, 주변 환경, 입지적 특성 등 부동산 가치에 영향을 미치는 복합적인 요인들을 보다 정교하게 모델링할 수 있다.

2.2.3 순환 신경망 (RNN: Recurrent Neural Network)

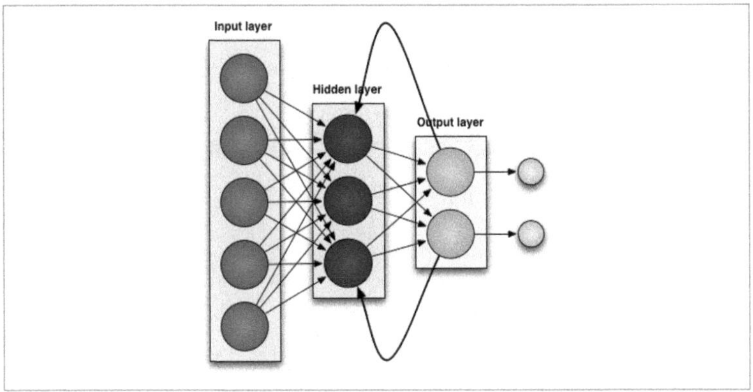

Recurrent Neural Networks (RNNs), https://www.linkedin.com/uas/login-submit

1) 순환 신경망(RNN)의 도시 부동산 분야 적용 개념

도시 부동산 가격은 다양한 경제적, 사회적 요인에 따라 시간에 따라 변동하는 시계열적 특성을 지닌다. 전통적인 AVM은 이러한 시간적 변화를 충분히 반영하지 못하고 정적인 시점에서 부동산 가치를 평가하는 데 그치는 경우가 많다.

(1) RNN은 과거의 데이터 흐름을 기억하고 이를 바탕으로 미래의 데이터를 예측하는 능력을 갖추고 있어, 도시 부동산 가격의 동적인 변화를 모델링하고 예측하는 데 효과적인 도구이다.

이에 반해 RNN은 과거의 데이터 흐름을 기억하고 이를 바탕으로 미래의 데이터를 예측하는 능력을 갖추고 있어, 도시 부동산 가격의 동적인 변화를 모델링하고 예측하는 데 효과적인 도구로 활용될 수 있다.

(2) RNN에서는 특정 부동산의 과거 매매 가격, 금리 변화, 거시 경제 지표 등을 시간 순서대로 RNN의 입력으로 제공할 수 있다.

RNN은 순환 연결(Recurrent Connection)을 통해 이전 시점의 정보를 현재 시점의 계산에 반영하는 구조를 가진다. 이를 통해 시계열 데이터 내의 장기적인 의존성을 학습할 수 있다. 도시 부동산 분야에 RNN을 적용할 때, 입력 데이터는 시간 순서대로 배열된 부동산 관련 특징 벡터로 구성될 수 있다. 예를 들어, 특정 부동산의 과거 매매 가격, 금리 변화, 거시 경제 지표 등을 시간 순서대로 RNN의 입력으로 제공할 수 있다.

⑶ 장기 의존성 문제를 해결하기 위해 LSTM(Long Short-Term Memory)이나 GRU(Gated Recurrent Unit)와 같은 개선된 RNN 구조가 활용될 수 있다.

RNN의 각 시점에서는 입력과 이전 시점의 은닉 상태(Hidden State)를 기반으로 현재 시점의 은닉 상태를 계산하고, 이를 통해 부동산 가격을 예측하는 출력을 생성한다. 특히, 장기 의존성 문제를 해결하기 위해 LSTM(Long Short-Term Memory)이나 GRU(Gated Recurrent Unit)와 같은 개선된 RNN 구조가 활용될 수 있다. 이러한 모델들은 게이트(Gate) 메커니즘을 통해 중요한 정보를 선택적으로 기억하고 불필요한 정보를 망각함으로써 장기적인 시계열 패턴을 효과적으로 학습한다.

I 순환 신경망(RNN)(LSTM계층)의 도시 부동산분야 적용 가상수치 예제

편의를 위해 매우 단순화된 가상 시나리오를 설정하고 RNN의 적용 과정을 설명한다.

https://img.koreatimes.co.kr

1) 가정:

• 특정 가상 부동산의 월별 매매 가격 데이터를 사용한다. (총 5개월)

• 추가적인 특징으로 해당 기간의 "기준 금리 변화(Base Interest Rate Change)" 데이터를 함께 고려한다.

2) 입력 데이터 예시:

시간 (월)	매매 가격 (단위: 백만원)	기준 금리 변화 (단위: %)
1월	500	0.1
2월	505	0.05
3월	512	0.02
4월	518	-0.01
5월	523	-0.03

3) RNN 모델 구성 예시 (매우 단순화된 LSTM):

1. **입력 계층**: 각 시점마다 [매매 가격, 기준 금리 변화]의 2차원 벡터를 입력받는다.
2. **LSTM 계층**: 1개의 LSTM 유닛을 사용하여 시계열적 특징을 학습한다.
3. **완전 연결 계층**: LSTM 계층의 마지막 은닉 상태를 입력받아 다음 달의 매매 가격 변화량을 예측하는 1개의 노드를 출력한다.

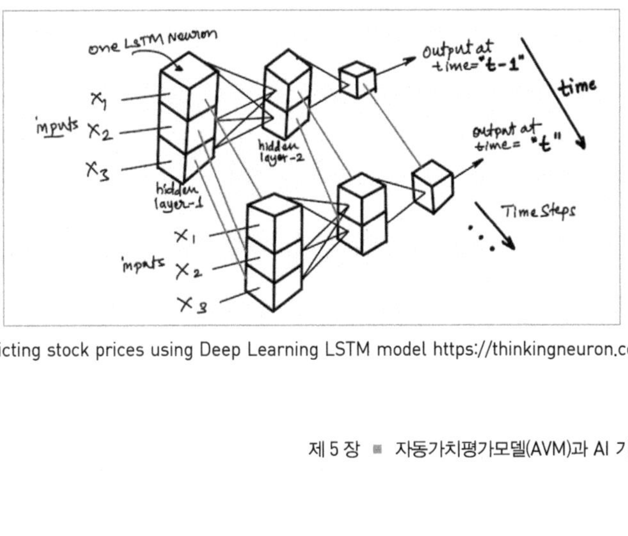

Predicting stock prices using Deep Learning LSTM model https://thinkingneuron.com

4) 가상 수치 연산 과정 (LSTM 계층의 일부):

LSTM 유닛 내부의 복잡한 연산을 간략하게 설명하기 위해, 특정 시점 (t)에서의 입력 (xt)과 이전 시점의 은닉 상태(ht-1)를 기반으로 현재 시점의 은닉 상태(ht)를 계산하는 과정을 개념적으로 나타낸다.

itftotC～tCtht＝σ(Wxixt+Whiht-1+bi)(입력 게이트)＝σ(Wxfxt+Whfht-1+bf)(망각 게이트)＝σ(Wxoxt+Whoht-1+bo)(출력 게이트)＝tanh(Wxcxt+Whcht-1+bc)(후보 셀 상태)＝ft⊙Ct-1+it⊙C～t(현재 셀 상태)＝ot⊙tanh(Ct)(현재 은닉 상태)

여기서 W는 가중치 행렬, b는 편향 벡터, σ는 시그모이드 함수, tanh는 하이퍼볼릭 탄젠트 함수, ⊙는 요소별 곱셈을 나타낸다. 각 게이트는 현재 입력과 이전 은닉 상태를 기반으로 활성화 값을 계산하고, 이를 통해 셀 상태를 업데이트하고 현재 은닉 상태를 결정하는 역할을 수행한다.

예를 들어, 3월 시점의 입력 (x3=[512,0.02])과 2월 시점의 은닉 상태 (h2)를 바탕으로 3월의 각 게이트 활성화 값, 후보 셀 상태, 현재 셀 상태 (C3), 그리고 현재 은닉 상태 (h3)가 계산된다. 최종적으로, 마지막 시점 (5월)의 은닉 상태를 완전 연결 계층에 통과시켜 다음 달 (6월)의 매매 가격 변화량을 예측하게 된다.

5) 해설

가상 수치 예제는 RNN (특히 LSTM)이 시계열적인 도시 부동산 데이터를 어떻게 처리하고 학습하는지 간략하게 보여준다. 모델은 과거의 매매 가격 추세와 기준 금리 변화와 같은 외부 요인 간의 관계를 학습하여 미래의 가격 변화를 예측할 수 있다. 예를 들어, 과거 몇 달 동안 매매 가격이 꾸준히 상승하고 기준 금리가 소폭 하락하는 추세가 지속되었다면, RNN은 이러한 패턴을 학습하여 다음 달에도 가격 상승 가능성이 높다고 예측할 수 있다.

실제 도시 부동산 시장은 더욱 복잡하고 다양한 요인에 의해 영향을 받으므로, RNN 모델은 더 많은 과거 데이터와 다양한 관련 특징(예: 거래량, 인구 변화, 정책 변화 등)을 입력으로 사용하여 학습되어야 한다. 또한, 단일 RNN 계층 뿐만 아니라 여러 개의 RNN 계층을 쌓거나, CNN과 결합하여 공간적 특징과 시간적 특징을 동시에 고려하는 하이브리드 모델이 개발될 수 있다.

2.2.4 그래프 신경망 (GNN: Graph Neural Network)의 도시 부동산분야 적용 가상수치 예제

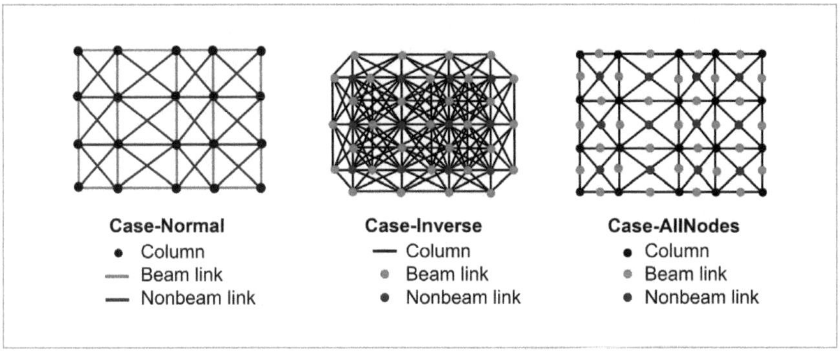

A review of graph neural network (GNN) applications in mechanics https://link.springer.com

1) 그래프 신경망 (GNN: Graph Neural Network)은 어디에 활용되나?

(1) AI 기반 도시부동산 자동가치평가 모델(AVM)에 활용되는 심층 학습 모델 중 하나인 그래프 신경망(GNN)

여기서는 AI 기반 도시 부동산 자동 가치 평가 모델(AVM)에 활용되는 심층 학습 모델 중 하나인 그래프 신경망(Graph Neural Network, GNN)을 도시 부동산 분야에 적용한 가상 수치 예제를 제시하고 그 해설을 제공하고자 한다. GNN은 그래프 구조로 표현되는 데이터의 노드 및 엣지 정보를 학습하는 데 특화된 모델로, 도시 부동산의 공간적 관계성 및 상호작용성을 모델링하여 가치 평가의 정확도를 향상시킬 수 있다.

(2) GNN은 부동산을 노드로, 부동산 간의 관계 (예: 인접성, 도로 연결성 등)를 엣지로 구성된 그래프 구조를 활용하여 각 부동산의 특징을 주변 이웃의 정보와 함께 집계(Aggregation)하고 전파(Propagation)함으로써 더욱 풍부한 표현력을 학습

도시 부동산은 개별 물건의 속성뿐만 아니라 주변 환경 및 다른 부동산과의 관계에 의해 가치가 영향을 받는 복잡한 시스템이다. 전통적인 AVM은 이러한 부동산 간의 상호 의존성 및 공간적 인접성을 충분히 고려하지 못한다는 한계를 지닌다. 이에 반해 GNN은 부동산을 노드로, 부동산 간의 관계 (예: 인접성, 도로 연결성 등)를 엣지로 구성된 그래프 구조를 활용하여 각 부동산의 특징을 주변 이웃의 정보와 함께 집계(Aggregation)하고 전파(Propagation)함으로써 더욱 풍부한 표현력을 학습할 수 있다.

2) 그래프 신경망(GNN)의 도시부동산 분야 적용 개념

GNN은 그래프의 각 노드에 대한 임베딩(Embedding) 벡터를 학습하는 것을 목표로 한다. 초기 노드 특징(예: 면적, 층수, 건축 연도 등)을 기반으로, 각 노드는 연결된 이웃 노드의 정보를 집계하여 자신의 임베딩 벡터를 업데이트한다. 이러한 메시지 전달(Message Passing) 과정을 여러 번 반복함으로써 각 노드는 직간접적으로 연결된 주변 노드의 정보를 반영하게 된다. 최종적으로 학습된 노드 임베딩은 부동산 가치 예측을 위한 입력 특징으로 활용된다.

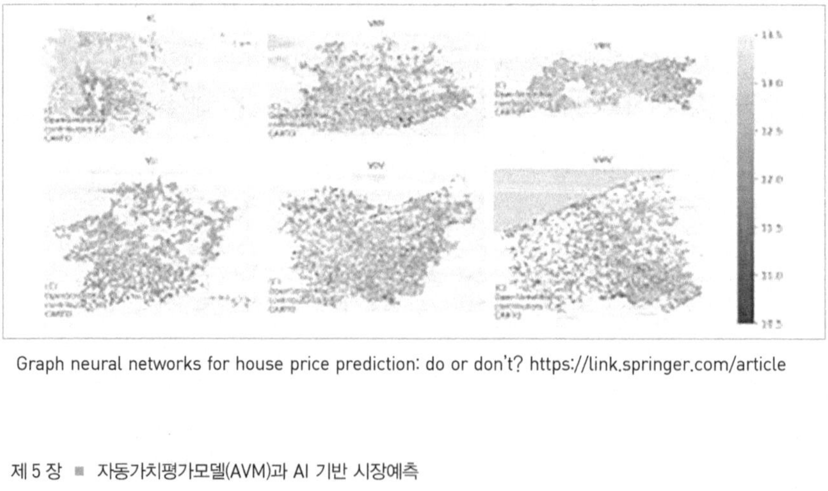

Graph neural networks for house price prediction: do or don't? https://link.springer.com/article

도시 부동산 분야에서 GNN은 다음과 같은 방식으로 적용될 수 있다. 각 부동산을 그래프의 노드로 표현하고, 노드 특징으로는 개별 부동산의 속성 정보가 사용된다. 엣지는 부동산 간의 공간적 인접성 (예: 일정 거리 이내), 도로 네트워크 연결성, 또는 유사 시설 공유 여부 등을 기반으로 정의될 수 있다. GNN은 이러한 그래프 구조를 학습하여 각 부동산의 가치를 예측한다.

I GNN가상 예제

편의를 위해 매우 단순화된 가상 시나리오를 설정하고 GNN의 적용 과정을 설명한다.

1) 가정:

- 총 4개의 가상 부동산 (A, B, C, D)이 존재한다.
- 부동산 간의 인접성 여부를 기반으로 그래프를 구성한다 (A-B 연결, B-C 연결, C-D 연결).
- 각 부동산은 "면적(Area)"과 "편의시설 접근성 지수(Amenity Accessibility Index)"라는 초기 특징 값을 가진다.
- 목표 변수는 각 부동산의 "예상 매매 가격(Estimated Sale Price)"이다.

2) 그래프 구조 및 초기 노드 특징:

부동산 (노드)	면적 (단위: ㎡)	편의시설 접근성 지수 (0-1)	예상 매매 가격 (가상 값)
A	80	0.9	95000
B	75	0.7	80000
C	90	0.6	90000
D	65	0.4	65000

인접성 그래프 (엣지): A - B, B - C, C - D

3) **간단한 GNN 모델 구성 예시** (Graph Convolutional Network, GCN의 단순화):

1. **입력 계층**: 각 노드의 초기 특징 벡터 [면적, 편의시설 접근성 지수]를 입력받는다.
2. **그래프 컨볼루션 계층**: 각 노드는 연결된 이웃 노드의 특징 벡터를 평균하여 자신의 특징 벡터에 더하는 방식으로 업데이트된다.
3. **완전 연결 계층**: 업데이트된 각 노드의 특징 벡터를 입력받아 예상 매매 가격을 예측하는 1개의 노드를 출력한다.

4) **가상 수치 연산 과정** (1번의 그래프 컨볼루션 연산):

각 노드의 특징 벡터를 hv(0)라고 하자. 1번의 그래프 컨볼루션 연산 후의 노드 특징 벡터 hv(1)는 다음과 같이 계산된다 (자기 자신 포함 이웃 노드 특징의 평균).

$hv(1) = MEAN(\{hu(0) \mid u \in N(v) \cup \{v\}\})$

여기서 N(v)는 노드 v의 이웃 노드 집합을 의미한다.

- **노드 A**: 이웃은 B. hA(1) = MEAN([80,0.9],[75,0.7],[80,0.9]) = [380+75+80,30.9+0.7+0.9] = [78.33,0.83]
- **노드 B**: 이웃은 A, C. hB(1) = MEAN([75,0.7],[80,0.9],[90,0.6]) = [375+80+90,30.7+0.9+0.6] = [81.67,0.73]
- **노드 C**: 이웃은 B, D. hC(1) = MEAN([90,0.6],[75,0.7],[65,0.4]) = [390+75+65,30.6+0.7+0.4] = [76.67,0.57]
- **노드 D**: 이웃은 C. hD(1) = MEAN([65,0.4],[90,0.6],[65,0.4]) = [365+90+65,30.4+0.6+0.4] = [73.33,0.47]

이러한 과정을 여러 번 반복하거나, 더욱 복잡한 집계 및 업데이트 함수를 사용하여 각 노드의 임베딩 벡터를 학습한다. 최종적으로 학습된 임베딩 벡터는 완전 연결 계층을 통해 부동산 가치 예측에 활용된다. 예를 들어, 면적이 넓고 편의시설 접근성이 좋은 이웃에 둘러싸인 부동산은 더 높은 가격으로 예측될 수 있다.

5) 해설

가상 수치 예제는 GNN이 부동산 간의 관계 정보를 활용하여 각 부동산의 특징을 업데이트하는 기본적인 방식을 보여준다. 초기에는 개별 부동산의 속성만을 고려했지만, 그래프 컨볼루션 연산을 통해 인접한 부동산의 정보가 반영되어 각 부동산의 표현이 더욱 풍부해지는 것을 확인할 수 있다. 예를 들어, 부동산 B는 면적은 작지만 편의시설 접근성이 좋은 A와 면적이 넓은 C의 영향을 받아 초기 특징에 비해 면적 관련 값이 증가하고 편의시설 접근성 관련 값은 평균화되는 경향을 보인다.

실제 도시 부동산 시장에서는 더욱 복잡한 관계 (예: 학군, 지하철 노선 공유, 상업 지구 인접성 등)가 부동산 가치에 영향을 미치므로, GNN 모델은 이러한 다양한 유형의 관계를 엣지로 정의하고 이를 학습에 반영할 수 있어야 한다. 또한, 다양한 GNN 아키텍처 (예: GraphSAGE, GAT 등)를 활용하여 더욱 효과적인 정보 집계 및 전파 방식을 적용할 수 있다.

2.2.5 트랜스포머(Transformer)모델의 도시 부동산분야 적용 가상수치 예제

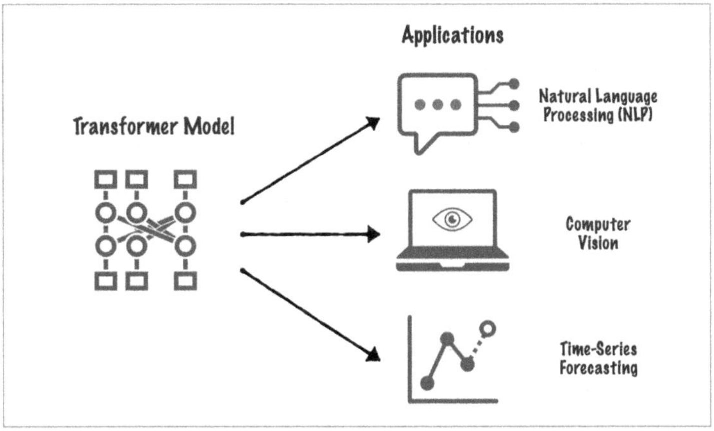

Transformer Models: From Hype to Implementation, https://blogs.mathworks.com

1) 트랜스포머(Transformer)모델의 특징은?

(1) 전통적인 AVM은 이러한 장거리 의존성 및 시계열적 맥락을 효과적으로 포착하는 데 어려움을 겪을 수 있다.

도시 부동산 가치는 개별 물건의 고유한 속성뿐만 아니라 주변 환경, 경제 상황, 정책 변화 등 다양한 요인의 복합적인 영향을 받는다. 이러한 요인들은 서로 복잡하게 상호작용하며, 그 영향력이 시차를 두고 나타나기도 한다. 전통적인 AVM은 이러한 장거리 의존성 및 시계열적 맥락을 효과적으로 포착하는 데 어려움을 겪을 수 있다.

(2) 트랜스포머 모델(Transformer)은 어텐션(Attention) 메커니즘을 통해 입력 데이터 내의 모든 위치 간의 관계를 효과적으로 모델링하고, 순차적인 데이터의 시간적 의존성을 학습하는 데 강점을 보여 도시 부동산 가치 평가의 정확도를 향상시킬 수 있다.

이에 반해 트랜스포머 모델(Transformer)은 어텐션(Attention) 메커니즘을 통해 입력 데이터 내의 모든 위치 간의 관계를 효과적으로 모델링하고, 순차적인 데이터의 시간적 의존성을 학습하는 데 강점을 보여 도시 부동산 가치 평가의 정확도를 향상시킬 수 있는 잠재력을 가진다.

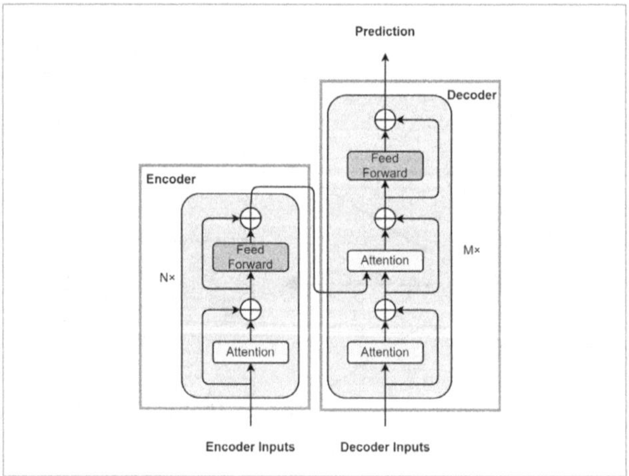

Transformer Model, https://link.springer.com

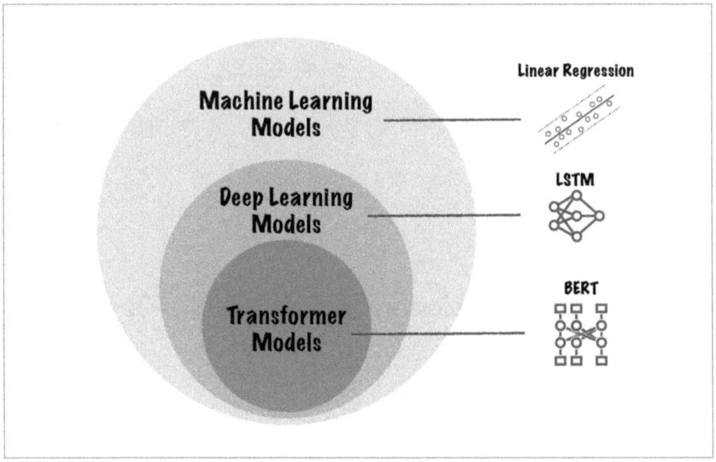

Hierarchy of machine learning models down to transformer models, https://blogs.mathworks.com/deep-learning/2024/10/31

2) 트랜스포머(Transformer)의 도시 부동산 분야 적용 시 우수한 특징은 무엇인가?

(1) 트랜스포머 모델은 인코더(Encoder)와 디코더(Decoder) 구조로 구성되며, 핵심적인 구성 요소는 셀프 어텐션(Self-Attention) 메커니즘이다.

트랜스포머 모델은 인코더(Encoder)와 디코더(Decoder) 구조로 구성되며, 핵심적인 구성 요소는 셀프 어텐션(Self-Attention) 메커니즘이다. 셀프 어텐션은 입력 시퀀스 내의 각 위치가 다른 모든 위치와 어떤 관계를 가지는지 학습하여, 정보의 흐름을 효율적으로 조절한다. 이를 통해 장거리 의존성을 효과적으로 포착할 수 있으며, 순환 신경망(RNN)의 단점인 기울기 소실 문제에서도 비교적 자유롭다.

(2) 도시 부동산 분야에 트랜스포머를 적용할 때, 입력 데이터는 다양한 부동산 관련 특징들을 시간 순서대로 나열한 시퀀스 형태로 구성될 수 있다

도시 부동산 분야에 트랜스포머를 적용할 때, 입력 데이터는 다양한 부동산 관련 특징들을 시간 순서대로 나열한 시퀀스 형태로 구성될 수 있다. 예를 들어, 특정 부동산의 과거 매매 가격, 금리 추이, 주택 구매 심리 지수 등을 시간별로 배열하여 입력으로 사용할 수 있다. 각 특징은 트랜스포머 모델의 입력 임베딩으로 변환되며, 셀프 어텐션 메커니즘을 통해 각 시점의 특징들이 서로 어떤 관련성을 가지는지 학습한다. 최종적으로 학습된 표현을 기반으로 미래의 부동산 가격을 예측하거나, 특정 시점의 부동산 가치를 평가하는 데 활용될 수 있다.

I 트랜스포머(Transformer)의 도시부동산 분야 적용 예제

편의를 위해 매우 단순화된 가상 시나리오를 설정하고 트랜스포머의 적용 과정을 설명한다.

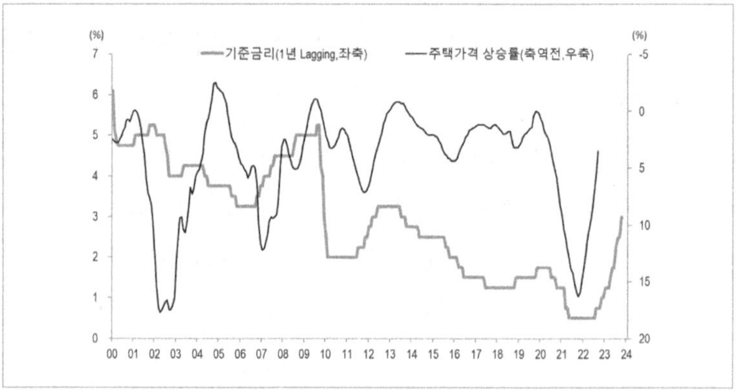

https://www.frism.io/gyeonggineun

1) 가정:

- 특정 가상 아파트의 3개월간 월별 매매 가격과 해당 월의 기준 금리 데이터를 사용한다.
- 목표는 다음 달의 매매 가격 변화를 예측하는 것이다.

입력 데이터 예시:

시간 (월)	매매 가격 (단위: 백만원)	기준 금리 (단위: %)
1월	500	3.5
2월	505	3.2
3월	512	3.0

2) 트랜스포머 모델 구성 예시 (매우 단순화된 인코더 기반):

1. **입력 임베딩**: 각 시점의 [매매 가격, 기준 금리] 벡터를 고정된 크기의 임베딩 벡터로 변환한다. 예를 들어, 2차원 입력 벡터를 4차원 임베딩 벡터로 매핑하는 선형 변환을 사용한다.
2. **포지셔널 인코딩**: 시간 정보를 모델에 주입하기 위해 각 시점의 위치에 따라 고유한 벡터를 임베딩 벡터에 더한다.
3. **셀프 어텐션 계층**: 임베딩된 각 시점의 특징 벡터들에 대해 셀프 어텐션 메커니즘을 적용하여 시퀀스 내의 관계성을 학습한다.
4. **완전 연결 계층**: 셀프 어텐션 계층의 출력을 입력 받아 다음 달의 매매 가격 변화량을 예측하는 1개의 노드를 출력한다.

3) 가상 수치 연산 과정 (셀프 어텐션의 간략화된 예시):

3월 시점의 임베딩 벡터를 e3, 1월 시점의 임베딩 벡터를 e1, 2월 시점의 임베딩 벡터를 e2라고 하자. 셀프 어텐션은 각 임베딩 벡터에 대해 쿼리(Query, Q), 키(Key, K), 값(Value, V) 벡터를 생성하는 선형 변환을 수행한다.

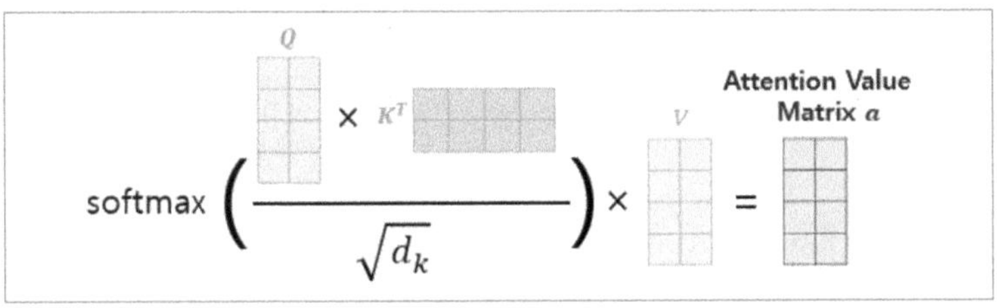

트랜스포머(Transformer) - 딥 러닝을 이용한 자연어 처리 입문, https://wikidocs.net

$Qi = WQei,\ Ki = WKei,\ Vi = WVei$

여기서 WQ, WK, WV는 학습 가능한 가중치 행렬이다.

3월 시점의 어텐션 가중치는 다른 시점과의 유사도를 기반으로 계산된다. 예를 들어, 3월 시점의 쿼리 벡터 Q3와 각 시점의 키 벡터 K1, K2, K3의 내적을 통해 유사도를 측정하고, 소프트맥스 함수를 적용하여 가중치를 얻는다.

$\alpha 3, i = SoftMax(Q3TKi)$

최종적으로 3월 시점의 출력 벡터는 각 시점의 값 벡터 Vi에 해당 어텐션 가중치 α3,i를 곱하여 합산한 형태로 얻어진다.

$Attention(e3)\ = i = 1\Sigma 3\alpha 3,\ iVi$

실제 트랜스포머 모델에서는 멀티 헤드 어텐션(Multi-Head Attention)을 사용하여 다양한 관점에서 관계성을 학습하고, 잔차 연결(Residual Connection) 및 층 정규화(Layer Normalization) 등의 기법을 통해 학습 안정성을 높인다. 최종적으로 얻어진 시퀀스 표현은 완전 연결 계층을 통해 다음 달의 매매 가격 변화를 예측하는 데 사용된다.

4) 해설

가상 수치 예제는 트랜스포머 모델의 핵심 메커니즘인 셀프 어텐션이 시퀀스 데이터 내의 각 요소 간의 관계를 학습하는 방식을 간략하게 보여준다. 모델은 과거 매매 가격과 기준 금리 변화 사이의 시간적 의존성을 파악하고, 이를 바탕으로 미래의 가격 변동을 예측할 수 있다. 예를 들어, 과거에 기준 금리가 하락한 후 일정 기간 뒤에 매매 가격이 상승하는 패턴이 있었다면, 트랜스포머 모델은 이러한 시차를 고려한 장거리 의존성을 학습하여 미래 가격 예측에 반영할 수 있다.

2.2.6 AVM에 활용되는 심층학습 모델 중 오토인코더(AE: Autoencoder)의 적용: 가상수치 풀이 및 해설

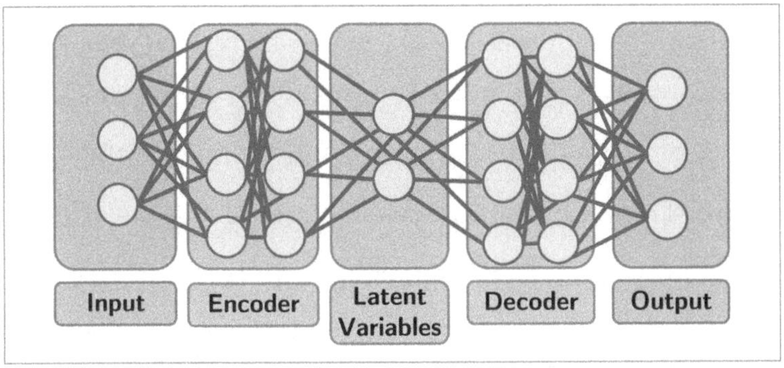

Towards an Interpretable Autoencoder,
https://www.computer.org/csdl/journal/tq/2023/02/09705133

(1) 오토인코더는 고차원의 입력 데이터를 저차원의 잠재 공간(Latent Space)으로 압축하고 이를 다시 복원하는 과정을 통해 데이터의 핵심적인 특징을 추출하는 데 활용될 수 있다.

오토인코더는 비지도 학습 기반의 모델로, 고차원의 입력 데이터를 저차원의 잠재 공간(Latent Space)으로 압축하고 이를 다시 복원하는 과정을 통해 데이터의 핵심적인 특징을 추출하는 데 활용될 수 있다.

도시 부동산 데이터는 다양한 속성(예: 면적, 층수, 건축 연도, 위치 정보, 주변 환경 등)을 포함하는 고차원 데이터를 특징으로 한다. 이러한 고차원 데이터에서 의미 있는 특징을 추출하고 데이터의 내재된 구조를 파악하는 것은 AVM의 성능 향상에 중요한 요소이다. 오토인코더는 입력 데이터를 압축하여 중요한 특징만을 담고 있는 저차원의 잠재 변수를 학습하고, 이를 다시 원래 차원으로 복원하는 과정을 통해 데이터의 차원 축소 및 특징 학습에 효과적으로 활용될 수 있다. 특히, 비선형적인 관계를 학습할 수 있는 심층 오토인코더(Deep Autoencoder)는 도시 부동산 데이터의 복잡한 특징을 추출하는 데 유용하다.

2) 오토인코더(Autoencoder)가 어떻게 도시부동산 분야 적용되나?

(1) 오토인코이더는 입력 데이터와 복원된 데이터 사이의 재구성 오차(Reconstruction Error)를 최소화하는 방향으로 인코더와 디코더의 가중치를 조정한다.

오토인코더는 인코더(Encoder)와 디코더(Decoder)라는 두 부분으로 구성된다. 인코더는 고차원의 입력 데이터를 저차원의 잠재 공간으로 매핑하는 역할을 수행하며, 디코더는 이 잠재 변수를 다시 원래 차원의 데이터로 복원하는 역할을 수행한다. 학습 과정에서 오토인코이더는 입력 데이터와 복원된 데이터 사이의 재구성 오차(Reconstruction Error)를 최소화하는 방향으로 인코더와 디코더의 가중치를 조정한다. 학습이 완료된 후, 인코더를 통해 얻어진 잠재 변수는 입력 데이터의 압축된 표현으로 간주되며, 이는 부동산 가치 예측 모델의 입력 특징으로 활용될 수 있다.

(2) 오토인코더는 학습된 잠재 벡터를 회귀 모델(예: 선형 회귀, 랜덤 포레스트, 심층 신경망)의 입력으로 사용하여 부동산 가치를 예측하는 AVM을 구축할 수 있다.

도시 부동산 분야에 오토인코더를 적용할 때, 입력 데이터는 각 부동산의 다양한 속성들을 포함하는 벡터로 구성될 수 있다. 오토인코더는 이러한 고차원적인 부동산 특징 벡터를 저차원의 잠재 벡터로 압축하여 데이터의 핵심적인 정보를 추출한다. 이 잠재 벡터는 기존의 고차원 특징 벡터보다 더 효율적인 표현이며, 부동산 가치에 영향을 미치는 주요 요인을 내포하고 있을 가능성이 높다. 따라서, 학습된 잠재 벡터를 회귀 모델(예: 선형 회귀, 랜덤 포레스트, 심층 신경망)의 입력으로 사용하여 부동산 가치를 예측하는 AVM을 구축할 수 있다.

I 가상 수치 예제

편의를 위해 매우 단순화된 가상 시나리오를 설정하고 오토인코더의 적용 과정을 설명한다.

1) 가정:

- 총 4개의 가상 부동산 (A, B, C, D)이 존재한다.
- 각 부동산은 3가지 특징을 가진다: "면적(Area)", "층수(Floor)", "역과의 거리(Distance to Station)".
- 목표는 오토인코더를 사용하여 이러한 3차원 데이터를 2차원의 잠재 공간으로 압축하고, 학습된 잠재 변수를 사용하여 부동산 가치를 예측하는 것이다.

2) 입력 데이터 예시:

부동산	면적 (㎡)	층수	역과의 거리(m)	예상 매매 가격 (가상 값)
A	80	5	500	90000
B	70	3	1000	75000
C	95	7	300	110000
D	60	2	1500	60000

3) 오토인코더 모델 구성 예시 (단층 오토인코더):

1. 인코더: 3개의 입력 노드를 가지는 완전 연결 계층과 2개의 은닉 노드를 가지는 완전 연결 계층으로 구성된다. 활성화 함수로는 ReLU를 사용한다.
2. 디코더: 2개의 입력 노드를 가지는 완전 연결 계층과 3개의 출력 노드를 가지는 완전 연결 계층으로 구성된다. 활성화 함수는 사용하지 않는다 (회귀 문제).

4) 가상 수치 연산 과정 (인코더 통과):

각 부동산의 특징 벡터를 x=[면적, 층수, 역과의 거리]라고 하자. 인코더의 가중치 행렬 Wenc와 편향 벡터 benc를 다음과 같이 임의로 설정한다.

Wenc=[0.10.020.050.15-0.010.005],benc=[12]

부동산 A의 특징 벡터 xA=[80,5,500]를 인코더에 통과시키면 잠재 벡터 zA는 다음과 같이 계산된다.

zA=ReLU (WencxA+benc)=ReLU[0.10.020.050.15-0.010.005]805500+[12]

zA=ReLU([8+0.25-51.6+0.75+2.5]+[12]) =ReLU([3.254.85]+[12])

=ReLU([4.256.85])=[4.256.85]

마찬가지로 부동산 B, C, D에 대해서도 잠재 벡터를 얻을 수 있다. 학습된 오토인코더의 디코더는 이 잠재 벡터를 다시 원래의 3차원 특징 벡터로 복원하려고 시도한다. 학습 후에는 인코더를 통해 얻어진 저차원의 잠재 벡터 [4.25,6.85] 등을 사용하여 부동산 가치를 예측하는 회귀 모델을 학습한다. 예를 들어, 잠재 벡터와 예상 매매 가격 간의 선형 회귀 모델을 학습할 수 있다.

5) 해설

가상 수치 예제는 오토인코더가 고차원의 부동산 특징 데이터를 저차원의 잠재 공간으로 압축하는 과정을 간략하게 보여준다. 학습된 잠재 벡터는 원본 데이터의 중요한 정보를 담고 있으며, 이를 통해 데이터의 차원을 축소하고 노이즈를 제거하는 효과를 얻을 수 있다. 도시 부동산 분야에서 오토인코더는 다양한 부동산 속성 간의 복잡한 관계를 학습하여 부동산 가치에 영향을 미치는 핵심적인 요인을 추출하는 데 활용될 수 있다.

실제 도시 부동산 데이터는 더욱 다양한 특징을 포함하며, 이러한 특징들은 비선형적인 관계를 가질 수 있다. 따라서, 심층 오토인코더(Deep Autoencoder)와 같은 복잡한 구조를 사용하여 더욱 효과적인 특징 추출을 수행할 수 있다. 또한, 오토인코더를 다른 심층 학습 모델과 결합하여 (예: CNN 기반 특징 추출 후 오토인코더를 통한 차원 축소) AVM의 성능을 더욱 향상시킬 수 있다.

2.2.7 AVM에 활용되는 심층학습 모델 중 하이브리드 모델(Hybrid Model)의 적용: 가상수치 풀이 및 해설

1) 하이브리드 모델(Hybrid Model)의 역할

(1) 하이브리드 모델은 각 모델의 강점을 융합하여 도시 부동산 데이터의 다양한 특성(공간적, 시간적, 속성적)을 보다 효과적으로 학습하고, AVM의 예측 성능을 극대화하는 데 기여할 수 있다.

도시 부동산 가치에 영향을 미치는 요인은 매우 다양하며, 각 요인은 서로 다른 특성을 지닌다. 예를 들어, 건물의 물리적 속성은 정적인 특성을 가지는 반면, 부동산 가격 변동 추이는 시간적인 특성을 나타낸다. 또한, 주변 환경 및 입지 조건은 공간적인 특성을 반영한다. 단일 심층 학습 모델로는 이러한 다양한 특성을 포괄적으로 학습하는 데 한계가 있을 수 있다. 이에 하이브리드 모델은 여러 심층 학습 모델의 장점을 결합하여 각 특성에 최적화된 학습을 수행하고, 최종적으로 더욱 정확한 부동산 가치 예측을 달성하는 것을 목표로 한다.

2) 하이브리드 모델의 도시 부동산 분야 적용 시 시너지 효과

(1) 하이브리드 모델은 공간적 특징 추출에 강점을 가지는 합성곱 신경망(CNN)과 시간적 특징 학습에 효과적인 순환 신경망(RNN)을 결합하여 시공간적 특징을 동시에 고려하는 모델을 구축할 수 있다.

도시 부동산 분야에서 하이브리드 모델은 다양한 형태로 구성될 수 있다. 예를 들어, 공간적 특징 추출에 강점을 가지는 합성곱 신경망(CNN)과 시간적 특징 학습에 효과적인 순환 신경망(RNN)을 결합하여 시공간적 특징을 동시에 고려하는 모델을 구축할 수 있다. 또한, 개별 부동산 속성 특징을 학습하는 심층 신경망(DNN)과 그래프 구조 기반의 관계 정보를 학습하는 그래프 신경망(GNN)을 통합하여 부동산 자체의 특성과 주변과의 관계성을 모두 반영하는 모델을 개발할 수 있다. 오토인코더(AE)를 활용하여 고차원 부동산 특징의 차원을 축소하고, 이를 다른 예측 모델의 입력으로 사용하는 방식 또한 효과적인 하이브리드 전략이 될 수 있다. 핵심은 도시 부동산 데이터의 복잡하고 다면적인 특성을 고려하여, 각 모델이 가장 적합한 역할을 수행하도록 설계하는 데 있다.

I Hybrid가상 예제

https://www.dreamstime.com/illustration/residential-grid blocks.html

편의를 위해 매우 단순화된 가상 시나리오를 설정하고 CNN과 RNN을 결합한 하이브리드 모델의 적용 과정을 설명한다.

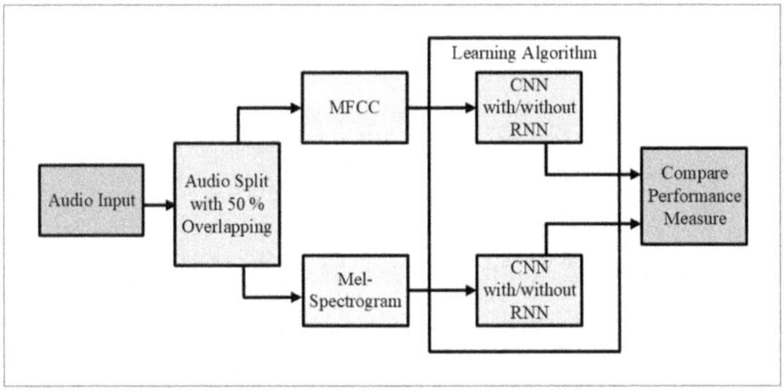

A Hybrid CNN and RNN Variant Model https://www.mdpi.com

1) 가정:

- 특정 지역의 3x3 격자 형태의 토지 이용 현황 데이터(녹지 비율)와 해당 지역 내 특정 가상 아파트의 월별 매매 가격 데이터를 사용한다.
- 목표는 과거 매매 가격 추이와 주변 녹지 비율 변화를 고려하여 다음 달의 아파트 가격 변화를 예측하는 것이다.

2) 입력 데이터 예시:

토지 이용 현황 (녹지 비율, 3x3 격자, 마지막 시점 데이터):

Greenery Ratio=0.80.70.60.50.40.30.20.10.0

아파트 월별 매매 가격 (최근 3개월):

시간(월)	매매 가격 (단위: 백만원)
1월	500
2월	505
3월	512

3) 하이브리드 모델 구성 예시 (CNN-LSTM):

1. CNN 계층: 3x3 격자의 녹지 비율 데이터를 입력받아 공간적 특징을 추출한다. 간단한 2x2 필터 1개를 사용하여 특징 맵을 생성한다.

2. **LSTM 계층:** 최근 3개월의 아파트 매매 가격 시퀀스를 입력받아 시간적 특징을 학습한다.
3. **융합 계층:** CNN에서 추출된 공간적 특징 벡터와 LSTM에서 추출된 시간적 특징 벡터를 연결(Concatenation)한다.
4. **완전 연결 계층:** 융합된 특징 벡터를 입력받아 다음 달의 매매 가격 변화량을 예측하는 1개의 노드를 출력한다.

4) 가상 수치 연산 과정 (간략화 된 예시):

1. **CNN 연산:** 녹지 비율 데이터에 2x2 필터 (임의의 가중치 설정)를 적용하여 공간적 특징 맵을 생성하고, 이를 벡터 형태로 변환한다 (예: 평탄화). 예를 들어, CNN을 통과한 후 4차원의 공간적 특징 벡터 fcnn=[0.2,0.5,0.1,0.3]가 얻어졌다고 가정한다.
2. **LSTM 연산:** 3개월의 매매 가격 시퀀스 [500, 505, 512]를 LSTM 계층에 입력하여 시간적 특징 벡터를 추출한다. 예를 들어, LSTM의 마지막 은닉 상태 벡터가 3차원의 flstm=[1.2, -0.5,0.8]로 얻어졌다고 가정한다.
3. **융합:** CNN 특징 벡터와 LSTM 특징 벡터를 연결한다. fhybrid=[fcnn,fl-stm]= [0.2,0.5,0.1,0.3,1.2, -0.5,0.8]
4. **완전 연결 계층:** 융합된 특징 벡터 fhybrid를 완전 연결 계층에 입력하여 다음 달의 매매 가격 변화량을 예측한다. 예를 들어, 완전 연결 계층의 가중치 벡터 w=[0.1,0.2, -0.1,0.05,0.3, -0.2,0.1]이고 편향 b=0.01이라면, 예측된 가격 변화량 ΔP는 다음과 같이 계산된다.

$\Delta P = \text{fhybridw}+b = (0.2\times0.1) + (0.5\times0.2) + (0.1\times-0.1) + (0.3\times0.05) + (1.2\times0.3) + (-0.5\times-0.2) + (0.8\times0.1) + 0.01$ $\Delta P = 0.02+0.1+-0.01+0.015+0.36+0.1+0.08+0.01 = 0.675$

따라서, 다음 달의 예상 매매 가격은 현재 가격에 예측된 변화량을 더하여 산출된다 (512+0.675=512.675 백만원).

5) 해설

가상 수치 예제는 CNN과 LSTM을 결합한 하이브리드 모델이 공간적 정보(주변 녹지 비율)와 시간적 정보(과거 매매 가격 추이)를 동시에 고려하여 미래의 부동산 가격 변화를 예측하는 방식을 간략하게 보여준다. CNN은 주변 환경의 공간적 특징을 추출하고, LSTM은 과거 가격 변동의 시간적 패턴을 학습하며, 융합 계층은 이 두 가지 정보를 통합하여 최종 예측을 수행한다.

실제 도시 부동산 시장에서는 더욱 복잡하고 다양한 요인들이 상호작용하므로, 하이브리드 모델은 이러한 복잡성을 반영하기 위해 더 깊고 다양한 구조로 설계될 수 있다. 예를 들어, 위성 이미지 분석을 위한 CNN, 거시 경제 지표의 시계열 분석을 위한 RNN, 부동산 간의 관계 모델링을 위한 GNN 등을 통합하여 더욱 강력한 예측 성능을 달성할 수 있다. 또한, 각 모델의 출력을 앙상블(Ensemble)하는 방식 또한 효과적인 하이브리드 전략이 될 수 있다.

3 AI 기반 부동산 분야 AVM활용 시계열 분석(Time Series Analysis)모델

1) 시계열 예측모델은 데이터에 숨겨진 추세(지속적인 상승 또는 하락), 계절성(특정 시기에 반복되는 패턴), 주기(경기에 따른 큰 흐름) 등의 시간적 특성을 파악하여 미래 값을 과학적으로 추정한다.

AI 기반 도시부동산 자동 가치 평가 모델(AVM)은 시시각각 변하는 시장 상황을 반영하여 부동산 가치를 추정한다. 이러한 가치 변화는 시간의 흐름에 따라 특정 패턴을 보이므로, 과거 데이터를 분석하여 미래를 예측하는 시계열 예측모델은 AVM의 정확성과 신뢰성을 높이는 핵심 기술로 활용된다. 시계열 예측 모델은 단순히 과거 값을 반복하는 것이 아니라, 데이터에 숨겨진 추세(지속적인 상승 또는 하락), 계절성(특정 시기에 반복되는 패턴), 주기(경기에 따른 큰 흐름) 등의 시간적 특성을 파악하여 미래 값을 과학적으로 추정한다.

3.1.1 AVM에 활용되는 시계열 예측 모델 유형

(1) ARIMA (자기회귀 누적 이동평균): 이 모델은 과거의 데이터 값과 예측 오차를 함께 사용하여 미래 값을 예측하는 통계적 방법이다. 데이터가 시간이 지나도 평균이나 분산이 일정하도록 '안정적인 상태'(정상성)로 만든 후에 적용하며, 과거 데이터가 스스로에게 미치는 영향(자기회귀)과 과거 예측 오차의 영향(이동평균)을 종합적으로 고려하여 예측한다. 선형적인 시간 패턴을 분석하는 데 강점을 가진다.

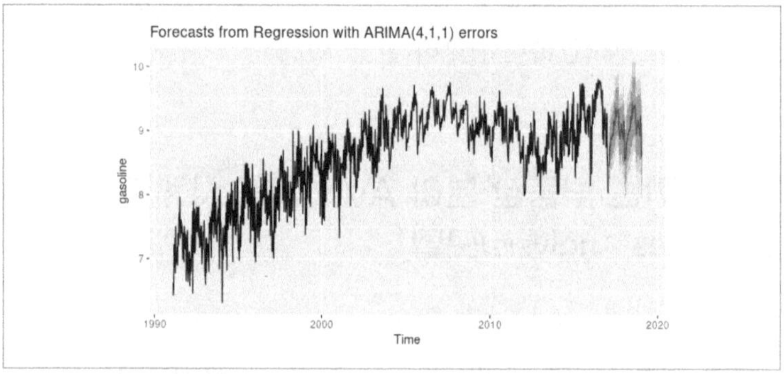

Forecasts from Regression with ARIMA https://otexts.com

(2) Gradient Boosting (시간 특징 활용 머신러닝): 이 방법은 데이터의 다양한 특징(Feature)들을 바탕으로 예측을 수행하는 강력한 머신러닝 기법이다. 시계열 데이터 자체를 모델에 바로 넣기보다는, '지난달 가격', '최근 3개월 평균 가격 변동률', '현재가 올해의 몇 번째 주인지'와 같은 시간과 관련된 새로운 특징들을 데이터에 추가한다. 그리고 이 특징들을 이용하여 가격을 예측하는 복잡한 규칙을 학습한다. 비선형적이거나 여러 특징이 복합적으로 영향을 미치는 경우에 잘 작동한다.

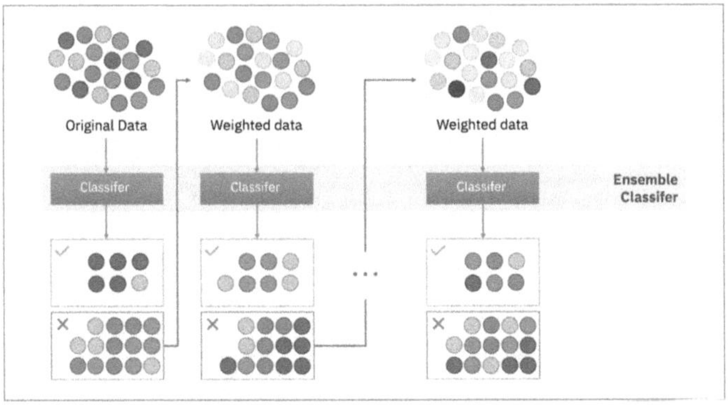

Gradient Boosting, https://corporatefinanceinstitute.com/resources/data-science/boosting

(3) LSTM 및 GRU (순환 신경망 기반 딥러닝): 이 모델들은 '기억력'이 있는 신경망이라고 생각할 수 있다. 시계열 데이터처럼 순서가 중요한 데이터를 처리하도록 설계되어 있어, 과거의 정보를 학습하고 이를 '기억'하여 현재와 미래의 예측에 활용한다. 특히 아주 오래전의 데이터 패턴이 현재나 미래에 영향을 미치는 복잡하고 긴 시간적인 관계를 학습하는 데 뛰어난 성능을 보인다.

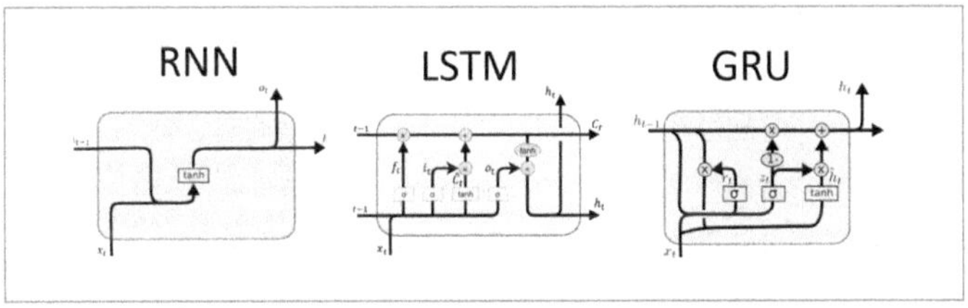

https://everywheredata.tistory.com/entry/NLP%EC%9E%90%EC%97%B0%EC%96%B4%EC%B2%98%EB%A6%AC-LSTMLong-Short-Term-Memory-GRUGated-Recurrent-Unit

(4) Prophet (페이스북 개발 시계열 모델): 이 모델은 시계열 데이터를 마치 음악처럼 여러 소리의 합으로 분해하여 예측한다. 부드럽게 변하는 '전체적인 흐름(추세)', 매주/매년 반복되는 '계절적인 리듬', 그리고 설날이나 추석처럼 특정 날짜에 발생하는 '이벤트나 공휴일 효과'를 각각 모델링하고, 이들

을 합하여 최종 예측 값을 만든다. 설정이 비교적 간단하고 데이터에 빠진 값이 있거나 극단적인 값이 있어도 비교적 잘 작동하는 장점이 있다.

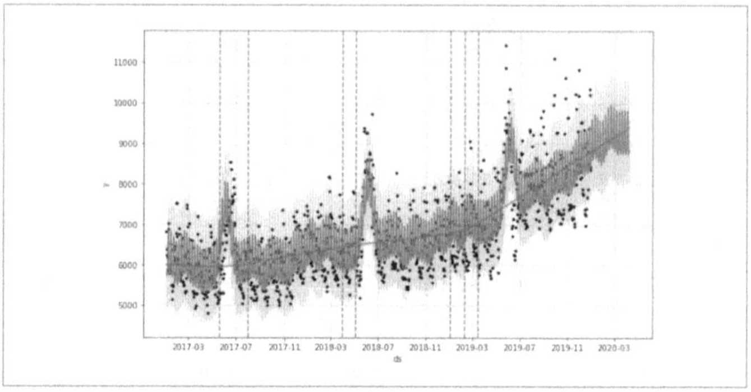

시계열 예측 패키지 Prophet 소개 | Hyperconnect Tech Blog, https://hyperconnect.github.io

■ **시계열 예측 모델 유형별 목표, 기술, 역할, 장단점, 활용 예시**

모델 유형	목표	기술 (알기 쉽게)	AVM 내 역할	장점	단점	활용 예시
ARIMA	과거 값과 오차를 통해 미래의 선형적 패턴을 예측한다.	데이터가 안정적인 상태일 때, 과거 데이터 값의 영향과 과거 예측 오차의 영향을 조합하여 다음 값을 예측하는 수학적 계산을 수행한다.	과거 거래 가격의 규칙적인 변동 패턴을 분석하고 단기적인 미래 가격 추이를 예측하는 데 활용된다.	모델이 어떻게 작동하는지 비교적 이해하기 쉬우며, 선형적인 시간 패턴 분석에 강점을 가진다.	데이터가 안정적이지 않으면 추가 작업이 필요하며, 복잡하거나 비선형적인 패턴은 잘 포착하지 못한다. 데이터의 극단값에 민감할 수 있다.	특정 지역의 월별 부동산 가격 지수가 과거 패턴대로 변동할 때 다음 달 가격 지수를 예측하는 데 적용된다.

Gradient Boosting (시간 특징 활용)	시간 관련 정보와 다른 요인을 함께 고려하여 복잡하고 비선형적인 예측을 수행한다.	'지난주 가격', '3개월 평균 가격', '요일', '월' 등 시간 관련 정보를 새로운 특징으로 만들고, 이 특징들을 바탕으로 가장 잘 예측하는 복잡한 규칙(의사결정 나무들의 조합)을 학습한다.	개별 부동산의 가치 변동이나 특정 조건에서의 가격 예측 시, 시간의 흐름과 다른 복잡한 시장 요인이 결합된 영향을 모델링하는 데 활용된다.	다양한 요인과 시간의 영향이 복합적으로 작용하는 비선형적인 관계를 잘 학습하며, 예측 성능이 매우 우수하다. 다양한 종류의 데이터를 함께 사용하기 용이하다.	시계열 데이터 자체의 순차적 패턴보다는 변환된 시간 특징에 의존하며, 모델이 복잡하여 왜 그렇게 예측했는지 설명하기 어려울 수 있다.	특정 아파트의 과거 거래 기록, 주변 학교/교통 개발 시점, 금리 변동 등 다양한 데이터와 시간 관련 특징을 결합하여 미래 가치를 예측하는 데 활용된다.
LSTM/GRU	시계열 데이터의 길고 복잡한 순차적 패턴을 학습하여 미래를 예측한다.	데이터의 흐름을 따라가며 이전 시점의 정보들을 '기억'하고, 이 기억된 정보를 바탕으로 현재와 다음 시점의 값을 예측하는 인공 신경망이다. 특히 오래 전의 중요한 정보를 잊지 않고 활용하는 능력이 뛰어나다.	부동산 시장의 장기적인 사이클 변동이나 복잡하게 얽힌 시간적인 영향 관계를 반영하여 장기적인 가치 예측에 활용된다.	데이터의 순서와 시간적인 의존성을 직접적으로 학습하며, 매우 복잡하거나 예측하기 어려운 비선형 패턴 학습에 강력한 성능을 보인다.	정확한 학습을 위해 대량의 시계열 데이터가 필요하며, 모델 내부 작동 방식이 복잡하여 결과를 해석하기 매우 어렵다(전형적인 블랙박스 모델이다). 학습에 시간이 오래 걸릴 수 있다.	도시 전체의 장기적인 부동산 시장 주기(호황/불황) 예측, 대규모 개발 사업 완공 시점 이후의 장기적인 가격 변동 예측에 활용된다.

Prophet	데이터의 전체적인 흐름, 주기적인 패턴, 특정 이벤트의 영향을 분리하여 예측한다.	데이터의 추세, 주간/연간 반복 패턴, 특정 날짜(공휴일, 선거일 등)의 영향을 각각 계산하고, 이 결과들을 합하여 최종 예측 값을 만든다. 데이터를 구성 요소별로 나누어 분석하고 예측한다.	정책 발표 시점, 대형 개발 프로젝트 착공/완공 시점 등 특정 이벤트가 부동산 가치에 미치는 영향을 고려하거나, 누락된 데이터나 이상치가 있는 경우에도 비교적 안정적으로 예측하는 데 활용된다.	모델 설정이 간편하고 예측 결과를 추세, 계절성 등으로 나누어 보여주므로 이해하기 쉽다. 데이터의 빠진 값이나 극단적인 값에 강건하게 대응한다.	매우 복잡한 시계열 패턴이나 여러 데이터 간의 복잡한 상호작용을 상세하게 모델링하는 데는 제한적일 수 있다.	특정 지역의 부동산 규제 발표일 전후의 가격 변동을 예측하거나, 명절 연휴 등의 영향으로 인한 거래량 변화를 예측하는 데 활용된다.

3.1.2 AVM에 활용되는 ARIMA 시계열 예측 모델

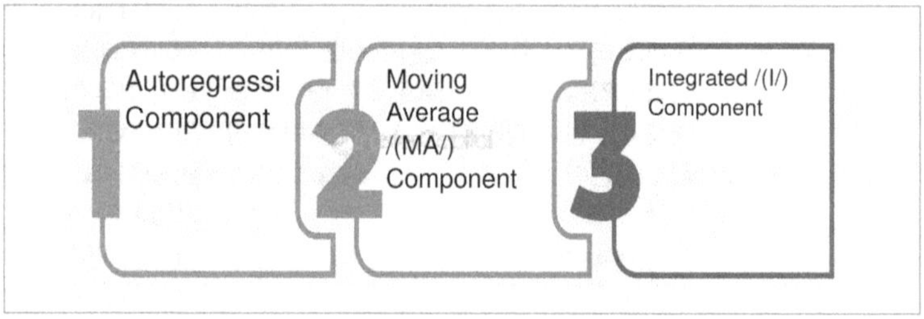

Real Estate Prices Forecasting Using ARIMA https://fastercapital.com

(1) ARIMA 모델은 데이터의 과거 값, 과거 예측 오차, 그리고 데이터의 추세를 제거하기 위한 '차분(Differencing)' 과정을 고려하여 예측을 수행한다.

AI 기반 도시부동산 자동 가치 평가 모델(AVM)은 부동산 가치 및 관련 시장 지표의 과거 데이터를 분석하여 미래를 예측한다. 이러한 데이터는 시간의 흐름에 따라 변화하는 시계열 데이터의 특성을 가지므로, 시계열 예측 모델이 AVM의 핵심 구성 요소로 활용된다. 그중 ARIMA 모델은 시계열 데이터의 통계적 특성을 분석하여 미래 값을 예측하는 고전적이지만 중요한 모델이다. ARIMA 모델은 데이터의 과거 값, 과거 예측 오차, 그리고 데이터의 추세를 제거하기 위한 '차분(Differencing)' 과정을 고려하여 예측을 수행한다.

(2) ARIMA 모델은 시장 전체 또는 특정 구역의 거시적인 시간적 패턴을 파악하고 미래 동향을 예측하는 데 유용하게 활용된다.

도시부동산 분야에서 ARIMA 모델은 주로 특정 지역의 평균 가격 변동, 거래량 추이 등 집계된 시계열 데이터의 분석 및 예측에 적용된다. 이는 개별 부동산의 복잡한 특성을 모두 반영하기보다는, 시장 전체 또는 특정 구역의 거시적인 시간적 패턴을 파악하고 미래 동향을 예측하는 데 유용하게 활용된다. AVM은 이렇게 예측된 시장 동향 정보를 개별 부동산 가치 평가 로직에 통합하여 예측의 신뢰성을 높인다.

ARIMA 모델을 도시부동산 분야에 적용하는 것을 알기 쉬운 가상 수치 예제를 통해 살펴보면 다음과 같다.

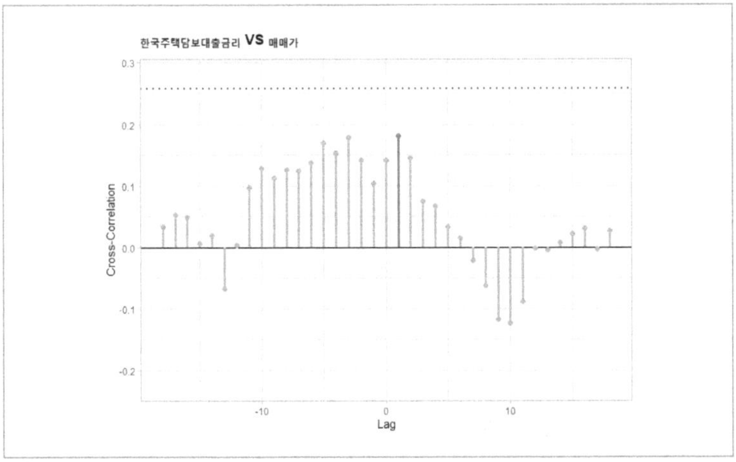

ARIMA와 VAR모형을 이용한 서울시 전체 집값 예측 https://brique-analytics.tistory.com

I VM 활용 ARIMA 시계열 예측 모델: 월별 아파트 평균 매매 가격 지수 예측

서울 강남구의 월별 아파트 평균 매매 가격 지수 시계열 데이터가 다음과 같다고 가정한다 (모델의 핵심 아이디어를 보여주기 위한 매우 단순화된 가상 데이터이다).

시점(월)	평균 매매 가격 지수
1월	100
2월	102
3월	104
4월	106
5월	108

1) 목표:

주어진 5개월의 데이터를 바탕으로 6월의 강남구 아파트 평균 매매 가격 지수를 ARIMA 모델의 기본적인 작동 아이디어를 활용하여 예측한다.

2) 가상 수치 예제 풀이

실제 ARIMA 모델을 사용하려면 데이터의 정상성을 확인하고, 자기상관 함수(ACF) 및 부분 자기상관 함수(PACF) 등을 분석하여 모델의 파라미터(p, d, q)를 결정하는 복잡한 통계적 과정을 거친다. 그러나 여기서는 '알기 쉽게' ARIMA의 핵심 개념이 데이터에 어떻게 적용되는지를 보여주는 데 초점을 맞춘다.

(1) **정상성 확보를 위한 '차분(Differencing, I)' 과정의 아이디어:** 주어진 데이터를 보면 매월 지수가 2씩 꾸준히 증가하는 '상승 추세'가 존재한다. ARIMA 모델은 이렇게 추세가 있어 시간이 지남에 따라 평균이 변하는 '비정상 시계열' 데이터를 '차분'이라는 과정을 통해 평균이 일정한 '정상 시계열' 데이터로 변환하려 한다. 여기서는 바로 직전 월의 값에서 현재 월의 값을 빼는 '1차 차분'을 적용해 본다.

- 2월과 1월의 변화량: 102 - 100 = 2
- 3월과 2월의 변화량: 104 - 102 = 2
- 4월과 3월의 변화량: 106 - 104 = 2
- 5월과 4월의 변화량: 108 - 106 = 2

1차 차분된 데이터는 (2, 2, 2, 2)가 된다. 이 데이터는 시간이 지나도 값의 평균(항상 2)과 분산(항상 0)이 일정하므로, 정상성을 확보한 시계열이 된다. 이 예시에서는 1차 차분(ARIMA 모델의 'I' 부분에서 d=1에 해당)만으로 데이터가 안정화된다.

(2) **정상 시계열 분석 및 미래 변화량 예측 (AR 및 MA 아이디어의 단순화)**: 이제 안정화된 차분 데이터 (2, 2, 2, 2)를 분석한다. 이 데이터는 과거 값과 예측 오차를 통해 미래 값을 예측하는 AR(자기회귀) 또는 MA(이동평균) 모델을 적용할 수 있다. 이 간단한 예시에서는 차분된 데이터가 항상 '2'로 일정하다. 이는 과거의 변화량이 항상 '2'였으므로, 미래의 변화량 역시 '2'가 될 것이라고 예측하는 매우 단순한 형태의 패턴으로 볼 수 있다. (실제 ARIMA 모델은 이 단계에서 차분된 데이터의 자기상관성을 더 깊이 분석한다.)

(3) **최종 예측 값 계산**: 모델은 5월의 실제 가격 지수(108)에 예측된 6월의 변화량(앞 단계에서 예측한 '2')을 더하여 6월의 가격 지수를 최종적으로 예측한다.

6월 예측 가격 지수 = 5월 실제 가격 지수 + 예측된 변화량 6월 예측 가격 지수 = 108 + 2 = 110

따라서 이 가상 예시에서 ARIMA 모델의 핵심 아이디어에 기반한 6월 강남구 아파트 평균 매매 가격 지수 예측값은 110이 된다.

3) 해설:

이 예시는 ARIMA 모델이 어떻게 ①데이터의 추세를 차분으로 제거하여 ②데이터를 안정화시킨 후, ③안정화된 데이터의 패턴(여기서는 일정한 값)을 분석하여

④미래의 변화량을 예측하고, 마지막으로 ⑤이 변화량을 과거 값에 더하여 최종 예측 값을 계산하는지를 매우 단순하게 보여준다.

실제 도시 부동산 시장 데이터는 이보다 훨씬 복잡하고 다양한 변동 요인과 비선형적인 패턴을 포함한다. 따라서 실제 AVM에서는 단순 ARIMA 모델 단독으로 모든 변동성을 완벽하게 예측하기는 어려우며, 다른 시계열 모델이나 머신러닝/딥러닝 모델, 그리고 다양한 외부 데이터를 함께 활용하는 하이브리드 방식이 주로 사용된다. 그럼에도 ARIMA는 시계열 데이터 분석의 기본 원리를 이해하고 기본적인 추세 예측을 수행하는 데 중요한 역할을 한다.

3.1.3 AVM에 활용되는 Gradient Boosting 시계열 예측 모델의 도시 부동 산 분야 적용 및 가상 수치 예제 풀이

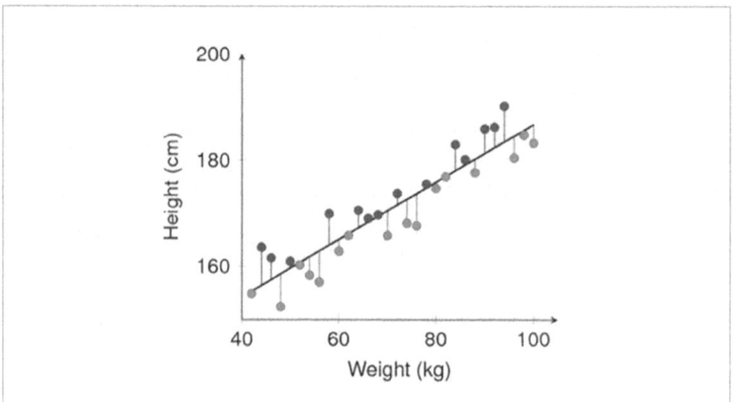

Gradient Boosting Machine (GBM), https://yupsung.blogspot.com

최근 인공지능(AI) 기술의 발전에 따라 AVM의 정확도 및 신뢰도가 향상되고 있으며, 특히 시간의 흐름에 따른 부동산 가격 변동을 예측하는 시계열 예측 모델이 핵심적인 역할을 수행한다. 도시 부동산은 경제 변동, 정책 변화, 지역 특성 등 다양한 요인에 의해 복잡하고 비선형적인 가격 변화 양상을 나타내므로, 이를 효과적으로 모델링하기 위해서는 강력한 예측 모델이 요구된다.

(1) AI 기반 AVM에서 Gradient Boosting 시계열 예측 모델은 도시 부동산의 복잡한 가격 변동 양상을 모델링하고 예측 정확도를 높이는 데 기여한다.

AI 기반 AVM에서 Gradient Boosting 시계열 예측 모델은 도시 부동산의 복잡한 가격 변동 양상을 모델링하고 예측 정확도를 높이는 데 기여한다. 시간 순서 데이터와 다양한 외부 요인을 활용하여 예측 오차를 순차적으로 개선하는 학습 방식을 통해 강력한 예측 성능을 확보한다. 제시된 가상 수치 예제는 극히 단순화된 형태이나, 초기 예측부터 시작하여 약한 학습기들이 오차를 줄여나가며 최종 예측을 도출하는 Gradient Boosting의 기본적인 원리를 설명하는 데 의의가 있다. 실제 AVM 시스템에서는 이러한 모델을 통해 보다 정확하고 신뢰할 수 있는 부동산 가치 평가 및 미래 가격 전망이 가능하게 된다.

1) Gradient Boosting 시계열 예측 모델의 개요

(1) Gradient Boosting은 앙상블 학습(Ensemble Learning) 기법 중 하나로, 여러 개의 약한 학습기(Weak Learner, 일반적으로 결정 트리)를 순차적으로 학습시켜 강력한 예측 모델을 구축하는 방식이다

Gradient Boosting은 앙상블 학습(Ensemble Learning) 기법 중 하나로, 여러 개의 약한 학습기(Weak Learner, 일반적으로 결정 트리)를 순차적으로 학습시켜 강력한 예측 모델을 구축하는 방식이다. 이 모델은 이전 학습 단계에서 발생한 예측 오차

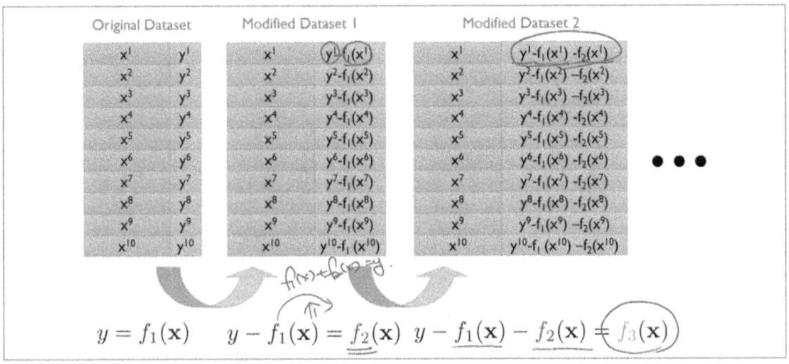

Ensemble model - GBM (Gradient Boosting Machine) https://dive-into-ds.tistory.com/

(잔차, Residual)에 집중하여 다음 학습기가 이 오차를 줄이는 방향으로 학습되도록 한다. 각 학습 단계에서 손실 함수의 음의 경사(Negative Gradient) 방향으로 모델을 개선해 나가므로 'Gradient' Boosting이라 명명된다.

(2) 시계열 예측 문제에 Gradient Boosting을 적용하기 위해서는 시간 순서대로 정렬된 데이터를 지도 학습(Supervised Learning) 형태로 변환하는 과정이 필요하다.

시계열 예측 문제에 Gradient Boosting을 적용하기 위해서는 시간 순서대로 정렬된 데이터를 지도 학습(Supervised Learning) 형태로 변환하는 과정이 필요하다. 이는 과거 시점의 데이터를 입력 변수(Feature)로 활용하여 미래 시점의 값을 예측하는 방식으로 이루어지며, 지연 변수(Lagged Variables), 이동 평균, 시간 관련 특성(월, 분기, 요일 등), 그리고 외부 요인(경제 지표, 정책 변화 등)을 입력 변수로 포함할 수 있다.

2) 도시 부동산 AVM에서의 Gradient Boosting 시계열 예측 모델 적용

도시 부동산 AVM에서 Gradient Boosting 시계열 예측 모델은 특정 시점 또는 미래 시점의 부동산 가격을 예측하는 데 활용된다. 이 모델은 다음과 같은 데이터와 특징을 활용하여 학습된다.

(1) **시계열 데이터:** 특정 지역 또는 개별 부동산의 과거 매매가, 전세가, 월세가 추이.

(2) **지연 변수:** 바로 이전 시점 또는 여러 과거 시점의 가격 데이터.

(3) **시간 관련 특성:** 현재 시점의 월, 분기, 연도 정보, 계절성 등을 나타내는 변수.

(4) **외부 요인:** 기준 금리, 물가 상승률, GDP 성장률 등 거시 경제 지표, 해당 지역의 인구 변화, 건축 허가량, 교통 개발 계획, 학군 정보 등 부동산 가격에 영향을 미치는 다양한 요인.

Gradient Boosting 모델은 이러한 복합적인 요인들이 시간의 흐름에 따라 부동산 가격에 미치는 비 선형적이고 상호작용 적인 영향을 효과적으로 학습한다. 이를 통해 단순 회귀 모델이나 단일 결정 트리에 비해 높은 예측 정확도를 달성할 수 있다. 학습된 모델은 새로운 시점의 입력 변수를 바탕으로 해당 시점의 부동산 가치를 예측하게 된다.

I 가상 수치 예제 풀이 및 해설

Gradient Boosting 시계열 예측 모델의 동작 방식을 이해하기 위해 매우 단순화된 가상 수치 예제를 제시하고 풀이한다. 실제 모델은 수백, 수천 개의 트리를 사용하고 복잡한 알고리즘에 따라 학습되지만, 여기서는 핵심 개념인 '순차적 학습'과 '오차 개선' 과정을 두 개의 간단한 규칙(약한 학습기)으로 시뮬레이션 한다.

1) 가상 데이터:

어떤 도시의 특정 소형 아파트 단지의 월별 평균 매매가 시계열 데이터와 간단한 외부 요인(수요 지수)이 있다고 가정한다. 목표는 5번째 달의 평균 매매가를 예측하는 것이다.

월 (Month)	이전 달 가격 (억 원)	수요지수	현재 달 가격 (억 원)
1	-	0.5	5.0
2	5.0	0.6	5.2
3	5.2	0.7	5.5
4	5.5	0.65	5.3
예측 대상			
5	5.3	0.75	?

2) 모델 학습 과정 (시뮬레이션):

Gradient Boosting은 초기 예측에서 시작하여 반복적으로 오차를 학습하는 과정을 거친다. 학습률(Learning Rate)을 0.5로 가정한다.

단계 1: 초기 예측 및 잔차 계산

- 초기 예측은 간단하게 1~4월의 평균 가격으로 설정한다:
  (5.0+5.2+5.5+5.3)/4=5.25 억 원.
- 각 월에 대한 잔차(Residual)를 계산한다:
  - ㅁ 월 1: 5.0-5.25=-0.25
  - ㅁ 월 2: 5.2-5.25=-0.05
  - ㅁ 월 3: 5.5-5.25=0.25
  - ㅁ 월 4: 5.3-5.25=0.05

단계 2: 첫 번째 약한 학습기 학습 (잔차에 학습)

- 첫 번째 약한 학습기는 잔차를 예측하도록 학습된다. 여기서는 '수요 지수'를 기준으로 간단한 규칙을 만든다고 가정한다. (예: 수요 지수가 0.6보다 크면 양의 잔차, 작거나 같으면 음의 잔차가 발생한다고 학습).
- 가상적인 학습 결과 규칙:

IF Demand_Index 〉 0.6 THEN 예측 잔차 = +0.2

ELSE THEN 예측 잔차 = -0.1

단계 3: 예측 업데이트

- 초기 예측에 첫 번째 약한 학습기의 예측 잔차를 학습률(0.5)을 곱하여 더해준다.
  - ㅁ 월 1 (수요 지수 0.5 〈= 0.6): 5.25+0.5×(-0.1)=5.25-0.05=5.20
  - ㅁ 월 2 (수요 지수 0.6 〈= 0.6): 5.25+0.5×(-0.1)=5.25-0.05=5.20
  - ㅁ 월 3 (수요 지수 0.7〉 0.6): 5.25+0.5×(0.2)=5.25+0.10=5.35
  - ㅁ 월 4 (수요 지수 0.65〉 0.6): 5.25+0.5×(0.2)=5.25+0.10=5.35

• 업데이트된 예측 값에 대한 새로운 잔차를 계산한다:

ㅁ월 1: 5.0-5.20=-0.20

ㅁ월 2: 5.2-5.20=0.00

ㅁ월 3: 5.5-5.35=0.15

ㅁ월 4: 5.3-5.35=-0.05

단계 4: 두 번째 약한 학습기 학습 (새로운 잔차에 학습)

• 두 번째 약한 학습기는 업데이트된 새로운 잔차를 예측하도록 학습된다. 여기서는 '이전 달 가격'을 기준으로 간단한 규칙을 만든다고 가정한다. (예: 이전 달 가격이 특정 값보다 높으면 잔차가 양수, 낮으면 음수라고 학습).

• 가상적인 학습 결과 규칙:

ㅁIF Prev_Price〉 5.2 THEN 예측 잔차 = +0.15

ㅁELSE THEN 예측 잔차 = -0.10

단계 5: 최종 예측 (두 번째 약한 학습기까지 반영)

• 이제 학습된 모델(초기 예측 + 첫 번째 학습기 + 두 번째 학습기)을 사용하여 예측 대상인 5월의 가격을 예측한다. 5월의 입력 변수는 Prev_Price = 5.3, Demand_Index = 0.75 이다.

ㅁ초기 예측: 5.25

ㅁ첫 번째 학습기 예측 (수요 지수 0.75〉 0.6): +0.2

ㅁ두 번째 학습기 예측 (이전 달 가격 5.3〉 5.2): +0.15

• 최종 예측 가격: 5.25 (초기 예측) +0.5×(0.2) (첫 번째 학습기 기여) +0.5×(0.15) (두 번째 학습기 기여) =5.25+0.10+0.075=5.425 억 원

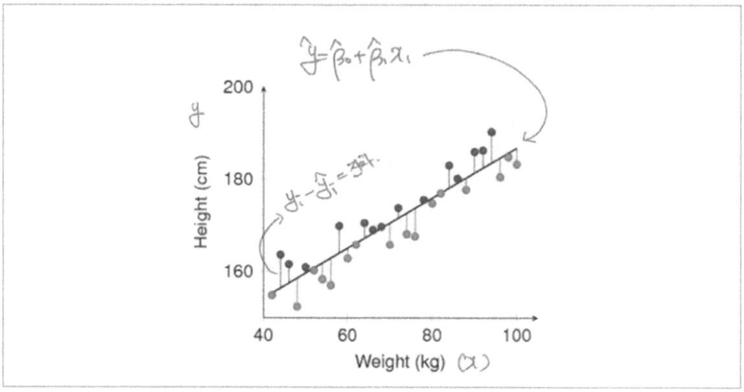

Ensemble model - GBM (Gradient Boosting Machine), https://dive-into-ds.tistory.com

3) 해설:

이 예제는 Gradient Boosting의 핵심 아이디어를 보여준다. 초기 예측이 전체적인 평균을 잡고, 첫 번째 약한 학습기는 '수요 지수'라는 특성이 예측 오차에 미치는 영향을 학습하여 초기 예측을 보완한다. 이로 인해 예측 오차가 일부 감소하게 된다. 이어서 두 번째 약한 학습기는 '이전 달 가격'이라는 특성이 남아 있는 예측 오차에 미치는 영향을 학습하여 다시 한번 예측을 보정한다.

실제 Gradient Boosting 모델은 수십, 수백, 수천 개의 복잡한 결정 트리를 순차적으로 학습시키며, 각 단계마다 잔차 또는 손실 함수의 경사를 정확하게 계산하고 이를 바탕으로 다음 트리를 학습시킨다. 또한, 다양한 입력 변수(지역, 면적, 층수, 건축 연도 등)와 시계열 특성(다양한 시점의 지연 변수, 이동 평균 등)을 동시에 고려하여 예측을 수행한다. 학습률은 각 학습기의 기여도를 조절하여 모델의 과적합을 방지하는 역할을 한다.

이처럼 Gradient Boosting 모델은 이전 예측의 오차를 꾸준히 개선해나가면서 복잡한 시계열 데이터의 패턴과 다양한 변수 간의 상호작용을 학습하므로, 시간의 흐름에 따라 변화하는 도시 부동산 가격을 예측하는 AI 기반 AVM에 매우 효과적으로 활용될 수 있다.

3.1.4 AVM에 활용되는 LSTM(순환 신경망 기반 딥러닝)시계열 예측 모델의 도시 부동산 분야 적용 및 가상 수치 예제 풀이

(1) LSTM은 순차적인 데이터 처리 능력과 장기 메모리 기능을 통해 부동산 시장의 복잡한 시계열 패턴, 주기, 그리고 장기적인 요인들의 영향을 효과적으로 학습한다.

인공지능(AI) 기술 중 순환 신경망(Recurrent Neural Network, RNN)의 한 종류인 LSTM(Long Short-Term Memory) 모델이 시계열 데이터의 장기적인 패턴과 의존성을 학습하는 데 뛰어난 성능을 보이면서, 도시 부동산 AVM 분야에서도 중요한 예측 도구로 부상하고 있다.

(2) LSTM은 순차적인 데이터 처리 능력과 장기 메모리 기능을 통해 부동산 시장의 복잡한 시계열 패턴, 주기, 그리고 장기적인 요인들의 영향을 효과적으로 학습한다.

AI 기반 AVM에서 LSTM 시계열 예측 모델은 도시 부동산 가격 예측의 정확도를 크게 향상시킬 수 있는 강력한 도구로 평가된다. LSTM은 순차적인 데이터 처리 능력과 장기 메모리 기능을 통해 부동산 시장의 복잡한 시계열 패턴, 주기, 그리고 장기적인 요인들의 영향을 효과적으로 학습한다. 제시된 가상 수치 예제는 모델의

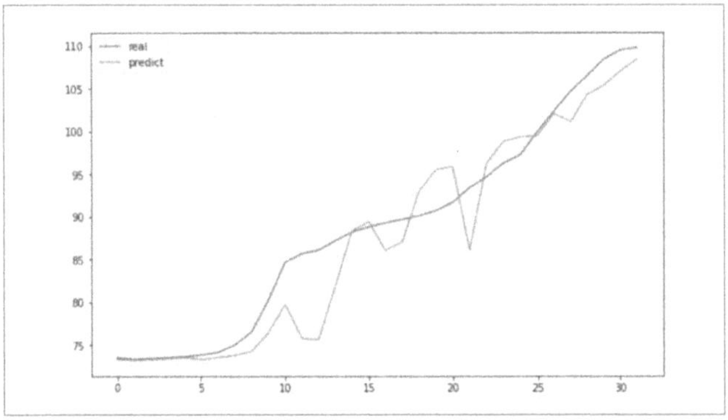

시계열 데이터 분석 - 모델 선정 (LSTM) 및 변수 설정 https://andaconda.tistory.com/

내부 작동 방식보다는 입력 시퀀스를 처리하여 예측 값을 도출하는 개념적인 흐름을 보여주며, LSTM이 시계열 데이터의 문맥과 장기 의존성을 어떻게 활용하는지에 대한 직관적인 이해를 돕는다. 실제 AVM 시스템에 LSTM 모델을 적용함으로써, 과거 데이터를 기반으로 더욱 정교하고 신뢰성 높은 부동산 가치 예측 및 시장 전망이 가능하게 된다.

1) LSTM 시계열 예측 모델의 개요 및 특징

LSTM은 기존 순환 신경망(RNN)이 가지고 있던 장기 의존성 문제(Vanishing Gradient Problem)를 해결하기 위해 고안된 신경망 구조이다. LSTM 셀 내부에 '게이트(Gate)'라는 특별한 메커니즘(입력 게이트, 망각 게이트, 출력 게이트)을 포함하고 있어, 시퀀스 데이터 처리 시 과거 정보 중 어떤 정보를 기억하고 어떤 정보를 잊을지, 그리고 현재 정보를 셀 상태(Cell State)에 어떻게 반영하고 외부로 출력할지를 선택적으로 제어할 수 있다.

이러한 메모리 기능을 통해 LSTM은 수십, 수백 스텝 이전의 데이터가 현재 및 미래 예측에 미치는 영향을 효과적으로 학습할 수 있다. 따라서 복잡한 시계열 데이터에서 나타나는 트렌드, 계절성, 주기성 등 다양한 시간적 패턴을 포착하는 데 매우 적합하다.

2) 도시 부동산 AVM에서의 LSTM 시계열 예측모델 적용

도시 부동산 가격은 단기적인 변동 뿐만 아니라 장기적인 경제 성장률, 인구 이동, 교통망 변화, 정책 입안 등의 영향을 받으며 복잡한 주기와 트렌드를 형성한다. LSTM 모델은 이러한 장기적인 시간적 의존성을 모델링하는 데 강점을 갖기 때문에 도시 부동산 AVM에 효과적으로 적용될 수 있다.

적용 방식은 다음과 같이 이루어진다.

(1) **데이터 준비:** 특정 지역 또는 개별 부동산에 대한 과거 시계열 데이터(월별 평균 가격, 거래량 등)와 시간의 흐름에 따라 변화하는 외부 요인 데이터(금리, 유가, 건축 인허가 건수 등)를 준비한다.

(2) **시퀀스 변환**: LSTM 모델의 입력 형태에 맞게 시계열 데이터를 시퀀스 형태로 변환한다. 예를 들어, 과거 N개월의 데이터를 입력 시퀀스로 사용하여 N+1개월의 가격을 예측하는 방식으로 데이터를 구성한다. 각 시점의 데이터는 해당 월의 가격과 관련 외부 요인들의 벡터로 표현될 수 있다.

(3) **모델 학습**: 준비된 시퀀스 데이터를 LSTM 모델에 입력하여 학습시킨다. 모델은 시퀀스 내의 패턴, 즉 가격의 상승/하락 추세, 변동성, 외부 요인과의 관계 등을 시간적 문맥을 고려하여 학습한다.

(4) **예측**: 학습된 모델에 새로운 시점까지의 과거 시퀀스를 입력하여 다음 시점 또는 여러 미래 시점의 부동산 가격을 예측한다.

LSTM은 단순히 이전 시점의 값에만 의존하는 것이 아니라, 시퀀스 전체를 통해 학습된 장기적인 맥락과 패턴을 바탕으로 예측을 수행하므로, 부동산 시장의 주기적인 변화나 갑작스러운 외부 충격에 대한 반응을 더 잘 모델링할 수 있게 된다.

I 도시 부동산 AVM에서의 LSTM 시계열 예측모델 적용: LSTM 모델은 과거 4개월의 가격 시퀀스를 입력으로 사용하여 다음 달 가격을 예측

LSTM 시계열 예측 모델이 시퀀스 데이터를 어떻게 다루는지를 이해하기 위해 극도로 단순화된 가상 수치 예제를 제시한다. 실제 LSTM 모델의 복잡한 내부 계산 과정(행렬 곱셈, 게이트 연산 등)은 생략하고, 모델이 시퀀스를 입력받아 예측 값을 출력하는 개념적인 과정에 집중한다.

1) 가상 데이터:

어떤 도시의 특정 지역에 대한 5개월간의 월별 평균 아파트 가격 데이터가 있다고 가정한다. 예측 목표는 6번째 달의 가격이다. LSTM 모델은 과거 4개월의 가격 시퀀스를 입력으로 사용하여 다음 달 가격을 예측하도록 구성한다고 가정한다.

월(Month)	월별 평균 가격 (단위: 억원)
1월	5.0
2월	5.2
3월	5.5
4월	5.3
5월	5.6
예측 대상	
6월	?

2) 모델 예측 과정 (시뮬레이션):

LSTM 모델은 과거 데이터를 시퀀스 형태로 받아들여 순차적으로 처리하며 학습된 패턴을 바탕으로 미래 값을 예측한다.

단계 1: 입력 시퀀스 구성

- LSTM 모델은 과거 4개월의 가격을 시퀀스로 입력받도록 설정되었다. 6월 가격을 예측하기 위해 2월부터 5월까지의 가격 시퀀스를 입력 데이터로 준비한다.
- 입력 시퀀스: [5.2,5.5,5.3,5.6] (월 2, 3, 4, 5의 가격)

단계 2: LSTM 모델 입력 및 순차 처리

- 구성된 시퀀스 [5.2,5.5,5.3,5.6]가 LSTM 모델에 입력된다.
- LSTM 모델은 시퀀스의 첫 번째 요소인 5.2부터 순차적으로 데이터를 처리하기 시작한다.
- 개념적 처리:
  - ▫ 모델은 5.2를 보고 내부 상태를 업데이트한다.
  - ▫ 다음으로 5.5를 입력 받고, 이전 상태와 결합하여 내부 상태를 다시 업데이트한다. 이때, 가격이 상승했다는 정보를 기억한다.

ㅁ이어서 5.3을 입력 받고, 이전 상태(상승 추세 기억)와 결합하여 내부 상태를 업데이트한다. 이때, 가격이 소폭 하락했다는 정보를 반영하지만, 이전의 상승 추세 기억 중 일부를 유지할 수 있다 (망각 게이트와 입력 게이트의 역할).

ㅁ마지막으로 5.6을 입력 받고, 시퀀스의 마지막 요소까지 처리한 최종 내부 상태를 형성한다. 이 상태는 시퀀스 [5.2,5.5,5.3,5.6] 전체에 걸친 가격 변동 패턴(초기 상승, 소폭 하락, 다시 상승)에 대한 모델의 '기억'을 담고 있다.

단계 3: 예측 값 출력

- LSTM 모델은 시퀀스의 마지막 요소까지 처리하여 얻은 최종 내부 상태를 바탕으로 6번째 달의 가격을 예측한다.
- 가상적인 모델 예측 결과: 5.75 억 원

3) 해설:

이 예제는 LSTM이 시계열 데이터를 시퀀스 단위로 처리한다는 것을 보여준다. LSTM 모델은 단순히 이전 시점의 가격(5.6)에만 의존하는 것이 아니라, 입력 시퀀스 [5.2,5.5,5.3,5.6] 전체를 통해 가격 변동의 패턴(상승 -> 하락 -> 상승)과 각 시점 간의 관계를 학습한다. LSTM의 메모리 셀은 이러한 과거 패턴을 '기억'하고, 이를 바탕으로 다음 시점의 가격이 어떻게 될 가능성이 높은지를 예측한다.

예측 값 5.75억 원은 이러한 시퀀스 학습 결과로 나온 값이다. 모델은 최근의 상승세(5.3에서 5.6)뿐만 아니라 그 이전의 변동 패턴(5.2에서 5.5로 상승했다가 5.3으로 하락한 것)까지 고려하여 미래 가격을 전망하게 된다. 실제 LSTM 모델은 훨씬 긴 시퀀스와 다양한 변수를 입력으로 사용하며, 복잡한 내부 계산을 통해 장기적인 시장 동향과 단기적인 변동성을 모두 반영한 예측 값을 도출한다.

3.1.5 AVM에 활용되는 Prophet (페이스북 개발 시계열 모델): 시계열 예측 모델의 도시부동산 분야 적용 및 가상수치 예제 풀이

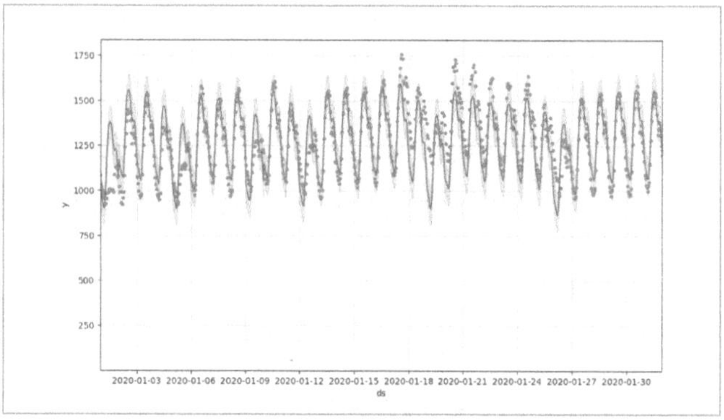

Prophet을 활용한 시계열 예측, https://velog.io

1) Prophet은 특히 강한 계절성과 공휴일(또는 특별 이벤트)의 영향을 받는 비즈니스 시계열 데이터 예측에 강점을 보이며, 그 해석 용이성으로 인해 실무 적용에 유리한 측면이 있다.

AI 기반 자동부동산가치평가 모델(AVM)은 방대한 데이터를 분석하여 부동산 가치를 추정하며, 이 과정에서 시간의 흐름에 따른 가격 변동 예측은 핵심적인 기능으로 작용한다. 도시 부동산 시장은 장기적인 트렌드, 주기적인 계절성(예: 봄/가을 이사철), 그리고 정책 변화나 대규모 개발과 같은 불규칙적인 이벤트의 영향을 복합적으로 받는다.

이러한 특성을 효과적으로 모델링하기 위해 Meta(구 Facebook)에서 개발한 시계열 예측 라이브러리인 Prophet 모델이 주목받고 있다. Prophet은 특히 강한 계절성과 공휴일(또는 특별 이벤트)의 영향을 받는 비즈니스 시계열 데이터 예측에 강점을 보이며, 그 해석 용이성으로 인해 실무 적용에 유리한 측면이 있다.

2) Prophet 시계열 예측 모델의 개요 및 특징

Prophet 모델은 시계열 데이터를 다음과 같은 세 가지 주요 구성 요소의 합으로 분해(decomposition)하여 모델링한다.

$$y(t)=g(t)+s(t)+h(t)+\epsilon t$$

- g(t): 비주기적인 트렌드를 나타내는 유연한 추세 함수.
- s(t): 주기적인 변화를 나타내는 계절성 함수 (연간, 주간 등).
- h(t): 불규칙적인 이벤트 또는 공휴일의 영향을 나타내는 함수.
- ∈t: 오차항.

Prophet은 이러한 각 구성 요소를 통계적인 방법을 사용하여 모델링하며, 특히 계절성과 이벤트 효과를 명시적으로 다룰 수 있어 예측 결과의 해석이 용이하다. 사용자 정의 공휴일(특별 이벤트)을 추가하여 모델에 반영할 수 있다는 점도 특징이다.

3) 도시 부동산 AVM에서의 Prophet 시계열 예측 모델 적용

도시 부동산 가격 시계열은 Prophet의 구성 요소와 잘 부합하는 특성을 보인다.

(1) **트렌드(g(t))**: 인구 증가, 경제 성장, 장기적인 물가 상승률 등 거시적인 요인에 따른 장기적인 가격 추세를 모델링한다.

(2) **계절성(s(t))**: 봄 이사철 상승, 여름 비수기 하락, 가을 성수기 재상승 등 매년 반복되는 계절적 가격 변동 패턴을 모델링한다. 주간 또는 일간 패턴은 부동산 거래 데이터에는 덜 중요할 수 있으나, 매물 등록/조회 데이터 등에는 나타날 수 있다.

(3) **공휴일/이벤트(h(t))**: 부동산 규제 정책 발표일, 기준 금리 변동일, 대규모 교통망 개통일, 특정 지역 개발 호재 발표일 등 가격에 단기적으로 큰 영향을 미칠 수 있는 불규칙적인 이벤트들을 모델링한다.

Prophet을 부동산 AVM에 적용할 때는 날짜 정보(ds 컬럼)와 예측하고자 하는 가격 값(y 컬럼)을 포함하는 시계열 데이터가 필수적이다. 추가적으로 계절성 옵션을 설정하고, 필요한 경우 외부 변수(regressors)나 특별 이벤트 목록(holidays)을 제공하여 모델의 예측 성능을 향상시킬 수 있다.

I Prophet가상 수치 예제 풀이 및 해설

Prophet 모델이 도시 부동산 가격 데이터에 적용되는 개념적인 과정을 보여주기 위한 극도로 단순화된 가상 수치 예제를 제시한다. 실제 모델 학습 및 예측은 복잡한 내부 알고리즘에 의해 수행되나, 여기서는 입력 데이터 형태와 모델이 트렌드 및 계절성을 파악하여 예측 값을 도출하는 아이디어에 집중한다.

1) 가상 데이터:

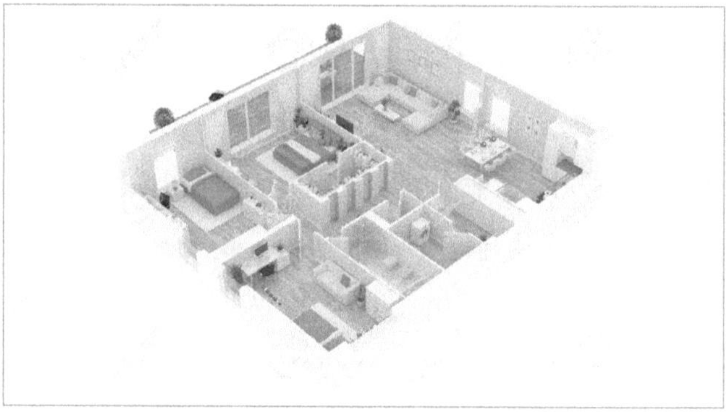

https://kr.123rf.com/photo_

어떤 도시의 특정 아파트 평균 매매가 시계열 데이터가 지난 24개월(2년) 동안 존재한다고 가정한다. 이 데이터는 전반적인 상승 트렌드와 매년 봄(4월)과 가을(10월)에 가격이 소폭 상승하는 계절성을 보인다고 가정한다.

날짜 (ds)	월별 평균 가격 (y) (억 원)
2023-01-01	5.0
2023-04-01	5.2
2023-07-01	5.1
2023-10-01	5.3
2024-01-01	5.25
2024-04-01	5.5
2024-07-01	5.4
2024-10-01	5.65
… (총 24개월 데이터)	…

2) 예측 목표:

2025년 4월 1일의 아파트 평균 매매가 예측

3) 모델 학습 및 예측 과정 (시뮬레이션):

Prophet 모델은 ds와 y 컬럼으로 구성된 데이터를 입력받아 자동으로 트렌드, 연간 계절성, 주간 계절성(필요시), 일간 계절성(필요시) 등을 분석하여 모델링한다.

단계 1: 데이터 준비 및 모델 입력

- 위와 같은 ds와 y 컬럼으로 구성된 24개월의 과거 데이터를 준비한다.
- Prophet 모델 객체를 생성하고, 준비된 데이터를 사용하여 모델을 학습시킨다 (fit 메서드 사용).
- 개념적 처리: 모델은 24개월 데이터를 분석하여 ① 시간의 흐름에 따른 전반적인 상승 트렌드를 파악하고, ② 매년 같은 시점에 반복되는 가격 패턴(예: 4월, 10월 상승)을 학습한다.

단계 2: 예측 대상 날짜 지정

- 예측하고자 하는 미래 날짜 목록을 생성한다. 목표는 2025년 4월 1일 가격 예측이므로, 해당 날짜를 포함하는 미래 날짜 데이터프레임을 만든다. (예: 2025-01-01부터 2025-06-01까지 예측)

단계 3: 미래 가격 예측

• 학습된 Prophet 모델에 미래 날짜 목록을 입력하여 예측을 수행한다 (predict 메서드 사용).

• **개념적 처리**: Prophet은 각 미래 날짜에 대해 다음과 같이 예측 값을 계산한다.

  ▫ **트렌드 예측**: 학습된 트렌드 함수(g(t))를 사용하여 해당 미래 날짜에서의 트렌드 값을 계산한다. 2025년 4월 1일의 트렌드는 과거 2년의 상승 트렌드를 바탕으로 외삽(extrapolation)되어 계산된다. (예: 2025년 4월의 트렌드 값은 5.8 억 원으로 예측될 수 있음)

  ▫ **계절성 예측**: 학습된 연간 계절성 함수(s(t))를 사용하여 해당 미래 날짜(4월 1일)에 해당하는 계절적 효과 값을 계산한다. 과거 2년 동안 4월에 평균적으로 가격이 얼마나 상승/하락했는지를 바탕으로 계절적 효과가 계산된다. (예: 4월의 계절적 효과는 +0.15 억 원으로 예측될 수 있음)

  ▫ **이벤트 효과 (만약 있다면)**: 만약 2025년 4월에 특별한 이벤트(예: 중요한 부동산 정책 발표)가 예정되어 있고 이를 'holiday'로 모델에 추가했다면, 해당 이벤트의 예측된 영향(h(t))이 계산되어 더해진다. (예: 관련 이벤트가 없으면 0)

• **최종 예측 값**: 각 구성 요소의 합으로 최종 예측 가격이 도출된다. 예측 가격 = 트렌드 예측 값 + 계절성 예측 값 + 이벤트 효과 예측 값 예: 2025년 4월 1일 예측 가격 = 5.8 (트렌드) + 0.15 (4월 계절성) + 0 (이벤트) = 5.95 억 원

4) 해설:

이 예제는 Prophet 모델이 도시 부동산 가격 시계열 데이터를 트렌드와 계절성 등 여러 구성 요소로 분해하여 분석하고 예측에 활용한다는 것을 보여준다. 모델은 과거 2년 데이터에서 꾸준한 가격 상승이라는 트렌드를 파악하고, 더불어 매년 4월에 가격이 평균적으로 일정 수준 상승하는 패턴(계절성)을 학습한다. 2025년 4월의 가격을 예측할 때, Prophet은 학습된 트렌드 함수를 2025년 4월까지 연장하여 기본적인 가격 수준을 예상하고, 거기에 4월이라는 시점이 갖는 고유의 계절적

상승 효과를 더하여 최종 예측 값을 산출한다.

Prophet의 강점은 이러한 분해 과정을 통해 예측 결과가 단순히 블랙박스처럼 나오는 것이 아니라, 트렌드, 계절성, 이벤트 각각이 예측에 얼마나 기여했는지를 파악하기 용이하다는 점이다. 이를 통해 AVM 사용자는 왜 특정 시점에 가격이 오르거나 내리는 것으로 예측되는지에 대한 직관적인 이해를 얻을 수 있다.

4 AI 기반 도시부동산 분야 감성분석(Sentiment Analysis)의 역할과 예제

Unveiling the Power of Large Language Models in AI | David Cain, Linkedin

4.1 감성분석(Sentiment Analysis)은 텍스트 데이터에 담긴 주관적인 정보, 즉 사람들의 의견, 감정, 태도 등을 파악하고 분석하는 기술로 정의된다

(1) 감성분석은 텍스트 데이터에 담긴 주관적인 정보, 즉 사람들의 의견, 감정, 태도 등을 파악하고 분석하는 기술로 정의된다.

AI 기반 도시 부동산 분야에서 감성분석은 텍스트 데이터에 담긴 주관적인 정보, 즉 사람들의 의견, 감정, 태도 등을 파악하고 분석하는 기술로 정의된다. 이는 부동산 시장의 정성적인 측면을 이해하고 정량적인 데이터와 결합하여 보다 심층적인 분석 및 예측을 수행하는 데 활용된다.

(2) 감성분석은 부동산에 대한 단순한 수치 분석을 넘어, 시장을 움직이는 사람들의 심리와 인식을 이해하고 반영하는 데 필수적인 기술이다.

Sentiment Analysis는 AI 기반 도시 부동산 시스템이 단순한 수치 분석을 넘어, 시장을 움직이는 사람들의 심리와 인식을 이해하고 반영하는 데 필수적인 기술로 자리 잡고 있다. 이는 AVM의 예측력을 높이고, 부동산 시장 참여자들에게 보다 심층적이고 다각적인 정보를 제공하는 데 기여한다.

■ 감성분석(Sentiment Analysis)의 목표, 적용 기술, 역할, 장단점 및 활용 예시

구분	감성 분석 (Sentiment Analysis)
목표	- 도시 부동산 관련 텍스트 데이터(뉴스 기사, 소셜 미디어, 부동산 리뷰, 포럼 게시글 등)에 표현된 대중의 의견, 감정, 태도를 긍정, 부정, 중립 등으로 분류하여 정량화하는 것을 목표로 한다. - 이를 통해 부동산 시장 및 특정 지역, 자산에 대한 인식을 파악하고 시장 심리를 측정한다.
적용 기술	- 자연어 처리 (NLP): 텍스트 전처리(토큰화, 불용어 제거 등), 형태소 분석, 구문 분석 등이 기본적으로 적용된다. - 기계 학습 (ML) 및 심층 학습 (DL) - 지도 학습: 레이블링된 감성 데이터를 활용하여 분류 모델(SVM, Naive Bayes, Recurrent Neural Network, Transformer 모델 등)을 학습시킨다. - 비지도 학습/준지도 학습: 어휘 사전 기반 방법(Lexicon-based) 또는 토픽 모델링과 결합된 방식을 활용하기도 한다. - 텍스트 임베딩: Word Embeddings (Word2Vec, GloVe), Contextual Embeddings (BERT, RoBERTa 등)을 활용하여 텍스트의 의미론적/감성적 정보를 벡터 공간에 표현한다.
역할	- 예측 모델의 입력 변수: 분석된 감성 점수 또는 범주를 부동산 가격 예측 모델, 시장 트렌드 예측 모델 등의 입력 특성(Feature)으로 활용한다. - 시장 지표: 실시간 또는 준 실시간으로 시장의 낙관론/비관론 수준을 나타내는 지표로 활용된다. - 위험 및 기회 요인 식별: 부정적 감성이 집중된 지역이나 자산을 식별하여 위험 요인으로 평가하거나, 긍정적 감성이 높은 자산을 기회 요인으로 파악하는 데 기여한다. - AVM 정확도 향상: 정량적 데이터만으로는 포착하기 어려운 시장 참여자들의 심리적 요인을 반영하여 평가 모델의 설명력과 예측력을 높이는 데 사용된다. - 맞춤형 정보 제공: 사용자의 감성 선호(예: 조용한 환경 선호)에 부합하는 속성을 가진 부동산을 추천하는 데 활용될 수 있다.

장점	- 정성적 요인 반영: 수치 데이터만으로는 알기 어려운 시장 참여자들의 주관적 인식과 심리를 파악할 수 있게 한다. - 대량의 비정형 데이터 분석: 뉴스, 소셜 미디어 등 방대한 양의 텍스트 데이터를 효율적으로 분석하고 트렌드를 포착할 수 있다. - 잠재적 시장 변동 예측: 감성 변화가 실제 시장 가격 변동보다 선행하는 경우가 있어, 잠재적인 시장 움직임을 예측하는 데 도움이 될 수 있다. - 상세 분석: 특정 속성(예: 교통, 학군, 환경)에 대한 감성 분석을 통해 해당 속성의 긍정적/부정적 인식을 구체적으로 파악한다. - 자동화 및 확장성: 수동 분석에 비해 훨씬 빠르고 넓은 범위의 데이터를 분석할 수 있다.
단점	- 텍스트의 복잡성: 풍자, 비꼬는 표현, 문맥에 따른 의미 변화, 이모티콘, 신조어 등에 대한 정확한 감성 파악이 어렵다. - 도메인 특화성: 부동산 관련 용어, 줄임말 등에 대한 이해가 필요하며, 일반적인 감성 분석 모델로는 성능의 한계가 있을 수 있다. - 데이터 수급 및 품질: 신뢰할 수 있는 출처의 텍스트 데이터를 충분히 확보하기 어렵거나, 데이터 자체에 편향이 존재할 수 있다. - 감성 변화의 불안정성: 사람들의 감성은 외부 요인에 의해 빠르게 변동할 수 있으며, 분석 결과가 항상 시장 가격과 직접적으로 일치하지 않을 수 있다. - 다국어 및 지역 특화: 다양한 언어나 특정 지역의 방언, 문화적 표현에 대한 처리가 추가적으로 요구된다.
활용 예시	- 특정 도시지역 또는 단지에 대한 온라인 부동산 리뷰 및 커뮤니티 게시글 감성 분석을 통한 거주 만족도 및 선호도 파악. - 부동산 관련 뉴스 기사 및 경제 지표 발표에 대한 온라인 반응 감성 분석을 통한 투자 심리 예측. - 소셜 미디어 데이터 분석을 통한 도시 계획, 인프라 개선 등에 대한 주민들의 긍정적/부정적 반응 파악 및 지역 가치 변화 전망. - 매물 광고 문구의 감성 분석을 통해 잠재적 구매자의 관심도 예측 및 마케팅 전략 수립. - 전문가/애널리스트 보고서의 텍스트 분석을 통한 시장 전망의 종합적인 감성 파악. - 크라우드 소싱 플랫폼의 지역 평가 데이터 감성 분석을 통한 비공식적인 지역별 선호도 지도 구축.

4.2 AI 기반에 활용되는 감성 분석 모델을 통해 도시부동산 가상 사례

AI 기반 자동 평가 모델(AVM; Automated Valuation Model)은 부동산 가치를 자동으로 산출하는 시스템이다. 기존의 AVM은 주로 실거래가, 공시지가, 면적, 층수, 건축 연령 등과 같은 정량적인 데이터에 기반하여 작동된다. 그러나 이러한 정량적 데이터만으로는 특정 지역이나 단지에 대한 거주자의 실제 만족도나 잠재적 선호도를 정확히 파악하는 데 한계가 존재한다. 이러한 한계를 보완하기 위해 온라인상에 나타나는 비정형 텍스트 데이터, 즉 부동산 리뷰나 커뮤니티 게시 글에 대한 감성 분석(Sentiment Analysis) 기법이 AI 기반 AVM에 도입된다.

감성 분석이란 텍스트 데이터에 내포된 주관적인 의견이나 감정을 긍정, 부정, 중립 등 다양한 범주로 분류하고 그 강도를 파악하는 자연어 처리 기술이다. 부동산 분야에서는 이를 통해 특정 단지나 지역에 대한 온라인상의 여론을 분석함으로써 거주 만족도 및 선호도를 간접적으로 측정하는 데 활용된다.

I 감성분석 가상 사례: "미래도시 희망단지' A와 B 비교 (AI 기반에 활용되는 감성 분석 모델을 통해 온라인 부동산 리뷰 및 커뮤니티 게시글 감성 분석을 통한 거주 만족도 및 선호도 파악 과정)"

여기, AI 기반 AVM이 감성 분석을 활용하여 부동산 가치를 평가하는 가상 사례를 제시한다. '미래도시 희망단지'라는 신도시에 위치한 두 개의 아파트 단지, '희망단지 A'와 '희망단지 B'가 있다고 가정한다. 두 단지는 건축 연령, 세대 수, 평형 구성, 교통 접근성 등 정량적인 조건이 매우 유사하여 전통적인 AVM으로는 비슷한 가치로 평가될 가능성이 높다.

https://planetprinceton.com

1) 데이터 수집:

AI 기반 AVM은 온라인상의 다양한 소스에서 데이터를 수집한다. 이 사례에서는 네이버 부동산 리뷰, 다음 부동산 게시판, 지역 기반 온라인 커뮤니티(예: '미래도시 맘카페', '미래도시 주민 모임') 등의 공개된 텍스트 데이터를 수집한다고 가정한다. 수집된 데이터는 희망단지 A와 B에 대한 거주자 또는 잠재적 거주자의 의견을 담고 있다.

2) 감성 분석 수행:

수집된 방대한 양의 텍스트 데이터에 대해 AI 기반 감성 분석 모델이 적용된다. 이 모델은 각 텍스트를 분석하여 다음과 같은 세부 주제별로 감성을 분류하고 그 정도를 측정한다:

(1) **주거 환경**: 소음, 채광, 환기, 조망 등

(2) **단지 시설**: 주차, 조경, 놀이터, 커뮤니티 시설(헬스장, 독서실 등)의 관리 상태 및 만족도

(3) **관리 서비스**: 관리 사무소의 응대, 청소 상태, 하자 처리 등

(4) **주변 환경**: 학군 만족도, 편의시설(마트, 병원, 카페 등) 접근성, 공원 및 녹지 공간

(5) **이웃 및 커뮤니티**: 주민 간 관계, 단지 내 행사, 분위기 등

(6) **교통**: 대중교통 이용 편리성, 도로 접근성, 출퇴근 용이성

AI 모델은 각 주제에 대해 텍스트가 긍정적인지, 부정적인지, 또는 중립적인지를 판단하고, 특정 단지(A 또는 B)와 연결하여 감성 점수를 산출한다.

3) 감성 분석 결과 해석 (가상):

감성 분석 결과, 다음과 같은 패턴이 발견된다고 가정한다.

(1) 희망단지 A:

• '학군', '공원', '이웃' 관련 게시글/리뷰에서 압도적으로 높은 긍정 감성 비율을 보인다. 특히 '아이 키우기 좋다', '단지 내 분위기가 화목하다', '주변 녹지가 풍부하다'와 같은 표현이 자주 나타난다.

• '주차' 관련해서는 야간 시간대 주차 공간 부족에 대한 부정 감성이 일부 관찰된다.

(2) 희망단지 B:

• '소음', '관리 사무소', '주차' 관련 게시글/리뷰에서 높은 부정 감성 비율을 보인다. '옆 동 공사 소음이 심하다', '관리비는 비싼데 관리가 안 된다', '외부 차량 주차 단속이 안 된다'와 같은 불만이 지배적이다.

• 세대 내부 구조나 특정 층의 '조망'에 대한 긍정 감성도 일부 존재하나, 전반적인 부정 감성에 비해 미미하다.

4) AVM 평가 반영:

AI 기반 AVM은 전통적인 정량적 데이터와 함께 이 감성 분석 결과를 통합하여 최종 부동산 가치를 평가한다.

(1) 희망단지 A: 비록 주차 문제는 일부 있으나, 학군, 환경, 커뮤니티 등 거주 만족도에 핵심적인 요소 들에서 높은 긍정 감성을 보임에 따라, 이는 잠재적 수요를 높이고 장기적인 가치 안정성 또는 상승 가능성을 시사하는 요인으로 AVM에 반영된다. 즉, 정량적 조건이 유사한 희망단지 B보다 더 높은 선호도를 가지며, 이는 가치 평가에 긍정적인 영향을 미친다.

(2) 희망단지 B: 세대 내부의 장점에도 불구하고, 지속적인 소음, 미흡한 관리, 주차 문제 등 거주 불편에 대한 강한 부정 감성은 거주 만족도를 저하시키고 잠재적 수요를 감소시키는 요인으로 작용한다. AVM은 이러한 부정적인 감성 데이터를 반영하여, 정량적 조건만으로는 알 수 없었던 가치 하락 요

인이나 낮은 시장 선호도를 고려한 평가를 수행하게 된다. 결과적으로 희망 단지 A보다 낮은 가치로 평가되거나, 미래 가치 전망이 불확실하다는 판단을 내릴 수 있다.

이 가상 사례가 보여주듯이, AI 기반 AVM에 감성 분석을 활용하는 것은 특정 지역이나 단지에 대한 온라인 부동산 리뷰 및 커뮤니티 게시글 분석을 통해 거주 만족도 및 선호도를 정량화하여 파악할 수 있게 한다. 이는 전통적인 정량적 데이터만으로는 놓치기 쉬운 거주자의 실제 경험과 주관적인 평가를 부동산 가치 평가 과정에 반영함으로써, 보다 현실적이고 시장의 미묘한 차이를 포착하는 정교한 부동산 가치 평가를 가능하게 한다. 이러한 접근 방식은 투자자, 금융 기관, 일반 수요자 모두에게 보다 정확하고 심층적인 정보를 제공하는 데 기여한다.

Ⅱ 감성분석 "푸른 하늘 빌라 301호' 광고 문구 최적화: AI 기반 AVM 연계 매물 광고 문구 감성 분석을 통한 구매자 관심도 예측 및 마케팅 전략 수립 해설"

AI 기반 자동 평가 모델(AVM)은 부동산 가치 평가 외에도 다양한 방식으로 부동산 시장 분석에 활용된다. 그중 하나는 매물 광고 문구에 대한 감성 분석을 통해 잠재적 구매자의 관심도를 예측하고, 이를 기반으로 효과적인 마케팅 전략을 수립하는 것이다. 이는 단순히 매물의 물리적 정보를 나열하는 것을 넘어, 어떤 언어적 표현이 구매자의 마음을 움직이는지를 데이터 기반으로 파악하는 데 중점을 둔다.

매물 광고 문구 감성 분석은 온라인 부동산 플랫폼이나 중개업소 웹사이트 등에 게재되는 매물 소개 텍스트를 AI가 분석하는 과정이다. 이 분석은 문구에 사용된 단어, 구문, 문장 구조 등이 잠재적 구매자에게 유발할 수 있는 감정적 반응(예: 흥미, 기대, 신뢰, 무관심, 부정 등)을 파악한다. 단순히 긍정/부정을 나누는 것을 넘어, 특정 표현이 매물의 매력도나 가치를 얼마나 효과적으로 전달하는지를 평가한다

여기, AI 기반 AVM 시스템이 매물 광고 문구 분석을 통해 마케팅 전략 수립을 지원하는 가상 사례를 제시한다. 중개인 A는 '푸른하늘 빌라 301호' 매물을 의뢰받았고, 가장 효과적인 온라인 광고 문구를 작성하고자 한다. AI 시스템은 과거 수많은 매물 광고 데이터와 그 광고에 대한 구매자들의 반응(클릭률, 문의율 등) 데이터를 학습하고 있다.

1) 초기 광고 문구 작성 및 AI 분석 요청:

중개인 A는 '푸른하늘 빌라 301호'에 대한 두 가지 버전의 광고 문구를 작성하고 AI 시스템에 분석을 요청한다.

https://www.freepik.com/premium-psd/luxury-apartment-real-estate-social-media-post-template

(1) 버전 1 (정보 나열식): "푸른하늘 빌라 301호 매매. 방 2, 화장실 1. 남향. 주차 가능. 근처 마트 있음."

(2) 버전 2 (특징 강조식): "푸른하늘 빌라 301호 급매! 채광 좋은 남향 투룸. 넓은 주차 공간. 도보 5분 거리 대형 마트."

AI 시스템은 각 문구를 입력받아 학습된 감성 분석 모델 및 반응 예측 모델을 가동한다.

2) AI의 감성 분석 및 관심도 예측:

AI 시스템은 각 문구에 대해 다음과 같은 분석을 수행한다.

(1) 버전 1 분석:

- 사용된 단어: '매매', '방 2', '화장실 1', '남향', '주차', '마트' 등
- 감성 분석 결과: **매우 중립적**. 핵심 정보만 전달하며 감성적 자극 요소가 거의 없다.
- 관심도 예측: 과거 유사 문구의 데이터 분석 결과, **잠재적 구매자의 관심도(클릭률, 문의율)가 낮을 것으로 예측된다**. 구매 결정에 필요한 구체적인 매력이나 혜택이 부각되지 않는다.

(2) 버전 2 분석:

- 사용된 단어/구문: '급매!', '채광 좋은 남향', '넓은 주차 공간', '도보 5분 거리 대형 마트' 등
- 감성 분석 결과: '급매!', '채광 좋은', '넓은', '대형' 등 **긍정적 의미를 내포하는 단어 사용**. 버전 1보다 **약간 더 긍정적인 감성**을 유발한다. 특히 '채광 좋은 남향'이나 '도보 5분 거리'와 같은 구체적인 혜택을 언급한다.
- 관심도 예측: 버전 1보다는 **높지만, 여전히 중간 정도의 관심도로 예측된다**. 다른 경쟁 매물 광고와 차별화되는 강력한 매력 어필이 부족하다고 판단된다.

3) AI의 마케팅 전략 수립 지원 (문구 개선 제안):

AI 시스템은 분석 결과와 함께 더 높은 관심도를 유발할 수 있는 문구 개선 제안을 제공한다. 시스템은 과거 데이터를 기반으로 어떤 표현이 효과적이었는지 학습했으므로, 다음과 같은 제안을 할 수 있다.

- "버전 1은 정보 전달만 되어 효과가 미미할 것으로 예상됩니다."
- "버전 2는 특징을 나열하지만, 구매자의 감성을 자극하는 표현이 부족합니다."
- "다음과 같은 표현을 사용하면 관심도를 높일 수 있습니다:

□'햇살 가득한' 또는 '따스한' 남향 (단순 '채광 좋은' 보다 감성적)

□'여유로운 주차' 또는 '주차 걱정 없는' 공간 (단순 '넓은 주차 공간' 보다 문제 해결 강조)

□'편리한 생활권' 또는 '슬리퍼 상권' (주변 환경 혜택을 포괄적으로 강조)

□매물의 고유 장점(예: '조용하고 아늑한 분위기', '리모델링으로 새집 느낌')을 감성적으로 묘사하는 문구 추가.

□'놓치기 아까운 기회!' 또는 '서두르세요!' 등 긴급성을 부여하는 문구 활용 (매물 상황에 따라).

□"제안된 표현들을 활용하여 새로운 문구(버전 3)를 작성하고 다시 분석받아보세요."

4) 개선된 문구 작성 및 효과 극대화:

중개인 A는 AI의 제안을 바탕으로 버전 3 문구를 작성한다.

• 버전 3 (감성/혜택 강조 + 행동 유도): "♡햇살 가득한 당신의 보금자리♡ 푸른하늘 빌라 301호. 아늑한 투 룸에 주차 걱정 없는 여유까지! 도보 5분 슬리퍼 상권으로 편리한 생활. 놓치기 아까운 기회, 지금 바로 문의하세요! ☎"

AI 시스템은 버전 3을 분석하고, 사용된 감성적 표현, 혜택 강조, 명확한 행동 유도 문구 등을 높게 평가하여 잠재적 구매자의 관심도가 가장 높을 것으로 예측한다.

AI 기반 AVM 연계 매물 광고 문구 감성 분석은 단순히 매물의 객관적 정보 전달을 넘어, 어떤 언어와 표현이 잠재적 구매자의 감성을 효과적으로 자극하고 흥미를 유발하는지를 과학적으로 분석하는 도구이다. 이 가상 사례에서 볼 수 있듯이, AI는 다양한 광고 문구의 잠재적 효과를 예측하고, 데이터 기반의 구체적인 개선 방안을 제시함으로써 중개인이나 판매자가 가장 효과적인 광고 문구를 작성하고 마케팅 전략을 수립하도록 지원한다. 이는 매물 광고의 효율성을 극대화하고, 결과적으로 매물에 대한 잠재적 구매자의 관심도를 높이며, 부동산 거래를 활성화하는 데 중요한 역할을 한다.

5 국내외 AVM 개발 및 활용 사례

AVM 기술의 발전은 단순히 부동산 가치를 빠르고 저렴하게 추정하는 것을 넘어, 실시간 시장 동향 모니터링, 이상 거래 탐지를 통한 위험 관리, 그리고 미래 시장 예측 기능까지 포괄하는 방향으로 진화하고 있다. 이는 데이터 기반의 객관적이고 정량적인 분석을 가능하게 함으로써, 부동산 금융(담보대출, PF 등) 및 투자 분야의 의사결정 방식을 근본적으로 변화시키고 있으며, 향후 그 영향력은 더욱 확대될 것으로 전망된다.

5.1 해외 AVM개발 사례

해외에서는 Zillow의 'Zestimate'나 Opendoor와 같은 iBuyer 기업들이 자체 개발한 AVM을 활용하여 온라인 플랫폼에서 즉각적인 주택 가치 정보를 제공하고 매입 가격을 결정하는 등 AVM 기술을 적극적으로 활용하고 있다.

https://www.amreinc.com/darcie-talks-real-estate/why-zillow-isnt-always-the-best-place-to-find-your-homes-true-value

연매출 약 9조 원..오픈도어는 어떻게 주택 거래 방식을 바꿨을까? https://blog.naver.com/businessinsight

5.2 국내 AVM개발 사례

국내의 자이랜드(XAI Land)는 자체 개발한 AVM을 통해 전국 주거용 부동산의 현재 가치 평가 및 미래 가치 예측 서비스를 제공하며, 상업용 부동산 거래 트렌드 분석 대시보드도 운영하고 있다.

https://xai.land/xai-

국내에서도 다수의 프롭테크 기업들이 AVM 기술 개발에 뛰어들었다. 자이랜드(XAI Land)는 자체 개발한 AVM을 통해 전국 주거용 부동산의 현재 가치 평가 및 미래 가치 예측 서비스를 제공하며, 상업용 부동산 거래 트렌드 분석 대시보드도 운영하고 있다.

밸류맵은 토지 형상, 거래 패턴, 시계열 추이 등을 인식하는 기술을 통해 정확한 매물 거래가 예측 모델을 개발하고 있다.

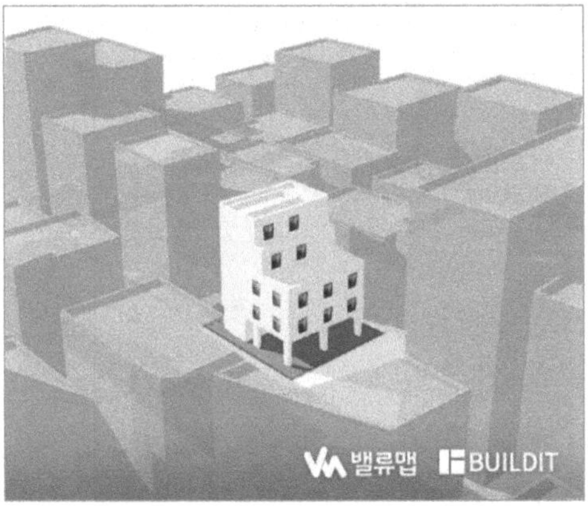

밸류맵, 인공지능 건축설계 서비스 선봬 https://www.etoday.co.kr/news/view

리파인은 이상치 탐지 기법을 활용하여 비정상 거래를 식별하고 시장 위험을 관리하는 데 AVM을 적용하고 있다.

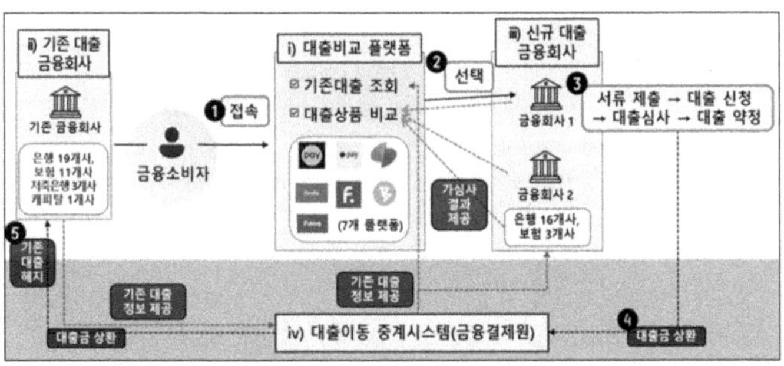

리파인 https://www.google.com/search?

데이터노우즈는 국내 아파트 시장 특성을 반영한 AI 머신러닝 기반 적정 가격 모델을 개발하고 있으며, 빅밸류 역시 AVM 기술 개발 및 고도화에 힘쓰고 있다.

데이터노우즈 https://www.nextunicorn.kr/company

오아시스비즈니스는 수익환원법에 기반한 상업용 부동산 매출 추정 AI 알고리즘을 개발하여 객관적인 가치 평가 기준을 제공하고자 한다.

오아시스비즈니스, 오는 8월 '크레마오' 출시…
"AI로 부동산 사업 검토 생산성↑", https://www.startuptoday.kr/news

이러한 프롭테크 기업들의 노력과 함께, 최근 국내 금융권에서도 담보 평가, 리스크 관리 등의 목적으로 AVM 도입에 대한 관심이 크게 증가하고 있다. 또한, SH공사와 같은 공공기관에서도 주택 매입 참고 가격 산정, 사업성 분석, 임대료 인상률 파악 등 연구 및 실무에 AVM을 시범적으로 도입하거나 점진적으로 확대 적용하려는 움직임을 보이고 있다.

5.3 주요 AVM 기술 접근 방식을 비교 분석

■ **주요 자동가치평가모델(AVM) 기술 비교 분석**

평가 방법론/ 접근 방식	핵심 알고리즘 예시	주요 입력 데이터 예시	강점	약점/한계	대표 서비스/ 기업 예시
비교사례 기반 접근	회귀분석, 랜덤 포레스트, 그래디언트 부스팅, 신경망	실거래가, 부동산 특성(면적, 연식 등), 입지 요인(교통, 학군 등)	데이터가 풍부한 주거용 부동산에 효과적, 직관적 이해 용이	유사 사례 부족 시 정확도 저하, 비정형적 부동산 평가 어려움	Zestimate, XAI Land 주택가치 보고서, 밸류맵, 리파인, 데이터노우즈
수익환원법 기반 접근	AI/ML 기반 미래 수익 예측 모델 (회귀, 시계열 등)	상업용 부동산 매출 데이터, 공실률, 임대료, 운영 비용, 주변 상권 데이터, 유동인구 데이터	수익형/상업용 부동산 가치 평가에 적합, 미래 현금흐름 반영	정확한 수익 예측의 어려움, 데이터 확보의 어려움	OasisBusiness AI 매출 추정 알고리즘
AI/딥러닝 기반 통합 접근	딥러닝(CNN, RNN 등), 복합 모델	위성/항공 이미지, 텍스트 데이터(뉴스, 소셜 미디어), 이동성 데이터 등 + 기존 정형 데이터	비선형 관계 포착 우수, 비정형 데이터 활용 가능, 시장 심리 등 복합 요인 반영 가능	모델 해석의 어려움(블랙박스), 높은 데이터 요구량, 과적합 위험	최신 AVM 연구 및 개발 동향

제 6 장

도시부동산 마케팅 혁신: AI 생성 시각 자료 및 콘텐츠 자동화

제6장 도시부동산 마케팅 혁신: AI 생성 시각 자료 및 콘텐츠 자동화

1 전통적 부동산 마케팅의 과제와 AI 기반 시각자료 생성 및 예제

1.1 전통적 부동산 마케팅의 과제

전통적인 부동산 마케팅 방식은 여러 가지 현실적인 어려움에 직면해 왔다. 고품질의 부동산 사진 촬영, 실제 가구를 배치하는 물리적 스테이징(staging), 광고 영상 제작 등에는 상당한 비용과 시간이 소요된다

특히 빈 집 상태의 매물은 잠재 구매자에게 매력적으로 다가가기 어렵고, 다양한 인테리어 스타일이나 공간 활용 가능성을 보여주는 데 한계가 있다. 또한, 다수의 매물을 관리하는 경우, 각 매물의 특징을 살린 설명 문구를 작성하고 이를 다양한 채널에 맞게 변형하여 게시하는 작업 역시 많은 노력을 요구한다. 콘텐츠의 질을 일정하게 유지하고 표준화하는 것도 쉽지 않은 과제이다.

1.2 도시부동산 분야에서 AI 기반 이미지 생성 모델(GAN, Diffusion Model 등)의 가상수치 예제: GAN은 생성자와 판별자의 경쟁을 통해 이미지 분포를 학습하며, Diffusion Model은 노이즈 추가/제거 과정을 모델링하여 고품질 이미지 생성 능력을 획득한다

(1) GAN(Generative Adversarial Network), Diffusion Model 등 다양한 이미지 생성 모델이 활용된다. 이들 모델은 현실과 구분하기 어려운 고품질의 이미지를 생성하는 능력을 보여준다.

AI 기반 도시 부동산 분야에서 시각 자료의 생성 및 활용은 매물 홍보, 가상 체험, 개발 시뮬레이션 등 다양한 응용 분야에서 중요성이 증대되고 있다. 이를 위해 GAN(Generative Adversarial Network), Diffusion Model 등 다양한 이미지 생성 모델이 활용된다. 이들 모델은 현실과 구분하기 어려운 고품질의 이미지를 생성하는 능력을 보여준다.

I GAN가상 예제: GAN (Generative Adversarial Network) 기반 이미지 생성

GAN은 생성자(Generator, G)와 판별자(Discriminator, D)라는 두 개의 신경망이 적대적으로 경쟁하며 학습하는 구조이다. 생성자는 실제와 유사한 가짜 이미지를 만들려고 시도하고, 판별자는 입력된 이미지가 실제 이미지인지 생성자가 만든 가짜 이미지인지를 구별하려고 시도한다. 이 경쟁 과정을 통해 생성자는 점점 더 현실적인 이미지를 만들게 된다.

1) 가상 예시: 노후 상가 건물의 현재 사진을 바탕으로, 외벽 재질 변경 시 예상되는 모습을 가상으로 생성하는 상황

도심의 특정 노후 상가 건물의 현재 사진을 바탕으로, 외벽 재질 변경 시 예상되는 모습을 가상으로 생성하는 상황이 설정된다. 생성자는 무작위 입력값(잠재 공간 벡터)과 원본 건물 사진을 받아 재질이 변경된 가상 이미지를 생성하고, 판별자는 이 가상 이미지와 실제 재질이 변경된 다른 건물 이미지를 비교하여 실제 여부를 판단한다.

https://www.youtube.com/watch?v=gGK8nbf6o5Q

2) 가상 수치 예시 (개념적 학습 과정):

(1) 초기 단계:

- 생성자(G)는 학습 초기이므로 매우 조악한(비현실적인) 이미지를 생성한다.
- 판별자(D)는 이 조악한 이미지를 쉽게 '가짜'로 판별한다.
- 가상 수치: D는 실제 이미지에 대해 0.9 이상의 확률을 출력하고, G가 생성한 가짜 이미지에 대해서는 0.1 이하의 확률을 출력한다. G의 손실(Loss, D를 속이지 못한 정도)은 높고, D의 손실(진짜/가짜 구별 실패 정도)은 낮다.

(2) 학습 진행 단계:

- G는 D의 판별 결과를 피드백 삼아 이미지를 개선한다. 점점 더 그럴듯한 이미지를 생성하기 시작한다.
- D는 G의 이미지가 개선됨에 따라 판별하기 어려워진다. D가 가짜 이미지에 대해 출력하는 확률이 점차 높아진다.

- 가상 수치: G가 생성한 가짜 이미지에 대한 D의 출력 확률이 0.1 → 0.3 → 0.5 → 0.7 등으로 점차 증가한다. G의 손실은 감소하고, D의 손실은 증가한다.
- D는 판별 능력을 높이기 위해 다시 학습된다. G가 개선한 이미지를 더 잘 구별하게 된다.
- 가상 수치: D는 다시 학습되어 같은 가짜 이미지에 대해 출력 확률을 0.7 → 0.6 → 0.55 등으로 조정한다. D의 손실은 감소한다.

(3) 수렴 단계:

- G는 더 이상 D가 진짜와 가짜를 구분하기 매우 어려운 수준의 이미지를 생성하게 된다.
- D는 어떤 이미지를 받더라도 진짜인지 가짜인지 확신하기 어려워 판별 확률이 0.5에 가까워진다.
- 가상 수치: G의 손실과 D의 손실이 특정 값으로 수렴하고, D가 실제/가짜 이미지 모두에 대해 0.5 근방의 확률을 출력한다. 이 상태에서 G는 현실적인 가상 이미지를 생성할 능력을 갖게 된다.

3) 풀이 및 해설:

GAN은 생성자와 판별자의 '적대적' 학습을 통해 이미지 분포 자체를 모방하는 방식으로 작동된다. 판별자의 출력 확률(0~1 사이의 수치)은 학습 과정에서 생성자의 이미지 품질 개선과 판별자의 구별 능력 향상을 나타내는 핵심적인 '가상 수치' 지표 역할을 한다. 이 예시에서 G는 '건물 외벽 재질 변경'이라는 목표에 부합하는 이미지를, D와의 경쟁을 통해 현실적인 품질로 생성하는 방법을 학습하게 된다. 최종적으로 학습된 G는 새로운 노후 건물 사진과 원하는 재질 정보를 입력받아 해당 재질이 적용된 가상 이미지를 생성할 수 있게 된다.

Ⅱ Diffusion Model 가상 예제: "Diffusion Model 기반 아파트 단지 내부 인테리어 사진을 바탕으로, 특정 스타일 (예: 미니멀리즘, 클래식) 로 가상 홈 스타일링 된 이미지를 생성가상 이미지 생성 "

Diffusion Model은 이미지에 점진적으로 노이즈를 추가하여 완전히 노이즈가 섞인 상태로 만들었다가, 학습을 통해 이 과정을 역으로 되돌려 노이즈로부터 깨끗한 이미지를 생성하는 방식이다. '확산'(Diffusion) 과정과 그 반대인 '역확산'(Reverse Diffusion) 과정을 모델링한다.

1) 가상 예시: 아파트 단지 내부 인테리어 사진을 바탕으로, 특정 스타일 (예: 미니멀리즘, 클래식)로 가상 홈 스타일링 된 이미지를 생성

https://www.imagetoday.co.kr/xsearch/index

도심의 한 아파트 단지 내부 인테리어 사진을 바탕으로, 특정 스타일(예: 미니멀리즘, 클래식)로 가상 홈 스타일링 된 이미지를 생성하는 상황이 설정된다. 모델은 원본 이미지에 순차적으로 노이즈를 추가하는 과정을 거친 후, 노이즈가 추가된 이미지만을 보고 원래 이미지의 노이즈를 제거하여 원하는 스타일의 깨끗한 이미지를 복원하는 방법을 학습한다.

2) 가상 수치 예시 (개념적 학습 과정):

(1) 정방향 확산 과정(고정): 깨끗한 인테리어 원본 이미지(x0)에 미리 정의된 비

율에 따라 작은 가우시안 노이즈(ϵ1)를 추가하여 약간 노이즈가 섞인 이미지(x1)를 생성한다. 이 과정(Step)을 T번 반복하여 최종적으로는 거의 순수한 노이즈에 가까운 이미지(xT)를 얻는다. 각 Step (t)에서 추가되는 노이즈의 양은 미리 정해진 스케줄에 따른다.

- 가상 수치: Step이 진행될수록 이미지에 섞이는 노이즈의 양(분산 값 등)이 점진적으로 증가한다. 예를 들어, 노이즈 레벨을 0(원본)에서 1(순수 노이즈)까지 수치화 했을 때, 각 Step마다 노이즈 레벨이 0 → 0.1 → 0.2 → … → 1.0으로 선형적 또는 비선형적으로 증가한다고 가정된다.

(2) **역방향 복원 과정(학습)**: 모델(보통 노이즈 예측 신경망)은 노이즈가 섞인 이미지(Xt)와 현재 Step 정보(t)를 입력 받아, 해당 Step에서 이미지에 추가되었던 노이즈(ϵt)를 예측하도록 학습된다. 학습 목표는 모델이 예측한 노이즈(ϵ^t)와 실제 추가되었던 노이즈(ϵt) 간의 차이를 최소화하는 것이다.

- 가상 수치: 학습 초기에는 모델의 노이즈 예측(ϵ^t)이 실제 노이즈(ϵt)와 큰 차이를 보인다. 둘 간의 차이(손실 값, 예: ‖ϵt-ϵ^t‖2(자승))가 높게 나타난다. 학습이 진행됨에 따라 모델은 노이즈 패턴을 잘 이해하게 되고, 예측 오차(손실 값)가 점진적으로 감소한다. 이 손실 값이 학습의 핵심적인 '가상 수치' 지표가 된다.

(3) **생성 과정(샘플링)**: 학습이 완료되면, 완전히 무작위의 노이즈 이미지(XT)에서 시작하여, 학습된 모델을 사용하여 각 Step(t=T, T-1,,1)에서 이미지의 노이즈를 예측하고 이를 제거하는 과정을 순차적으로 수행한다. 이 과정을 통해 최종적으로 깨끗한 이미지(X0)가 생성된다. 특정 스타일 적용은 학습 시 스타일 정보(텍스트, 이미지 등)를 조건으로 함께 입력하여 모델이 스타일별 노이즈 제거 방식을 학습하도록 함으로써 구현된다.

- 가상 수치: XT(높은 노이즈 레벨) → 모델이 노이즈 예측 → 예측된 노이즈 제거 → XT-1 (낮아진 노이즈 레벨) → … → X1 → 모델이 노이즈 예측 →

예측된 노이즈 제거 → X0 (원본에 가까운 노이즈 레벨 0의 이미지). 각 Step에서 노이즈 레벨이 감소하는 수치적 과정이 생성 과정의 핵심이 된다.

3) 해설

Diffusion Model은 이미지에 노이즈를 추가하고 제거하는 과정을 학습함으로써 이미지 생성 능력을 얻는다. 학습 시 실제 노이즈와 모델 예측 노이즈 간의 오차(손실 값) 최소화가 핵심적인 학습 목표가 된다. 생성 시에는 이 학습된 노이즈 예측 모델을 사용하여 순수한 노이즈 상태에서 시작하여 단계적으로 노이즈를 제거함으로써 원하는 이미지를 만들어낸다. 이 예시에서 Diffusion Model은 '가상 홈스타일링'이라는 목표에 따라 다양한 스타일의 이미지를, 노이즈 제거 과정을 학습함으로써 생성하게 된다. 특히 조건부 Diffusion Model을 활용하면 특정 스타일이나 가구 배치 등의 조건을 부여하여 더욱 목적에 부합하는 이미지를 생성하는 것이 가능해진다.

GAN은 생성자와 판별자의 경쟁을 통해 현실적인 이미지 분포를 학습하며, Diffusion Model은 노이즈 추가/제거 과정을 모델링하여 고품질 이미지 생성 능력을 획득한다. 이들 모델은 도시 부동산 분야에서 가상 홈스타일링, 외관 시뮬레이션 등 다양한 시각적 콘텐츠를 효과적으로 생성하는 데 활용되며, 이는 부동산 매물의 매력도를 높이고 고객에게 개선된 시각적 경험을 제공하는 데 기여한다.

https://www.newroom.io/blog/virtual-furniture-try-on-complete-guide

1.3 이미지 생성 모델(GAN, Diffusion Model 등)의 기능과 역할

1) 이미지 생성 모델(GAN, Diffusion Model 등)은 어떤 역할을 하나?

생성형 AI, 특히 이미지 생성 모델(GAN, Diffusion Model 등)의 발전은 이러한 전통적 마케팅의 한계를 극복할 새로운 가능성을 제시한다. AI는 다양하고 매력적인 시각 자료를 빠르고 효율적으로 생성하여 마케팅 효과를 극대화하는 데 기여할 수 있다.

(1) **가상 스테이징(Virtual Staging):** AI는 비어 있는 부동산 사진에 사실적인 가구, 소품, 인테리어 요소들을 자동으로 배치하여 공간의 잠재력을 시각적으로 보여줄 수 있다. 이는 물리적 스테이징 비용을 절감하고, 다양한 스타일의 인테리어를 구매자의 취향에 맞춰 제시하는 것을 가능하게 한다.

(2) **사진 품질 향상 및 복원(Photo Enhancement & Restoration):** 저해상도이거나 조명이 좋지 않은 부동산 사진의 품질을 AI가 자동으로 개선하거나, 오래되어 손상된 사진을 복원할 수 있다. 이는 매물의 시각적 매력을 높이는 데 도움이 된다.

(3) **건축 시각화 및 렌더링(Architectural Visualization & Renderings):** 아직 건설되지 않았거나 리모델링 예정인 건물의 설계 도면이나 스케치를 기반으로 고품질의 3D 렌더링 이미지를 생성할 수 있다. 이는 개발 프로젝트의 사전 마케팅이나 투자 유치에 효과적으로 활용될 수 있다.

(4) **360도 파노라마 및 가상 투어 생성 지원:** 여러 장의 사진을 AI가 자동으로 합성하고 보정하여 사용자가 온라인에서 실제 공간을 둘러보는 듯한 360도 파노라마 뷰나 몰입형 가상 투어 콘텐츠를 제작하는 데 도움을 준다. 이는 시간과 공간의 제약 없이 잠재 고객에게 매물을 효과적으로 보여줄 수 있는 방법이다.

(5) **다양한 시각 콘텐츠 신속 생성:** AI는 짧은 시간 안에 다양한 디자인 컨셉,

레이아웃 옵션, 마감재 시뮬레이션 등 다채로운 시각 콘텐츠를 생성할 수 있다. 이를 통해 고객의 특정 요구사항이나 선호도에 맞는 맞춤형 시각 자료를 신속하게 제공하여 고객 만족도를 높일 수 있다.

(6) **항공 및 드론 이미지 분석 및 개선:** 드론으로 촬영한 부동산 및 주변 지역의 항공 사진이나 영상을 AI가 분석하고 품질을 개선하여, 부지의 전체적인 모습, 주변 환경과의 관계 등을 포괄적으로 보여주는 고해상도 시각 자료를 만들 수 있다.

(7) **레이아웃 최적화 시각화:** 주어진 공간의 효율성을 극대화할 수 있는 가구 배치나 공간 분할 등 최적의 레이아웃을 AI가 제안하고 이를 시각적으로 보여줌으로써, 공간 활용에 대한 아이디어를 제공하고 의사결정을 도울 수 있다

I GAN "행복 아파트 101동 505호' 빈 거실의 가상 스테이징: GAN 이미지 생성 모델활용 가상 스테이징 해설: 가상 사례를 중심으로"

부동산 매물을 효과적으로 광고하는 데 있어 시각적인 요소, 특히 내부 사진의 품질과 매력도는 매우 중요하다. 그러나 빈 집이나 오래된 인테리어의 사진은 잠재적 구매자에게 공간의 잠재력을 보여주기 어렵고 삭막한 느낌을 줄 수 있다.

현대적인 빈 거실 인테리어 디자인 및 정원 전망 배경 생성 https://kr.123rf.com/photo_

물리적인 홈 스테이징(Home Staging)은 공간을 실제 가구와 소품으로 꾸며 매력적으로 만드는 방법이지만, 비용과 시간이 많이 소요되는 단점이 있다. 이러한 문제를 해결하기 위해 AI 기반 가상 스테이징(Virtual Staging) 기술이 활용되며, 특히 GAN(Generative Adversarial Network; 생성적 적대 신경망) 이미지 생성 모델이 핵심적인 역할을 수행한다.

GAN은 두 개의 인공 신경망, 즉 새로운 이미지를 '생성'하는 생성자(Generator)와 생성된 이미지가 진짜인지 가짜인지 '판별'하는 판별자(Discriminator)가 서로 경쟁하며 학습하는 독특한 구조를 가진다. 이 경쟁 과정을 통해 생성자는 점점 더 실제 이미지와 구별하기 어려울 정도로 사실적이고 자연스러운 이미지를 만들어내는 능력을 발전시킨다. 가상 스테이징 기술에서 GAN은 빈 공간 사진을 입력받아, 해당 공간에 자연스럽게 어울리는 가구, 조명, 소품 등의 이미지를 새로 생성하여 합성하는 데 활용된다.

1) '행복 아파트 101동 505호' 매물을 홍보

여기, AI 기반 AVM 시스템이 매물 광고 지원 기능의 일환으로 GAN 기반 가상 스테이징을 제공하는 가상 사례를 제시한다. 중개인 김 씨는 '행복 아파트 101동 505호' 매물을 홍보해야 하는데, 현재 이 집은 완전히 비어 있어 거실 사진이 텅 비어 있고 매력도가 떨어진다. 김 씨는 AI 기반 AVM 시스템에 탑재된 가상 스테이징 기능을 사용하기로 한다.

2) 빈 공간 사진 업로드 및 스테이징 스타일 선택:

김 씨는 비어 있는 거실의 고해상도 사진을 AI 시스템에 업로드한다. 시스템은 사용자에게 원하는 가상 스테이징 스타일(예: 모던, 미니멀리즘, 클래식, 북유럽 스타일 등)을 선택하도록 안내한다. 김 씨는 잠재 구매자들이 선호할 만한 '모던 스타일'을 선택한다.

3) AI (GAN 모델)의 이미지 생성 과정:

시스템 내부의 GAN 모델이 작동된다.

(1) GAN의 **생성자**는 업로드된 빈 거실 사진을 분석한다. 거실의 크기, 구조, 벽과 바닥의 질감, 창문의 위치와 그로 인한 조명 등을 파악한다.

(2) 생성자는 학습된 방대한 인테리어 데이터베이스와 '모던 스타일'에 대한 이해를 바탕으로, 이 특정 거실에 가장 자연스럽게 어울릴 만한 소파, 커피 테이블, 스탠드 조명, 러그, 벽걸이 액자 등의 가구 및 소품 이미지를 **새로 생성**한다. 이때 생성되는 이미지들은 거실 사진의 원근감, 조명 방향, 그림자 효과 등을 고려하여 매우 사실적으로 만들어진다.

(3) GAN의 **판별자**는 생성자가 만든, 가구가 배치된 거실 이미지를 평가한다. 판별자는 이 이미지가 실제 촬영된 것처럼 자연스러운지, 아니면 가구가 어색하게 합성된 것처럼 보이는지를 판별하려고 한다. 예를 들어, 가구의 그림자가 자연스러운지, 가구의 크기가 거실 공간과 현실적으로 맞는지 등을 검토한다.

(4) 판별자의 피드백을 통해 생성자는 더 사실적이고 자연스러운 가상 스테이징 이미지를 만들기 위해 지속적으로 자신을 개선한다.

4) 가상 스테이징 이미지 완성 및 활용:

수 초 또는 수 분 내에 AI 시스템은 빈 거실 사진 위에 모던 스타일의 가구와 소품이 자연스럽게 배치된 **고품질의 가상 스테이징 이미지**를 완성하여 김 씨에게 제공한다. 비어있고 삭막해 보였던 거실은 따뜻하고 매력적인 생활 공간으로 변모한 모습으로 보여진다.

5) AVM 연계 및 마케팅 효과 예측:

이렇게 생성된 가상 스테이징 이미지는 '행복 아파트 101동 505호'의 온라인 매물 광고에 활용된다. AI 기반 AVM 시스템은 이러한 전문적인 가상 스테이징 이미지가 매물의 온라인 조회수를 크게 높이고, 잠재적 구매자의 긍정적인 인상을 강화하며, 결과적으로 매물의 시장성(Marketability)을 향상시키는 요인임을 분석하고 있다. AVM은 이 매물이 가상 스테이징 이미지 활용으로 인해 더 빨리 계약되거나, 더 높은 가격을 받을 가능성이 있다는 분석 결과를 제시할 수도 있다. 이는 AVM이 단순 가치 평가를 넘어, 매물의 홍보 및 판매 전략에도 기여함을 보여준다.

AI 기반 AVM에 통합되거나 연계하여 활용되는 GAN 이미지 생성 모델 기반의 가상 스테이징 기술은 부동산 매물의 시각적 매력도를 혁신적으로 향상시킨다. 이 기술은 빈 공간을 잠재적 구매자가 자신의 삶을 상상할 수 있는 현실적이고 매력적인 생활 공간으로 탈바꿈시킨다. 이는 판매자와 중개인에게는 물리적 스테이징의 비용과 시간 부담 없이 효과적인 시각적 마케팅 수단을 제공하며, AI 기반 AVM은 이러한 시각적 개선이 매물의 시장 가치 및 거래 가능성에 미치는 긍정적인 영향을 분석하고 예측하는 데 활용된다. 결과적으로 부동산 시장에서 매물을 더욱 효율적으로 홍보하고 가치를 극대화하는 데 중요한 기술로 자리매김하고 있다.

Ⅱ GAN '스마트 밸류 하우스': "AI 기반 AVM 활용 GAN 이미지 생성 모델을 통한 건축 시각화 및 렌더링(Architectural Visualization & Renderings)"

GAN Dissection: Visualizing and Understanding Generative Adversarial Networks, https://velog.io

AI 기반 AVM 시스템에서 GAN 모델은 평가 대상 부동산의 다양한 정보를 입력받아, 해당 부동산의 현재 모습이나 잠재적인 미래 모습(예: 리모델링 후)을 자동으로 시각화하는 데 활용된다. 이는 기존의 수동적인 3D 모델링 및 렌더링 작업 대비 시간과 비용을 크게 절감하며, 대규모 부동산 데이터에 대한 신속한 시각 자료 생성을 가능하게 한다.

GAN 모델은 방대한 양의 기존 부동산 이미지 및 관련 데이터(스타일, 건축 연도, 마감재, 구조 등)를 학습한다. 학습된 GAN은 새로운 부동산의 특정 데이터가 주어졌을 때, 해당 조건에 맞는 사실적인 건축 이미지를 생성할 수 있게 된다.

1) 가상 사례 해설: '스마트 밸류 하우스'

서울 도심 외곽에 위치한 단독주택 '스마트 밸류 하우스'를 평가하는 AVM 시스템을 상정한다. 이 주택은 2003년 건축되었으며, 대지 면적 150평, 건평 40평, 방 4개, 화장실 2개의 정보를 가지고 있다. AVM 분석 결과, 이 주택은 구조적으로는 양호하나 내부 인테리어가 다소 오래되었으며, 넓은 마당을 가지고 있으나 조경이 미흡하다는 데이터가 추가로 파악되었다.

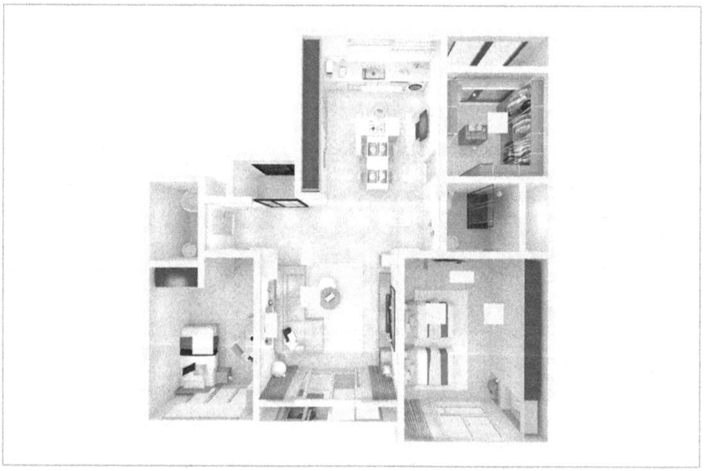

성남시 분당구 파크뷰 33평 모던 인테리어 - 한샘https://mall.hanssem.com

2) AVM의 목표:

AVM은 '스마트 밸류 하우스'의 현재 가치를 산정하고, 매수 희망자에게 이 주택의 잠재력을 시각적으로 보여주어 가치 평가 결과에 대한 이해도를 높이고자 한다.

3) GAN 모델의 활용 과정:

(1) **GAN 학습:** AVM 시스템에 연동된 GAN 모델은 이미 다양한 시대, 스타일, 상태의 주택 외관 및 내부 이미지와 해당 이미지에 대한 상세 정보(건축 연도, 마감 상태, 조경 유무 등)로 학습이 완료된 상태이다. 생성자는 이러한 정보를 바탕으로 이미지를 생성하고, 판별자는 생성된 이미지가 실제 주택 사진과 얼마나 유사하고 입력 정보와 일치하는지를 평가하며 생성자의 학습을 이끈다.

(2) **AVM 데이터 입력:** '스마트 밸류 하우스'의 평가가 진행되면, AVM은 파악된 데이터(2003년 건축, 건평 40평, 방 4개, 내부 마감 노후, 조경 미흡 등)를 GAN 모델에 입력한다. 이러한 데이터는 GAN이 이미지를 생성할 때 따르는 '조건(condition)' 역할을 한다.

(3) **현재 모습 시각화:** GAN 모델은 입력된 조건을 기반으로 '스마트 밸류 하우스'의 현재 모습을 시각화 한다. 예를 들어, 2003년 당시의 건축 스타일을 반영하고, '내부 마감 노후' 정보를 토대로 약간 빛 바랜 벽지, 오래된 형태의 주방 등을 표현한 내부 이미지를 생성한다. 또한, '조경 미흡' 정보를 반영하여 정돈되지 않은 마당의 외관 이미지도 생성한다. 판별자는 이 생성된 이미지가 실제 2003년 건축 주택의 현재 상태 이미지와 얼마나 자연스러운지를 판단하여 생성자를 개선시킨다.

(4) **잠재적 모습 시각화(리모델링 시뮬레이션):** AVM은 단순히 현재 가치 뿐만 아니라, 잠재적 가치 상승 가능성을 보여주기 위해 '스마트 밸류 하우스'의 리모델링 후 모습을 시뮬레이션 하도록 GAN에 요청할 수 있다. 이때 AVM은 '현대적인 인테리어', '조경 개선'과 같은 추가적인 조건을 GAN에 전달한다.

• GAN은 이러한 조건을 받아들여 노후된 내부 이미지를 최신 트렌드의 인테리어(예: 밝은 톤의 벽지, 세련된 주방 가구)로 바꾼 이미지를 생성한다.
• 미흡했던 마당 이미지는 잘 가꿔진 잔디밭과 나무, 테라스 등이 포함된 모습으로 자동 렌더링한다.
• 이 과정에서도 판별자는 생성된 '리모델링 후' 이미지가 실제 리모델링 사례 이미지와 얼마나 사실적이고 매력적인지를 평가하며 생성 모델을 더욱 정교하게 만든다.

4) 결과 활용:

AVM은 GAN 모델을 통해 생성된 '스마트 밸류 하우스'의 '현재 모습' 및 '리모델링 후 모습' 시각화 이미지를 가치 평가 보고서와 함께 제공한다. 매수자는 단순히 '가치: X억 원'이라는 숫자 정보뿐만 아니라, 현재 상태의 주택을 시각적으로 확인하고, 리모델링을 통해 얼마나 매력적인 공간으로 변화할 수 있는지를 직접 눈으로 보게 된다. 이는 주택의 가치에 대한 이해를 높이고, 구매 결정에 긍정적인 영향을 미치게 된다.

AI 기반 AVM 시스템에 GAN 이미지 생성 모델을 도입한 건축 시각화 및 렌더링 기술은 부동산 가치 평가 정보를 사용자에게 효과적으로 전달하는 혁신적인 방법론을 제시한다.

GAN을 활용함으로써 AVM은 신속하고 대규모로 부동산의 현재 및 잠재적 모습을 사실적으로 시각화할 수 있게 되며, 이는 평가 결과의 신뢰성 및 활용도를 크게 향상시킨다. '스마트 밸류 하우스' 가상 사례에서 보듯, GAN은 단순히 이미지를 생성하는 것을 넘어 부동산의 특징과 조건을 반영한 맞춤형 시각 자료를 제공함으로써 AVM의 기능을 확장하고 사용자 경험을 혁신하는 핵심 기술로 자리매김할 것으로 전망된다.

AI generated female real estate agent in front of house for realtor real estate agent,
https://www.vecteezy.com/photo

2 AI 기반 콘텐츠(Content) 생성 자동화와 예제

2.1 생성형 AI는 텍스트 기반의 마케팅 콘텐츠 생성과정을 자동화한다

생성형 AI는 시각 자료뿐만 아니라 텍스트 기반의 마케팅 콘텐츠 생성 과정을 자동화하고 효율화하는 데에도 크게 기여한다. 특히 대규모 언어 모델(LLM)과 자연어 처리(NLP) 기술 은 다음과 같은 방식으로 활용될 수 있다.

(1) **부동산 매물 설명 자동 생성:** 매물의 위치, 면적, 가격, 특징 등 구조화된 데이터를 입력하면, AI가 잠재 고객의 흥미를 유발하고 구매 욕구를 자극하는 매력적인 설명 문구를 자동으로 생성해준다. 또한, 검색 엔진 최적화(SEO)를 고려하여 관련 키워드를 포함시키는 등 마케팅 효과를 높이는 방향으로 콘텐츠를 생성할 수 있다.

(2) **개인화된 마케팅 이메일 및 메시지 작성:** 고객의 과거 검색 기록, 선호도, 인구통계학적 정보 등을 분석하여 각 고객에게 가장 관련성 높은 매물 정보

나 프로모션 내용을 담은 맞춤형 이메일이나 메시지를 자동으로 작성하고 발송할 수 있다.

(3) **소셜 미디어 콘텐츠 자동 생성 및 게시:** 타겟 고객층의 관심사를 반영한 소셜 미디어 게시물(텍스트, 이미지 포함)을 AI가 자동으로 생성하고, 정해진 일정에 맞춰 게시하는 과정을 자동화할 수 있다. 이는 꾸준한 온라인 노출과 고객 참여를 유도하는 데 효과적이다.

(4) **블로그 게시물, 시장 분석 보고서 초안 작성:** 부동산 시장 동향, 투자 팁, 지역 정보 등 전문적인 내용을 다루는 블로그 게시물이나 간단한 시장 분석 보고서의 초안을 AI가 작성하여 콘텐츠 마케팅에 드는 시간과 노력을 크게 줄일 수 있다.

2.2 생성형 AI는 텍스트 기반의 마케팅 콘텐츠 생성 사례

I 부동산 매물 설명 자동 생성 예시

이 방식은 매물의 구조화된 데이터(위치, 면적, 가격, 특징 등)를 입력 받아 사람의 흥미를 유발하는 설명 문구를 자동으로 생성하는 것을 목표로 한다. AI 모델은 입력된 데이터를 분석하여 이를 자연스러운 문장으로 변환한다.

https://www.tiktok.com/@newhousetv/video

1) 가상 수치 예시 시나리오:

특정 아파트 매물의 기본 정보가 입력되었을 때, AI가 매력적인 설명 문구를 생성하는 상황이 설정된다.

2) 입력 데이터 (가상):

JSON

{

"매물ID": "APT789",

"위치": "서울시 강남구 역삼동",

"면적": "100m²",

"가격": "20억원",

"층수": "15층 (총 25층)",

"특징": ["남향", "탁 트인 전망", "신축급 (5년 이하)", "지하철역 도보 5분", "대형 마트 인접"]

}

3) 가상 수치 예시 (개념적 생성 과정):

LLM은 입력된 구조화 데이터를 바탕으로 다음 단어를 예측하는 확률적 과정을 반복하여 텍스트를 생성한다.

(1) 단계 1 (시작 토큰): 모델은 시작을 알리는 특정 토큰을 받는다.

(2) 단계 2 (첫 단어 예측): 입력 데이터를 고려하여 가장 가능성이 높은 첫 단어를 예측한다. 예를 들어, '서울시' (확률 0.8), '본' (확률 0.7), '매물' (확률 0.6) 등이 후보가 될 수 있으며, 모델은 학습에 따라 '본'이라는 단어를 선택한다.

- 가상 수치: 후보 단어별 생성 확률 분포: P('본')=0.7, P('매물')=0.6, P('서울시')=0.8, ... (높은 확률의 단어 선택)

(3) 단계 3 (다음 단어 예측): 생성된 '본'과 입력 데이터를 기반으로 다음 단어를 예측한다. '본 매물' (확률 0.9), '본 아파트' (확률 0.85) 등이 후보가 될 수 있으며, '매물'이 선택된다.

- 가상 수치: P('매물' | '본', 입력 데이터) = 0.9

(4) 단계 4 (특징 정보 활용): '서울시 강남구 역삼동' 정보가 나타나도록 단어를 생성한다. '본 매물은' 다음으로 '서울시' (확률 0.95), '강남구' (확률 0.98), '역삼동에' (확률 0.9) 등이 높은 확률로 예측되어 순서대로 생성된다.

- 가상 수치: P('서울시' | '본 매물은', 입력 데이터) = 0.95

(5) 단계 5 (매력적인 표현 추가): '탁 트인 전망'과 같은 특징을 설명할 때, '전망이 우수합니다' (확률 0.8), '멋진 뷰를 자랑합니다' (확률 0.75), '시원한 뷰가 있습니다' (확률 0.6) 등 다양한 표현 중 마케팅에 적합한 표현('멋진 뷰를 자랑합니다')을 선택할 확률이 높게 학습된다.

- 가상 수치: 특정 특징('탁 트인 전망')에 대한 다양한 설명 표현의 생성 확률 분포: P('전망이 우수합니다') = 0.8, P('멋진 뷰를 자랑합니다') = 0.75, ... (컨텍스트 및 학습 기반 선택)

(6) 단계 N (종료): 모든 핵심 정보가 포함되고 문맥이 자연스러워지면 문장/단락 종료를 알리는 토큰을 생성한다.

4) 풀이 및 해설:

LLM은 입력 데이터의 각 항목을 텍스트 생성의 조건으로 활용한다. 각 단어를 생성할 때마다, 이전에 생성된 단어들과 입력 데이터의 정보를 기반으로 다음에 올 수 있는 모든 단어에 대한 확률 분포를 계산한다. 이 확률 분포에서 가장 높거나(탐욕적 방식), 혹은 확률에 비례하여(샘플링 방식) 단어를 선택하는 과정을 반복하여 최종 문장을 완성한다. '가상 수치'는 이러한 확률적 예측과 선택 과정을 개념적으로 나타내며, AI가 데이터 항목을 매력적인 문구로 변환하는 방식을 설명한다. SEO 키워드 포함은 특정 키워드가 나타날 확률을 높이도록 모델이 학습되거나 프롬프트 엔지니어링을 통해 유도된다.

Ⅱ 개인화된 마케팅 이메일 작성 예시

고객의 과거 활동, 선호도, 인구 통계 정보 등을 바탕으로 각 고객에게 가장 관련성 높은 내용을 담은 마케팅 이메일을 자동으로 작성한다. 이는 LLM이 고객 데이터를 조건으로 사용하여 텍스트를 생성하는 방식이다.

https://blog.naver.com/r114korea

1) 가상 수치 예시 시나리오:

'한강뷰 아파트'를 선호하고 최근 '용산구' 매물을 검색한 고객에게 맞춤형 이메일을 발송하는 상황이 설정된다.

2) 입력 데이터 (가상):

JSON

{
  "고객명": "김고객",
  "선호도 키워드": ["한강뷰", "아파트", "고층"],
  "최근 검색 지역": "용산구",
  "추천 매물 정보": {"매물ID": "P101", "주요 특징": "용산구 위치, 고층, 탁월한 한강 조망"}
}

3) 가상 수치 예시 (개념적 생성 과정):

LLM은 고객별 데이터를 주요 조건으로 사용하여 이메일 텍스트의 내용과 어조를 결정한다.

(1) **단계 1 (수신자 명칭):** 입력된 고객명('김고객')을 바탕으로 이메일 시작 부분을 생성한다. '김고객님께,'와 같은 정중한 표현을 생성할 확률이 높다.

- 가상 수치: P('김고객님께,' | 고객명='김고객') = 0.99

(2) **단계 2 (개인화된 도입):** 고객의 선호도 및 최근 활동 정보를 활용하여 도입 문구를 생성한다. '최근 한강뷰 아파트에 관심을 보이신 김고객님께,'와 같은 표현을 생성할 확률이 높다. 이 문구에는 '한강뷰'와 '김고객' 정보가 반영된다.

- 가상 수치: P('최근 한강뷰 아파트에 관심을 보이신' | 선호도='한강뷰 아파트', 고객명='김고객') = 0.9

(3) **단계 3 (추천 매물 언급 및 특징 강조):** 추천 매물의 정보('용산구', '고층', '한강 조망')를 포함하여 본문 내용을 생성한다. 특히 고객의 선호도 키워드('한강뷰', '고층')와 관련된 특징을 강조하는 표현을 생성할 확률이 높아진다. '고

객님께서 찾으시는 용산구의 한강 조망이 뛰어난 고층 아파트입니다.'와 같은 문장이 생성될 수 있다.

• 가상 수치: '용산구' 다음 단어로 '의'가 올 확률 (0.9), '한강' 다음 단어로 '조망'이 올 확률 (0.85), '고층'이라는 단어가 문장에 포함될 확률 (0.7, 고객 선호도 기반).

(4) 단계 4 (맞춤형 제안/호출): '자세한 내용은 링크를 통해 확인하세요'와 같이 고객 행동을 유도하는 문구와 함께, 고객의 관심사에 맞는 추가 추천이나 정보를 제공하는 내용을 포함할 수 있다.

4) 해설:

개인화된 콘텐츠 생성에서 LLM은 단순한 데이터 항목 나열을 넘어, 고객 데이터가 텍스트 생성의 '스타일' 및 '내용 우선순위'에 영향을 미치도록 학습된다. '가상 수치'는 고객 데이터가 특정 단어나 구문이 선택될 확률을 어떻게 높이는지를 보여준다. 예를 들어, '한강 뷰' 선호 고객에게는 '전망'이나 '리버 뷰'와 같은 단어가 포함된 문장이 생성될 확률이 비선호 고객에게 보다 훨씬 높게 나타난다. 이를 통해 각 고객에게 더욱 관련성 높고 설득력 있는 이메일 및 메시지를 자동적으로 작성하는 것이 가능해진다.

Ⅲ 블로그(Blog) 게시물/시장 분석 보고서 초안 작성 예시

이 방식은 특정 주제나 키워드를 기반으로 비교적 길고 전문적인 형태의 텍스트 콘텐츠(블로그 글, 보고서 초안)를 생성한다. LLM은 방대한 학습 데이터를 바탕으로 주제 관련 정보를 구성하고 논리적인 흐름을 갖춘 글을 작성한다.

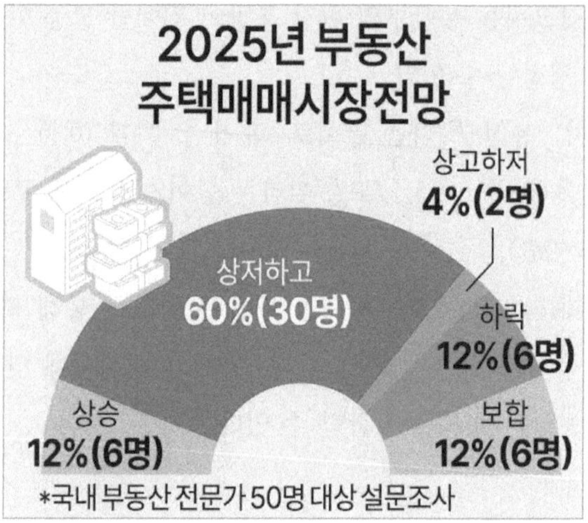

https://www.ajunews.com/view

1) 가상 수치 예시 시나리오:

'2024년 하반기 수도권 부동산 시장 전망'이라는 주제와 주요 키워드를 입력받아 블로그 게시물 초안을 생성하는 상황이 설정된다.

2) 입력 데이터 (가상):

JSON

{
"주제": "2024년 하반기 수도권 부동산 시장 전망",
"핵심 키워드": ["금리 변동", "거래량 추이", "공급 물량", "정책 영향", "지역별 분석"],
"요청 형식": "블로그 게시물 (전문가 어조)"
}

3) 가상 수치 예시 (개념적 생성 과정):

LLM은 주제와 키워드를 중심으로 관련 정보를 조직화하고, 블로그 게시물의 전형적인 구조와 전문가적 어조에 맞춰 텍스트를 생성한다.

(1) 단계 1 (주제 및 구조 이해): 모델은 입력된 주제와 요청 형식을 분석하여 글의 전체적인 내용과 구조(서론, 본론-각 키워드별 내용, 결론)를 결정한다. 이는 모델 내부 상태의 변화로 나타나며, 각 섹션을 시작할 때 특정 유형의 문장을 생성할 확률이 높아진다.

- 가상 수치: 서론 시작 시 '최근', '시장에서', '전망' 등 관련 단어의 생성 확률 상승. '금리 변동' 섹션 시작 시 금융, 경제 관련 단어의 생성 확률 상승.

(2) 단계 2 (키워드 기반 내용 전개): 각 키워드('금리 변동', '거래량 추이' 등)와 관련된 내용을 학습 데이터에서 검색하고, 이를 바탕으로 단락을 생성한다. 키워드가 포함된 문장이나 키워드와 의미적으로 연결된 내용을 생성할 확률이 높아진다. 예를 들어, '금리 변동' 키워드에서는 '한국은행', '기준금리', '영향' 등의 단어 출현 확률이 높아진다.

- 가상 수치: 단락 내 특정 키워드 및 관련 전문 용어의 출현 확률 증가 (예: '금리' 키워드 활성화 시 '인상', '인하', '한국은행' 등의 단어 생성 확률 증가).

(3) 단계 3 (논리적 연결 및 어조 유지): 단락과 문장 간의 자연스러운 연결을 위해 접속사, 지시어 등을 적절히 사용하고, 요청된 '전문가 어조'를 유지하는 표현을 생성한다. 이는 모델이 학습한 텍스트의 문맥적 일관성 및 스타일 규칙에 기반한다.

- 가상 수치: 문장 간 전이 확률 계산 (앞 문장에 이어 특정 문장이 올 확률), 특정 어조 관련 단어(예: '분석됩니다', '예상됩니다')의 생성 확률 제어.

(4) 단계 N (완성): 주제와 키워드를 충분히 다루고, 요청된 길이 및 구조에 맞게 글이 완성되면 종료 토큰을 생성한다. 글의 전체적인 응집성 및 일관성은 모델의 내부적인 복잡한 표현(임베딩, 어텐션 값 등, 수치적 벡터로 표현됨)에 의해 결정된다.

4) 해설:

LLM은 방대한 텍스트 코퍼스 학습을 통해 다양한 주제에 대한 지식과 글의 구조, 스타일을 습득한다. 블로그 게시물이나 보고서 초안 작성 시, LLM은 입력된 주제와 키워드를 바탕으로 가장 관련성이 높은 정보를 활성화하고, 이를 논리적인 순서와 요구되는 형식 및 어조에 맞춰 텍스트로 표현한다. '가상 수치'는 이 과정에서 특정 정보가 선택되거나 특정 문장 구조 및 단어가 사용될 확률, 그리고 글의 전체적인 일관성을 유지하는 모델 내부의 복잡한 계산 과정을 개념적으로 보여준다. 이를 통해 전문적인 지식이 요구되는 콘텐츠의 초안 작성 시간을 대폭 단축할 수 있다.

■ AI 기반 콘텐츠 생성 자동화 방식 비교 요약표

생성 방식 (활용 분야)	핵심 입력 데이터	AI 모델 역할 (개념)	가상 수치 예시 핵심 지표
부동산 매물 설명 자동 생성	구조화된 매물 속성 데이터	데이터 기반 사실 정보의 자연어 변환	단어별 생성 확률, 데이터 항목 포함 확률
개인화된 마케팅 이메일/메시지	고객 데이터(선호도, 검색 기록 등) + 매물 정보	고객 조건 기반 텍스트 내용 및 어조 맞춤화	특정 단어/구문 생성 확률 (고객 조건 영향), 내용 관련성 지표
블로그 게시물/보고서 초안 작성	주제, 핵심 키워드, 요청 형식	주제/키워드 기반 정보 조직화 및 논리적 글쓰기 구현	주제/키워드 관련 단어 생성 확률, 문장/단락 전이 확률, 글의 응집성 지표

3 생성형 AI 마케팅 활용의 효과

부동산 마케팅에 생성형 AI를 활용함으로써 얻을 수 있는 효과는 다양하다. 첫째, 비용 절감이다. 고가의 사진 촬영, 물리적 스테이징, 전문 작가 고용 등에 드는 비용을 크게 줄일 수 있다. 둘째, 시간 단축 및 효율성 증대이다. 시각 자료 및 텍스트 콘텐츠 제작에 소요되는 시간을 획기적으로 단축하여 마케터나 중개인이 보다 전략적인 업무에 집중할 수 있도록 한다.

셋째, 매물 매력도 향상 및 고객 참여 증대이다. 전문가 수준의 고품질 시각 자료와 흥미로운 콘텐츠는 매물의 매력을 높이고 잠재 고객의 관심을 끌어 참여를 유도한다. 넷째, 개인화된 경험 제공이다. 고객 개개인의 선호도에 맞춘 콘텐츠와 정보를 제공함으로써 고객 만족도를 높이고 궁극적으로 매매 또는 임대 계약으로 이어질 전환율을 개선할 수 있다.

■ **생성형 AI의 부동산 마케팅 활용 효과 요약표**

효과 구분	상세 내용/설명
비용 절감	고가의 사진 촬영, 물리적 스테이징 수행, 전문 작가 고용 등에 소요되는 제반 비용이 생성형 AI 활용을 통해 현저히 절감된다.
시간 단축 및 효율성 증대	시각 자료(이미지, 영상 등) 및 텍스트 콘텐츠(설명, 홍보 문구 등) 제작에 필요한 시간이 획기적으로 단축된다. 이를 통해 마케팅 담당자 및 중개인은 부가 가치가 높은 전략적 업무에 집중할 수 있게 되어 전반적인 효율성이 증대된다.
매물 매력도 향상 및 고객 참여 증대	생성형 AI로 제작된 전문가 수준의 고품질 시각 자료 및 잠재 고객의 흥미를 유발하는 매력적인 콘텐츠가 매물의 시각적 매력을 증진시킨다. 이는 잠재 고객의 높은 관심과 적극적인 참여를 유도하는 결과로 이어진다.
개인화된 경험 제공	고객 개개인의 선호도, 관심사, 행동 패턴 등에 최적화된 맞춤형 콘텐츠와 정보가 제공된다. 이는 고객 만족도를 극대화하며, 최종적으로 매매 또는 임대 계약으로의 전환율 개선에 기여한다.

생성형 AI의 마케팅 적용은 단순히 기존 작업을 자동화하는 것을 넘어, '초개인화(Hyper-personalization)'라는 새로운 차원의 마케팅을 가능하게 한다. 이는 개별 고객의 미묘한 취향과 변화하는 니즈를 실시간으로 파악하고, 그에 맞는 맞춤형 시각 자료와 메시지를 대규모로 생성하여 제공하는 것을 의미한다. 이러한 초개인화 접근은 고객에게 단순한 정보 전달을 넘어 깊은 공감과 유대감을 형성하게 함으로써, 고객 경험의 질을 근본적으로 향상시키고 장기적인 고객 관계 구축에 기여하는 핵심 전략이 될 수 있다.

참고문헌

1. Domingos (2012)"A few useful things to know about machine learning"
2. Hastie, Tibshirani, & Friedman (2009)"The Elements of Statistical Learning"
3. van der Maaten, Postma, & van den Herik, (2009) "Dimensionality Reduction: A Comparative Review"
4. LeCun, Bengio, & Hinton (2015),"Deep Learning"
5. Krizhevsky, Sutskever, & Hinton (2012),"ImageNet Classification with Deep Convolutional Neural Networks"
6. O'Neil (2016),"Weapons of Math Destruction: How Big Data Increases Inequality and Threatens Democracy"
7. Case, K. E., & Shiller, R. J. (1989). The efficiency of the market for single-family homes. American Economic Review, 79(1), 125-137.
8. Fama, E. F. (1970). Efficient capital markets: A review of theory and empirical work. The Journal of Finance, 25(2), 383-417.
9. Geltner, D., Miller, N. G., Clayton, J., & Eichholtz, P. (2014). Commercial real estate analysis and investments (3rd ed.). South-Western Cengage Learning.
10. Linneman, P. D. (2009). Real estate finance and investments: Risks and opportunities. Flat World Knowledge.
11. Rosen, K. T. (1984). Toward a model of the office building sector. Journal of the American Real Estate and Urban Economics Association, 12(3), 1 261-291.
12. Shiller, R. J. (2015). Irrational exuberance (3rd ed.). Princeton University Press.
13. Wheaton, W. C. (1999). Real estate cycles. Real Estate Economics, 27(2), 209-230
14. Chui, Andy C. W., Sheridan Titman, and K. C. John Wei. (2003). The Cross Section of Expected REIT Returns. Real Estate Economics, Vol. 31, No. 3, pp. 451-479.
15. Case, Karl E., and Robert J. Shiller. (1990). Forecasting Prices and Excess Returns in the Housing Market. Real Estate Economics, Vol. 18, No. 3, pp. 253-273.

16. Kelejian, Harry H., and Ingmar R. Prucha. (1998). A Generalized Spatial Two-Stage Least Squares Procedure for Estimating a Spatial Autoregressive Model with Autoregressive Disturbances. Journal of Real Estate Finance and Economics, Vol. 17, No. 1, pp. 99-121.

17. Geltner, David. (1991). Smoothing in Appraisal-Based Returns. Journal of Real Estate Finance and Economics, Vol. 4, No. 3, pp. 315-335.

18. Ling, David C., and Andy Naranjo. (1997). The Integration of International Capital Markets and Real Estate: Evidence from Stock REITs. Real Estate Economics, Vol. 25, No. 4, pp. 571-595.

19. Al-Qawasmi, J. (2022). The application of AI to valuation encompasses real estate property valuation, land valuation, mass appraisal or taxation, and rental value assessment. International Journal of Academic Engineering Research (IJAER), 6(1), 231.

20. Antão, J., Ribeiro, R., & Pereira, R. (2024). Applications, Opportunities and Challenges of AI in the Real Estate Sector.

21. Arik, S. O., & Pfister, T. (2019). TabNet: Attentive Interpretable Tabular Learning. arXiv preprint arXiv:1908.07442.

22. Bae, W.-S. (2019). Status of Proptech Companies and Challenges for Future Development. Land, 21-26.

23. Baldominos, A., Blanco, I., Moreno, A., & Pazos, J. (2018). A review of machine learning applications in real estate. International Journal of Housing Markets and Analysis, 11(3), 370-388.

24. Bin, J.-I. (2014). Analysis of Global Real Estate Market Cycles through Cases of Major European Countries and Implications. Issue Focus, 2014(1), 2-25.

25. Cho, Y.-I. (2019). Real Estate Industry Revitalization Strategies through the Integration of 4th Industrial Revolution Technologies such as Blockchain, IoT, and Real Estate Information. Real Estate Focus, 115, 166-181.

26. Conway, G. (2018). Artificial intelligence in real estate. Journal of Property Investment & Finance, 36(1), 29-39.

27. Deaconu, A., Buiga, A., & Tothazan, I. (2022). The Use of Artificial Intelligence in Real Estate Valuation: A Review. Studies in Business and Economics, 17(3), 227-241.

28. Jung, S.-J. (2018). Analysis of Growth Cases of U.S. Real Estate Platform Companies and Implications. Industry Technology Research Center.

29. Kim, K.-H. (2013). Global Real Estate Trends: Insights through Comparison of Major Countries' Real Estate Markets. Construction Economy, 2013, 106-120.

30. Kim, K.-H., Yang, D.-Y., & Kang, E.-J. (2019). Global Real Estate Price Analysis Utilizing Big Data. Korea Institute for International Economic Policy.

31. Starr, S., Saginor, J., & Worzala, E. (2021). Real estate analysis in the information age. Routledge.

32. Tekouabou, S. C. (2023). Deep learning for real estate appraisal: A review. Journal of Real Estate Literature, 31(1), 3-34.

33. AI for Dummies: Introduction to Artificial Intelligence in Real Estate

34. Latest Proptech Market Insights and Trends - Sell.Do

35. Trends and AI Potential in Proptech | Bennett Jones jll.com

36. AI and the evolution of proptech - JLL realtytimes.com

37. The Evolving Role of AI and Automation in Shaping the Future of Real Estate Market algoworks.com

【저자 약력】

원제무

저자는 한양대 공대, 서울대 환경대학원, 미국 UCLA도시건축대학원을 졸업하고, MIT도시대학원에서 도시계획 및 교통계획 박사학위를 받았다.

저자는 귀국 후 KAIST 도시교통연구본부장, 서울연구원 선임연구위원, 서울시립대 도시공학과 교수 등을 거쳐 국토도시계획학회장과 한양대 도시대학원장을 역임했다. 현재는 한양대 도시대학원 명예교수로 재직하면서 연구와 강의를 해오고 있다.

생성형 AI 도시부동산 분석기법

– 알기 쉬운 예제로 이해하는 AI 부동산 분석기법 –

초판 인쇄 2025년 5월 25일
초판 발행 2025년 5월 30일

지은이 원제무
펴낸이 박노일

총괄기획 최준규
편 집 이상민

펴낸곳 pnc publishing and culture 피앤씨미디어
경기도 고양시 일산동구 강송로 153 310-1501
등록 제396-2012-000203호
전 화 070)7550-3758 팩 스 02)6280-3758
홈페이지 www.pncmedia.co.kr 이메일 pnc@pncmedia.co.kr
ISBN 979-11-7401-002-5 93500

정 가 25,000원